W0105442

Das letzte Geheimnis von Mirin Dajo

Der unverletzbare Prophet, seine Wunder und seine Friedensbotschaft

1. Auflage September 2022

Satz und Layout: Martina Kimmerle
Umschlaggestaltung: Nicole Lechner

ISBN: 978-3-86445-883-5

Gerne senden wir Ihnen unser Verlagsverzeichnis
Kopp Verlag
Bertha-Benz-Straße 10
72108 Rottenburg
E-Mail: info@kopp-verlag.de
Tel.: (0 74 72) 98 06-10
Fax: (0 74 72) 98 06-11

Unser Buchprogramm finden Sie auch im Internet unter:
www.kopp-verlag.de

Luc Bürgin

Das letzte Geheimnis von Mirin Dajo

Der unverletzbare Prophet, seine Wunder und seine Friedensbotschaft

KOPP VERLAG

Danksagung

Unzählige Telefonate und Interviews. Nächtelange Recherchen. Sowie etliche Reisen. Eine gefühlte Ewigkeit raubte mir die geheimnisvolle Geschichte von Mirin Dajo den Schlaf. Zahlreiche Personen und Institutionen halfen mir in den letzten Jahrzehnten, eine ebenso faszinierende wie unglaubliche Story zu rekonstruieren. Spannender als jeder Krimi. Abenteuerlicher als jeder Roman.

Speziell erwähnt seien: Barbara Allgeier, Claudio De Boni (Universitätsklinik Zürich), Juno Boillat-Rogenmoser, Ruth Bührer, Ruth Gremaud, Albert Grimm, Jan de Groot, Hannes und Susanne Gubler, Martha Gubler, Gertrud Hegetschweiler, Anneke Henskes, Cornelis Henskes, Ineke Henskes, Ewald Holzhaus, Anja Huber (Stadtarchiv Zürich), Martina Kimmerle, Samira Kunz (Hochschularchiv der ETH Zürich), Hanna Kyramarios-Spindler, Nicole Lechner, Helene Matei-Wagner, Andrü Martis, Peter Mulacz, Néné von Muralt, Verena Müller-Beutler, Thomas Neukom (Staatsarchiv Zürich), Jochen Kopp, Peter Riesterer (A. & G. Duttweiler-Nachlassarchiv), Silvia Rohner (Gemeindeverwaltung Mogelsberg), Professor Armin Stock (Zentrum für Geschichte der Psychologie, Universität Würzburg), Gaby Tobler, Lucius Werthmüller (BPV Basel), Simone Vial (Kantonsbibliothek Trogen), Martijn und Dorin Vincenz, Barbara Wolff (Albert Einstein Archives, Jewish National and University Library), Schweizerisches Bundesarchiv (Bern), Stadtarchiv Amsterdam. Und last but not least: Daniela Botrugno.

Inhalt

*»Mein Ziel heißt:
Weltweiter Frieden,
ohne dass man Angst
zu haben braucht,
dass je wieder
ein Krieg kommt!*

*Um Gleichgesinnte
zu werben, lasse ich
deshalb meinen Körper
durchstechen.*

*Um die Menschheit
auf die in ihr wirkenden,
geistigen Kräfte
aufmerksam zu machen.*

*Als Beweis, dass jeder
im unerschütterlichen Glauben
an das Unmögliche
unmöglich scheinende Dinge
vollbringen kann.*

*In Zeiten des ewigen Krieges.
In der Hoffnung
auf Zeiten
des ewigen Friedens.«*

Arnold Henskes
alias Mirin Dajo
1947

Vorwort

Manche vergötterten ihn. Manche verteufelten ihn. Viele verehrten ihn. Und noch mehr vergaßen ihn.

Als die längst vergriffene Kurzfassung dieser Publikation vor knapp 20 Jahren erschien, fanden sich im Internet lediglich fünf Einträge über Mirin Dajo. Fotos oder Filme seiner waghalsigen Körperexperimente? Fehlanzeige! Die Öffentlichkeit hatte den »Mann, der täglich dreimal starb« aus den Augen verloren. Kaum einer wusste noch von ihm. Niemand schien sich mehr an seine Friedensbotschaft zu erinnern. Seine eindringliche Warnung vor einem atomaren Weltkrieg? Gedankenweit verdrängt.

Und heute? Dank meiner damaligen Aufzeichnungen verbreitete sich die Kunde über den »Unverletzbaren« um die Welt. Hurra? Jein! Zwar listen Google & Co. im Internet längst Tausende von Einträgen über den holländischen »Wundermann« auf. Mitunter sogar in kyrillischen oder asiatischen Schriftzeichen. Darunter aber leider auch zunehmend mehr Halbwahrheiten, Falschinformationen – und noch mehr Humbug. Fluch und Segen zugleich!

Tatsache bleibt: Mirin Dajo war eine Ausnahmeerscheinung. Öffentlich ließ er seinen Körper ab 1946 mit messerscharfen Waffen aller Art durchspießen. Ohne mit der Wimper zu zucken. Ohne Schmerzen zu empfinden. Ohne dass dabei Blut floss. Von oben bis unten. Von hinten. Und von vorne. Quer durch alle Organe. Immer und immer wieder. Über 500 Mal!

Seine Gesichtszüge, seine sanfte Stimme, seine himmelblauen Augen und seine asketische Lebensweise verliehen ihm die Ausstrahlung eines neuen Messias. Seine Auftritte verblüfften, schockierten und polarisierten. Denn sie stellten unsere Mediziner vor schier unlösbare Rätsel. Sei es, dass sich der Holländer mit kochend heißem Wasser übergießen oder sich vor laufender Kamera ein zweischneidiges Schwert durch die Brust stoßen ließ: Nichts schien seinen Körper ernsthaft zu verletzen!

Mit seiner selbstlosen Friedensmission rannte Mirin Dajo offene Türen ein. Doch er scheiterte an der Sensationsgier seiner Bewunderer. Erschöpft vom Rummel um seine Person. Gescholten von der Wissenschaft, die sich auf seine Experimente keinen Reim machen mochte. Geächtet von konservativen Kirchenfürsten, denen sein Tun ein Dorn im Auge blieb. Schikaniert von Sittenwächtern, die jeglichen öffentlichen Aufruhr unterbinden wollten.

Sein früher Tod bleibt ein Mysterium. Spektakulär, tragisch – und obskur. Schockiert mussten engste Freunde und Verwandte mit ansehen, wie ein herzensguter Pazifist völlig unerwartet aus ihrer Mitte gerissen wurde. Ein Mann, der ihnen angesichts seiner Wundertaten »wie ein zweiter Heiland« vorkam.

Millionen von Menschen sind seither gestorben – und noch mehr wurden geboren. Warum also diese komplett aktualisierte und erweiterte Neufassung? Weshalb der Vergangenheit erneut entreißen, was Kritiker erfolgreich verfälscht glaubten? Weil mir Mirin Dajos Botschaft angesichts der Ukraine-Krise aktueller scheint denn je. Und weil mir groteske Zufälle sowie letzte lebende Verwandte unlängst weitere faszinierende Informationen und Fotos über den »Friedenspropheten« bescherten!

Zu lange schlummerten ihre »Schätze« in den Schubladen der Vergessenheit. Höchste Zeit, angesichts der zunehmend explosiveren Weltlage ausführlicher denn je zu dokumentieren, was heute fehlerhafter denn je kolportiert wird. Vergessen Sie insofern alles, was im Internet über den Holländer fabuliert wird – und bilden Sie sich Ihre eigene Meinung. Denn Mirin Dajos Geschichte beweist eindrücklich, was sich allein mit Willenskraft erreichen lässt. Sie offenbart uns, wie fremd uns die Macht unseres Geistes geworden ist – und eröffnet fantastische Perspektiven, die wir zwar längst erahnen, aber immer noch nicht glauben.

Oder um es in seinen eigenen Worten zu formulieren: »Die Kraft zur individuellen Heilung und zum Weltfrieden steckt in jedem von uns! Der Glaube an das Unmögliche kann auf dieser Welt wahre Wunder bewirken. Er ist und bleibt der Schlüssel zu einer besseren und friedvolleren Zukunft.«

***Luc Bürgin**, Juni 2022*

Kapitel 1

»Wie ein zweiter Messias!«

Mirin Dajos Wunder, sein Siegeszug und sein Tod

»Lebendig steht das Bild dieses rätselhaften Mannes vor mir, der kometengleich auftauchte, eine Zeit lang alle Gemüter in Bann hielt und dann ins Reich der Schatten versank – in den Herzen aller, die ihm nahekamen, eine unverwischbare, leuchtende Spur hinterlassend.«

Traugott Egloff
1949

Aufregung im Auditorium

Samstag, 31. Mai 1947. Im Corso-Palais von Zürich glühen die Telefondrähte. Eine Sekretärin eilt ins Büro: »Herr Direktor, die städtische Sittenpolizei will Sie unbedingt sprechen!«

Hans Hubert winkt entnervt ab. »Nicht schon wieder«, stöhnt er. »Richten Sie den Herren aus, dass alles in Ordnung geht.«

Seufzend lehnt sich der Theatermanager zurück und schraubt am Knopf seines Rundfunkgerätes. Doch statt sanfter Musikklänge rauben ihm die Mittagsnachrichten den letzten Nerv. »Der Deutsche Pressedienst erhält von der britischen Besatzungsmacht die Erlaubnis, sich ab dem 1. Juli 1947 als Deutsche Nachrichtenagentur in der britischen Zone zu konstituieren«, plärrt es aus seinem Empfänger. Und weiter: »Wegen Verstößen gegen die Strom- und Gasverbrauchsbestimmungen werden in Berlin monatlich bis zu 300 Gefängnisstrafen verhängt. Die US-amerikanische Militärregierung wiederum hat für Bayern zudem ein totales Bierbrauverbot ausgesprochen.«

Doch damit immer noch nicht genug: »Das Meteorologische Institut in Quickborn (Schleswig-Holstein) hat festgestellt, dass der Mai 1947 der heißeste Monat gewesen ist, der im 20. Jahrhundert bisher verzeichnet worden ist!« Und: »Der Vorsitzende der SPD der Westzonen bezeichnete die Verhältnisse in der Ostzone als einen ›totalitären Staatskapitalismus‹ und fügte hinzu: ›Wir sind nicht anti-russisch – wir sind nur pro-deutsch!‹«

Kurze Zeit später klingeln die Telefone im Theater am Bellevue erneut: »Chef, entschuldigen Sie die erneute Störung – aber ein Professor des städtischen Krankenhauses ist am Apparat.«

Hans Huberts Pupillen weiten sich. Blitzschnell richtet er sich in seinem Sessel auf. »Durchstellen – sofort!«, entgegnet er. Minutenlang spricht er, professionell und wortgewandt. Erleichtert legt er den Hörer schließlich auf die Gabel, wischt sich den Schweiß von der Stirn und ballt seine Faust: »Endlich!«

Trotz Bedenken hatte sich die Universitätsklinik von Zürich kurzfristig bereit erklärt, »seinen« Künstler Mirin Dajo doch noch zu empfangen. Auf diesen Moment hatte der Impresario wochenlang hingearbeitet. Eilends bugsiert er den verdutzten Holländer mitsamt dessen Begleitern in sein Auto und rast mit ihnen ins medizinische Zentrum der Finanzmetropole.

Nach einem schier endlosen Fußmarsch durch die lang gestreckten Korridore des Krankenhauses erreicht das Grüppchen gegen 16:00 Uhr ein Auditorium der Poliklinik. Anwesend sind diensthabende Ärzte und Studenten. Sie erwarten eine Art Messerschlucker oder Varieté-Artisten, tuscheln und grinsen.

Hans Hubert hält Rücksprache mit Alfred Brunner, dem dortigen Professor für Chirurgie. Dann wendet er sich an die Zuschauer. »Mirin Dajo wird sich nun vor Ihren Augen von seinem Freund ein rund 80 Zentimeter langes und 6 Millimeter dickes Florett durch den Körper stechen lassen«, verkündet er verheißungsvoll – und erntet dafür freundliche Zweifel.

»Wird denn dieses Florett vor der Prozedur auch entsprechend desinfiziert?«, will einer der Anwesenden verstört wissen.

»Nein«, schüttelt Hans Hubert energisch den Kopf. »Das wird mit Absicht nicht der Fall sein!«

Mirin Dajo steht stumm in der Mitte des Raumes. Mit entblößtem Oberkörper. Ehe sich die versammelten Zuschauer versehen, tritt sein Assistent hinter ihn und rammt ihm die spitze Klinge mit voller Wucht von hinten durch den Leib. Zentimeter für Zentimeter. Auf Höhe der Niere.

Totenstille. Mit offenem Mund beäugen Journalisten, Studenten und Mediziner den Holländer. Ohne Zweifel: In seinem Oberkörper steckt ein Florett, das auf der Vorderseite mehrere Handbreit herausragt! Noch dazu fließt bei der gesamten Prozedur kein einziger Tropfen Blut. So etwas hatten sie noch nie gesehen.

Mirin Dajo durchbricht die Stille und beginnt mit sanfter Stimme zu sprechen, samt der Waffe im Leib: »Sehen Sie, geschätzte Anwesende, ich bin unverwundbar, und dass ich unverwundbar bin, weiß ich seit mittlerweile 2 Jahren. Allerdings habe ich schon lange Zeit vorher auf dieses Ziel hintrainiert. Aber vor 2 Jahren bog sich eine allzu elastische Waffe bei einem Lungendurchstich ab und fuhr mir quer durch das Herz. Seither habe ich die absolute Gewissheit, dass ich unverletzbar bin.«

Etwas unsicher ergreift nun auch Professor Albert Brunner das Wort: »Lieber Herr Dajo, wären Sie so nett, sich einer Röntgenaufnahme zu unterziehen, samt Florett im Körper?«

Dajo nickt freundlich.

Brunner zögert, überlegt einige Sekunden. »Würden Sie uns bitte zu Fuß ins Röntgenkabinett folgen?«

Der Holländer nickt erneut: »Selbstverständlich.«

Es muss ein bizarrer Anblick gewesen sein: Wie ein Geisterzug bewegt sich die Menschengruppe durch die Korridore des Krankenhauses. Vorneweg Mirin Dajo, nur mit einem Tuch verhüllt, die lange Waffe im Oberkörper. Dahinter die Professoren mitsamt ihren aufgeregt flüsternden Studenten.

Unter den Augen entsetzter Krankenschwestern geht es in den Röntgenraum, wo ein verletzter Patient auf einer Bahre liegt. Lauthals stöhnt er angesichts mehrerer Knochenbrüche auf. Doch als er die »Parade« erspäht, verstummt sein Wehklagen. Fasziniert und entgeistert starrt er den Holländer an. Für einen kurzen Moment scheinen seine Schmerzen wie weggeblasen.

Dem Röntgenassistenten rinnt angesichts des Großaufmarsches der Schweiß von der Stirn. Mit zittrigen Händen richtet er seine Apparaturen aus. Doch das Wunder ist perfekt. Seine Aufnahmen belegen klipp und klar, dass die Waffe lebenswichtige Organe durchbohrt hat! Die Experten sind fassungslos.

Wie oft er sich schon durchstechen ließ, will man wissen. »Hunderte Male«, lächelt Mirin Dajo bescheiden. Seine Freunde nicken. »Macht Ihnen das nichts aus?«, wird der kleinere von ihnen gefragt, der ihm zuvor das Florett durch den Körper gebohrt hat.

»Wissen Sie, als ich das erste Mal zustach, riskierte ich das Zuchthaus, und meine Hände zitterten«, antwortet er. »Weil mich Mirin Dajo und Herr Hylke Otter«, er zeigt auf seinen Kollegen, »aber baten und mir alle Garantien boten, schließlich auch, weil kein anderer den Mut fand, habe ich die ›Arbeit‹ übernommen. Heute steche ich ruhig und sicher, es macht mir nichts mehr aus, denn ich habe volles Zutrauen zu meinem Chef.«

Verwirrt schütteln die Ärzte ihre Köpfe.

20 Minuten später (!) wird der Spieß aus Mirin Dajos Körper herausgezogen. Erneut fließt kein Tropfen Blut. Der Holländer verneigt sich, zieht sich an und gönnt sich mit seinen Begleitern in einem nahen Restaurant kurz darauf einen Fruchtsaft.

Aufgewühlt berichten anwesende Reporter über das »medizinische Wunder«. Wie sie notieren, wurden bei der Vorführung »zweimal das äußere Bauchfell (Peritonaeum parietale), die Niere, der Magen oder der Darm und sehr wahrscheinlich auch die Leber« durchstoßen. »Bei einem normalen Menschen wäre dieser gewagte Körperdurchstich unmöglich auszuführen! Angenommen, er würde trotzdem gelingen, so würde selbst bei sterilen Instrumenten, trotz einer sofortigen Gabe von Penicillin und einer chirurgischen Versorgung unweigerlich der Tod eintreten, infolge einer Bauchfellentzündung, entstanden durch den Anstich des Magen-Darm-Kanals.«

Doch die Fachleute äußern auch Vorbehalte, wie die Basler *National-Zeitung* ergänzt: »Alle medizinischen Autoritäten stehen vor einem Rätsel. Sie können sich das Wunder nicht erklären. Die Ärzte sind indes voller Bedenken. Wenn auch das Experiment wiederholt gelungen sei, müsse man doch mit einem plötzlichen

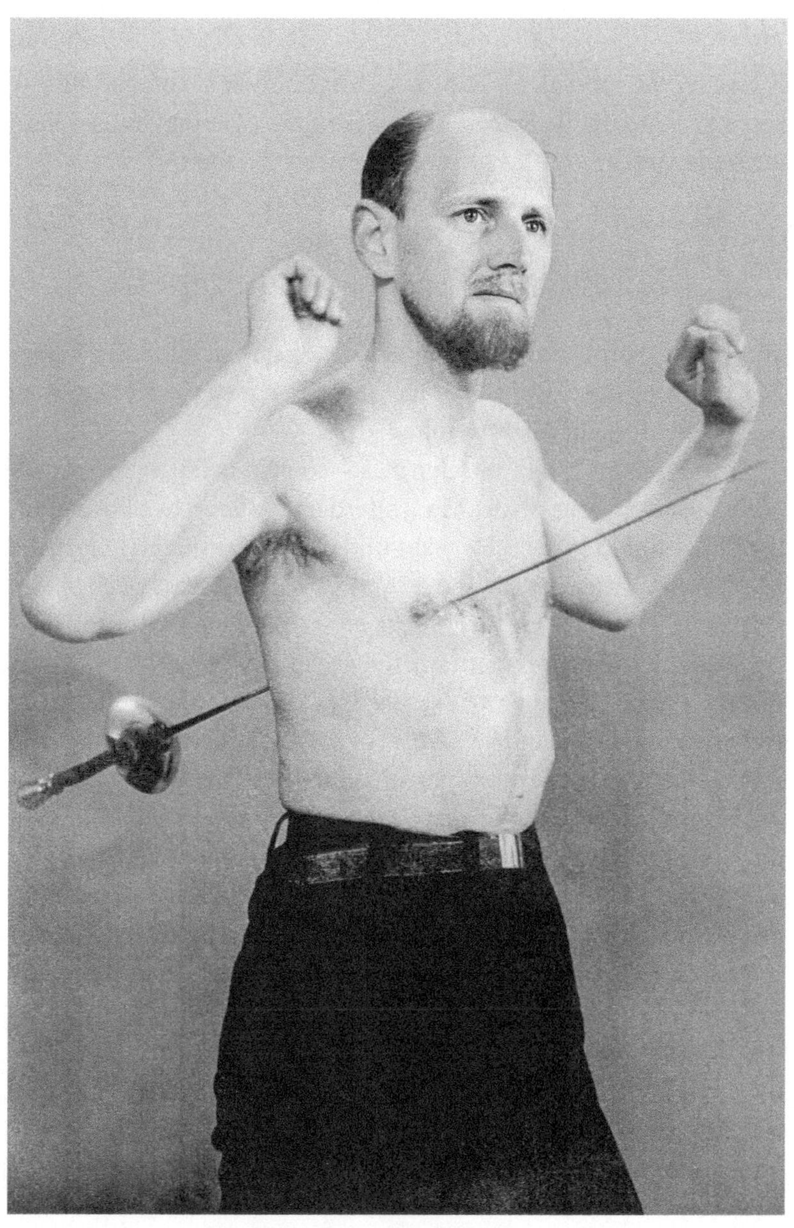

Holländische Autogrammkarte von Mirin Dajo
(um 1946/1947).

Zwischenfall und dem Tod des Durchbohrten auf der Bühne rechnen. Und da die Spieße nicht desinfiziert werden, müsse man auch die Gefahr von Vergiftung in Betracht ziehen.«

Bereits als Kind ein Phänomen

Wer war Mirin Dajo? Ein Hochstapler? Ein Gaukler? Ein Fakir? Ein Wahnsinniger? Ein Missionar? Ein Gesegneter? Oder ein ganz normaler Mensch? Nichts von alledem.

Arnold Gerrit Johannes Henskes – so sein gebürtiger Name – erblickte am 6. August 1912 in Rotterdam als Sohn des Postbeamten Dirk Arnold Willem Henskes und der Pfarrerstochter Cornelia Margaretha Vrijer das Licht der Welt. Als ältester von vier Söhnen (Herman, Joop und Gerrit) wuchs er als behütetes Kind in Haarlem auf. Der Vater war oft auf Reisen, die Mutter stets präsent. Nach der Schulzeit erwarb er an der Akademie der Bildenden Künste von Den Haag 1935 ein Diplom als Reklamezeichner und war bis zum deutschen Einmarsch als Grafiker tätig.

Den Besatzern war der zeichnerisch außerordentlich begabte, aber friedliebende Holländer ein Dorn im Auge. In Bedrängnis gebracht hatte Arnold und seine Familie nicht zuletzt die Sympathie für seine Cousine mütterlicherseits – die legendäre, niederländische Widerstandskämpferin und Pazifistin Hannie Schaft (1920–1945). Das »Mädchen mit dem roten Haar« wurde von den deutschen Besatzern wenige Wochen vor der Befreiung tagelang gefoltert und am 17. April 1945 kurz vor Kriegsende in den Dünen von Bloemendaal brutal hingerichtet. Entgegen lokaler Übereinkommen, welche derartige Massaker verboten.

Familie Henskes schätzte Hannie Schaft wie eine eigene Tochter und setzte sich ihretwegen immer neuen Gefahren aus. Im Zuge einer Verhaftung zog sich auch Arnold schwere Verletzungen zu,

Der junge Arnold und sein Onkel
mit einem Schmöker über die »Wunder der Welt«.

die aber bereits nach unglaublich kurzer Zeit wieder verheilten. Schlimmer traf es einen seiner drei Brüder, der im Konzentrationslager von Dorsten Höllenqualen erdulden musste.

So intelligent, aufgeweckt und feinfühlig er seinen Eltern auch schien: Irgendetwas unterschied Arnold schon in frühen Jahren von anderen. Bereits als junger Bub sah er immer wieder Dinge, die andere nicht sahen. Fühlte und spürte mehr, als er verstand. Ahnte voraus, was kommen sollte. Erkannte unter oder hinter Mitschülern und Lehrern vermeintlich imaginäre monströse oder engelsgleiche Gestalten, die ihn anblickten. Und: Er pflegte schon damals ein bizarres Verhältnis zu seinem Körper. So schockierte er seine Mutter, als sie eines Morgens jede Menge Sicherheitsnadeln in seinem Arm entdeckte. Ohne die geringste Spur von Schmerz hatte er sie sich eigenhändig durch die Haut gesteckt.

Ein anderes Mal tollte er in frühen Jahren mit Klassenkameraden nackt im Meer. Um ihn zu necken, versteckten ein paar Jungs seine Kleider. »Mirin Dajo, wie wir ihn nannten, erzählte mir, dass er sich damals fürchterlich geschämt hatte, weil er nackt nach Hause laufen musste«, berichtete mir die Schweizerin Verena Müller-Beutler etliche Jahrzehnte später. »Also betete er und flehte Gott an, ihn unsichtbar zu machen. Als er nun durch die Straßen lief, schien ihn niemand zur Kenntnis zu nehmen.«

Man mag es glauben oder nicht. Tatsache bleibt: Bereits 1937, im Alter von 25 Jahren, verschluckte Arnold Henskes in Zaandam einem inneren Impuls folgend etliche rostige Nägel. Im örtlichen Krankenhaus wurden die Fremdkörper operativ entfernt – ohne gesundheitliche Folgen. Sein Körper heilte weitaus schneller als erwartet. Eine Erfahrung, die ihn prägen sollte.

In späteren Jahren plagten den jungen Mann zunehmend Zweifel an seinem Lebensweg. Seine Visionen begannen sich zu häufen. Hannie Schaft erschien ihm im Traum. Kurz nach Kriegsende malte er in tranceähnlichen Zuständen realitätsnahe Bilder von ihr als erwachsene Frau – obwohl er seine 1945 erschossene Cousine vor rund 10 Jahren letztmals als junges Mädchen zu Gesicht bekommen hatte. »Früh morgens wachte er oft mit allerlei Pastellfarben bekleckert auf, ohne sich an seine nächtlichen Gemälde zu erinnern, die auf dem Tisch lagen«, wurde mir aus seinem Umfeld zugetragen. »Nicht einmal er selbst erkannte Hannie auf seinen Porträts! Obwohl er sie fast schon meisterhaft exakt verewigt hatte. Manche seiner früheren Zeichnungen zeigten zudem Ortschaften, die er nie zuvor in seinem Leben besucht hatte. Ausgeführt bis ins kleinste akkurate Detail.«

Die Kriegsgräuel und die Sehnsucht nach globalem Frieden ließen Arnold keine Ruhe. Einer inneren Stimme folgend beschloss er 1945, seinen Beruf an den Nagel zu hängen, und kündigte seinen Job als Werbezeichner in Zaandam. Mittellos begab er sich

Dajos erwachsene Cousine Hannie Schaft (um 1940):
»das Mädchen mit dem roten Haar«.

nach Amsterdam, wo er auf der Straße lebte und mitunter sogar im Bahnhof übernachtete. Immer wieder zog es ihn in jener Zeit in Bibliotheken, wo er seinen Wissensdurst zu stillen hoffte.

Auf der Suche nach sich selbst begegnete er dort dem Hypnotiseur und Handaufleger Hylke Otter. Von ihm erhoffte er sich Hilfe für seine kranke Mutter. Doch kaum hatte er dessen Praxis betreten, als ihn Otter fassungslos anstarrte. »Oh mein Gott, was haben wir viel zu besprechen!«, entfuhr es ihm, und seine von Natur aus großen Augen weiteten sich noch mehr. Der von der Wissenschaft misstrauisch beäugte Heiler bestärkte den damals 33-Jährigen in seinen »übernatürlichen« Fähigkeiten und versuchte ihm seine Andersartigkeit in der Folge mit kleineren körperlichen Experimenten vor Augen zu führen.

Erste Durchstechungen im Milieu

Im Januar 1946 präsentierte Arnold Henskes seine unglaubliche Gabe in Zaandam erstmals vor Publikum. Und bald auch unter dem Esperanto-Pseudonym Mirin Dajo, was zu Deutsch »Etwas Wunderbares« bedeutet. Ob dubiose Kaffeehäuser, verrauchte Kneipen oder schummrige Nachtclubs: Der Holländer war sich fortan für kein noch so verruchtes Lokal zu schade, um mit seinen Körperexperimenten Aufmerksamkeit zu erregen.

Seelenruhig ließ er sich mal von diesem, mal von jenem Kollegen durchstechen. Mitunter auch von alkoholisierten oder grobschlächtigen Barbesuchern. Anfänglich noch mittels spitzer Kugelschreiber oder rostiger Fahrradspeichen. Später mit dickeren Bratspießen. Quer durch die Lippen. Quer durch die Zunge. Quer durch die Wange. Quer durch den Hals. Und mit längeren Floretten bald auch durch die Brust. Immer öfter sogar mehrfach hintereinander. Ohne gesundheitliche Komplikationen.

»Ich habe eine Vision, einen Traum vom Frieden«, betonte er bei jeder sich bietenden Gelegenheit leise. »Nur deshalb trete ich vor euch auf ...«, ehe er mitunter von grölenden Besuchern übertönt wurde. »Zeig uns endlich deine Unverletzbarkeit!«, johlten sie sensationslüstern und prosteten sich grinsend zu.

Der Holländer machte gute Miene zum bösen Spiel. Selbst wenn er dabei in so mancher Spelunke oft wie eine billige Jahrmarktsattraktion herumgereicht wurde. Manchmal sogar mit Fakir-Turban auf dem Haupt. Endlich konnte er sein körperliches Potenzial ausleben. In der Hoffnung, bald ein größeres Publikum für seine globale Friedensmission zu gewinnen.

Seinen geliebten Eltern verschwieg er die waghalsigen Auftritte vorerst. Denn ob Matrosen, Hafenarbeiter oder Studenten – bereits damals spalteten seine Darbietungen die Geister. Manche vermuteten Zaubertricks. Andere zuckten mit den Achseln: »Wenn du dich unbedingt umbringen willst, dann mach halt weiter«, meinten sie und drückten dem liebenswerten jungen Mann nach Hause torkelnd mitleidig ein paar Gulden in die Hand.

Mirin Dajo aber gab nicht auf. Um seine Experimente aus der rechtlichen Grauzone zu befreien, ließ er sich im Amsterdamer Hospital 1946 freiwillig röntgen – samt Florett im Bauch. Zwölf Bilder entstanden auf diese Weise, die ihm später helfen sollten, ernst genommen zu werden. Derart ernst, dass er bei der Polizei abblitzte, als er um eine Auftrittsgenehmigung für seine kuriose Performance nachsuchte. Auch lokale Parapsychologen mochten ihm nach allerlei weiteren körperlichen Experimenten vor ihren Augen keinen medizinischen »Freibrief« ausstellen, wie deren Nestor und späterer Lehrstuhlinhaber Wilhelm Heinrich Carl Tenhaeff 1946 »verwirrt« zu Protokoll gab, nachdem er den Durchstechungen ebenfalls beigewohnt hatte.

Und den Behörden? Denen bereitete der Mann ebenso Bauchschmerzen, wie bislang unveröffentlichte Schriftwechsel im Stadt-

Mirin Dajos »Entdecker«:
der Amsterdamer Naturarzt Hylke Otter.

archiv von Amsterdam dokumentieren. Bereits am 23. August 1946 hatte der Innenminister aus Den Haag dem Bürgermeister in Amsterdam Beine gemacht: »Nach Meinung meiner Beamten, der ich voll und ganz zustimme, sind solche Darstellungen unter dem Gesichtspunkt der öffentlichen Gesundheit höchst bedenklich! Ich möchte wissen, ob die erwähnten Aufführungen aufgrund der örtlichen Polizeiverordnung zulässig sind. Wenn ja, sehen Sie irgendeine Möglichkeit, Maßnahmen zu ergreifen, um sicherzustellen, dass solche Praktiken nicht mehr vorkommen?«

Der gescholtene Bürgermeister ließ sich mit seiner Antwort Zeit. Sehr viel Zeit. Weil er mit Mirin Dajo sympathisierte? Oder weil ihm die juristische Situation angesichts fehlender Präzedenzfälle ebenfalls nicht geheuer war? Erst nach einer weiteren Ermahnung aus Den Haag äußerte er sich 4 Monate später, am 4. Dezember 1946, in einem Antwortschreiben wie folgt:

»Schon im April dieses Jahres wurde Herr Henskes von uns darüber informiert, dass es Einwände gegen seine öffentlichen

Präsentationen gibt. Außerdem wurde jedes Mal, wenn eine Genehmigung für einen privaten Auftritt erforderlich war, die Zusammenarbeit von unserer Seite verweigert. (...) Wie Sie an meiner Weigerung, an Henskes Vorstellung teilzunehmen, gesehen haben, bin auch ich der Meinung, dass die hier erwähnten Vorführungen oder Darbietungen unzulässig sind. Ich habe (...) schriftlich darüber informiert, dass offizielle Vorführungen wie die von Henskes von den Behörden nicht gern gesehen werden und dass die Durchführung solcher Auftritte für mich Anlass sein könnte, auch meine Lizenz für private Veranstaltungen dieser Art zum Wohle der Allgemeinheit zu widerrufen.«

Zum Wohle der Allgemeinheit?! Mirin Dajo ahnte längst, dass er im Ausland mehr erreichen konnte. Umso mehr, als er den Geist der Nächstenliebe der ganzen Welt vermitteln wollte. Grund

Vom Mitarbeiter zum Freund:
Jan Dirk de Groot alias Johnan.

genug, seine Künste über die Landesgrenzen hinaus zu präsentieren. Dies »am liebsten in der schönen Schweiz, im Land des Friedens«, wie er seinen Eltern eines Abends mit leuchtenden Augen eröffnete.

Mithilfe seines Kollegen und neuen Assistenten Jan de Groot alias Johnan begann er seine waghalsigen Experimente, sein »geistiges Training« und seine Meditationen in den folgenden Monaten zu intensivieren. »Das gesprochene Friedenswort ist mir weitaus wichtiger«, wisperte er Johnan 1946 zu. »Aber ich benötige die körperlichen Durchstechungen vorerst weiterhin, um Aufmerksamkeit zu erregen. Ich brauche dich. Ich muss der Öffentlichkeit das ›Unmögliche‹ vor Augen führen. Um einen weiteren, womöglich atomaren Weltkrieg zu verhindern. Nur so wird man mir zuhören. Nur so kann ich vielleicht doch noch Wunder wirken! Der Mensch ist vergänglich. Doch seine Gedanken bleiben ewig und können nicht vergehen.«

Alles Gute kommt von oben. Und so wollte es ein Zufall, dass im Frühjahr 1947 der Schweizer Theaterdirektor Hans Hubert auf Mirin Dajo aufmerksam wurde. Ein Bekannter hatte dem Varieté-Manager den außergewöhnlichen Holländer empfohlen. Verträge wurden unterzeichnet, Termine vereinbart. 3 Wochen lang sollte Mirin Dajo im Herzen von Zürich auftreten. Seine blauen Augen leuchteten. Endlich zeichnete sich der Durchbruch ab!

Noch in den Niederlanden begutachten und bestellen Hylke Otter, Johnan und er nagelneu funkelnde Stichwaffen aller Art. Stilette, Florette, Dolche – und zweischneidige Schwerter. Dann geht es los. Über 20 Stunden lang reist das Trio Ende Mai 1947 im Nachtzug Richtung Basel ins »gelobte Land«. Als »Artisten«. Weil ihnen die auf wenige Wochen befristete Aufenthaltsbewilligung von den Behörden sonst nicht gewährt worden wäre. »Wir konnten die ganze Nacht vor Aufregung kein Auge zutun«, schreibt der 34-jährige Holländer wenige Tage später an seine Eltern.

Gruppenbild zum Auftakt der Schweizer Tournee
(Juni 1947).

Premiere im Corso-Theater

Zürich, 3. Juni 1947. Erwartungsfroh lässt Theaterdirektor Hans Hubert vor der Premiere seinen Frack bürsten. Nervös zupft er an seinem Schnurrbart. Seine erfolgreichsten Jahre in der Metropole scheinen gezählt. Bereits in wenigen Monaten würden Teile seines Theaterpalastes am Bellevue zum Kinotempel umfunktioniert, wie ihm mitgeteilt worden war. Ausgerechnet jene berühmten Bretter, auf die er seit 1941 Weltstars wie die US-Sängerin Josephine Baker gelotst hatte. Im selben Prunkbau, wo schon der junge Louis Armstrong seine Trompete geblasen hatte – und etliche Jahrzehnte später Udo Jürgens im obersten Penthouse einziehen und bis zu seinem Tod sporadisch residieren sollte.

Einmal mehr wähnt Hans Hubert ein unbekanntes Ass im Ärmel. Entsprechend bemüht sich der Impresario um Perfektion. Nachdem sich die drei mittellosen Holländer dank eines Vorschusses von ihm neu einkleiden ließen, startet auf der Varietébühne seines Corso-Palais an jenem Abend ein neues Spektakel – mit Mirin Dajo als Hauptattraktion. Auftritte von Showmaster und »Schnelldichter« Josef Baar, der Tänzerin La Marqueez, dem Meisterjongleur Roberto Chiesa und weiterer internationaler Artisten sollen die musikalisch untermalte Darbietung auflockern.

Die medizinische Untersuchung im Vorfeld der Veranstaltung sichert Hubert gegen den Vorwurf ab, seine Zuschauer an der Nase herumzuführen. Also setzt er zu Werbezwecken eine Belohnung aus »für denjenigen, der die Vorführung als Täuschung des Publikums beweisen kann«. Zudem bittet er nervenschwache Personen, der Veranstaltung fernzubleiben, und schaltet eifrig Anzeigen in Tageszeitungen. In großen Lettern preisen diese Mirin Dajo als »größte Sensation der Gegenwart« an.

Der Werberummel zeigt Wirkung. Das Publikum strömt in Scharen in sein Theater. Und wird Abend für Abend Zeuge, wie

Das Corso-Theater am Zürcher Bellevue
(historische Aufnahme).

Mirin Dajo alle Register seines Könnens und seiner Körperbeherrschung zieht. Wortlos lässt er sich von Assistent Johnan mal mit einem ellenlangen Stilett, mal mit einem Dolch die Oberarmmuskeln durchstechen, spaziert damit durch das Publikum und steigt danach wieder auf die Bühne.

Hinter ihm steht ein kleiner Tisch mit Stichwaffen aller Art. Der eine oder andere Zuschauer darf die messerscharfen Klingen begutachten und eigenhändig untersuchen. Danach wird dem Holländer – unter ständiger Beobachtung von Hylke Otter – in der

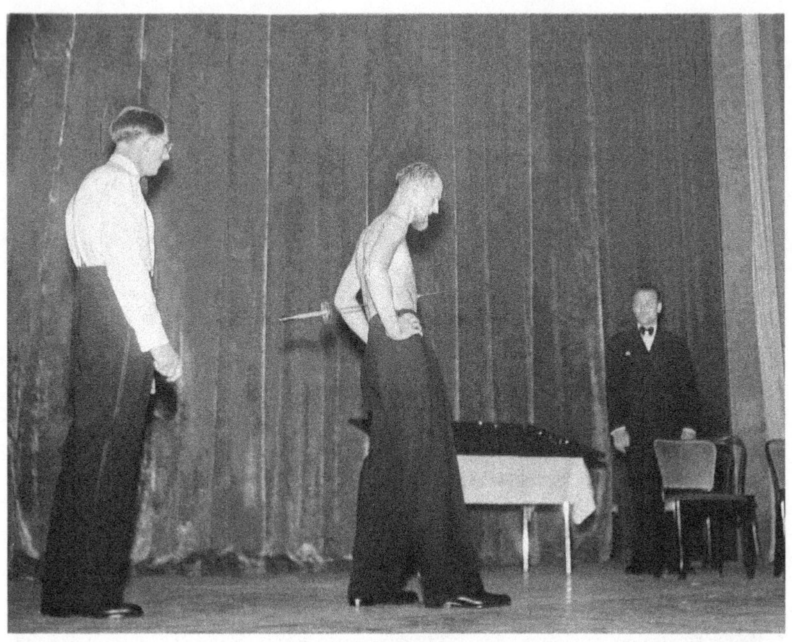

Johnan, Otter und Dajo
bei ihren allerersten Auftritten in Zürich.

Lendengegend ein rund 7 Millimeter dickes Florett durch Rücken und Brust gespießt! Erneut fließt kein Tropfen Blut. Manch schockierte Besucherin kreischt entsetzt auf. Der eine oder andere Gatte fällt sogar in Ohnmacht.

Die Waffe wird wieder entfernt. Doch der Clou folgt erst jetzt. Denn Mirin Dajo weiß um die Skepsis seiner Zuschauer. Stoisch lässt er seine unzähligen Narben aus nächster Nähe inspizieren – und unternimmt vor aller Augen eine weitere Durchstechung. Diesmal gleich mit mehreren hohlen Floretten, an deren Griffen Schläuche angebracht sind. Durch die Oberarme. Und durch den Oberkörper. Die Spitzen werden abgeschraubt. Eine Pumpe leitet Wasser durch die Klingen, sodass es auf Brustseite heraussprudelt. Seelenruhig beobachtet der Holländer das Schauspiel. Ein lebendiger Springbrunnen! Das Publikum tobt.

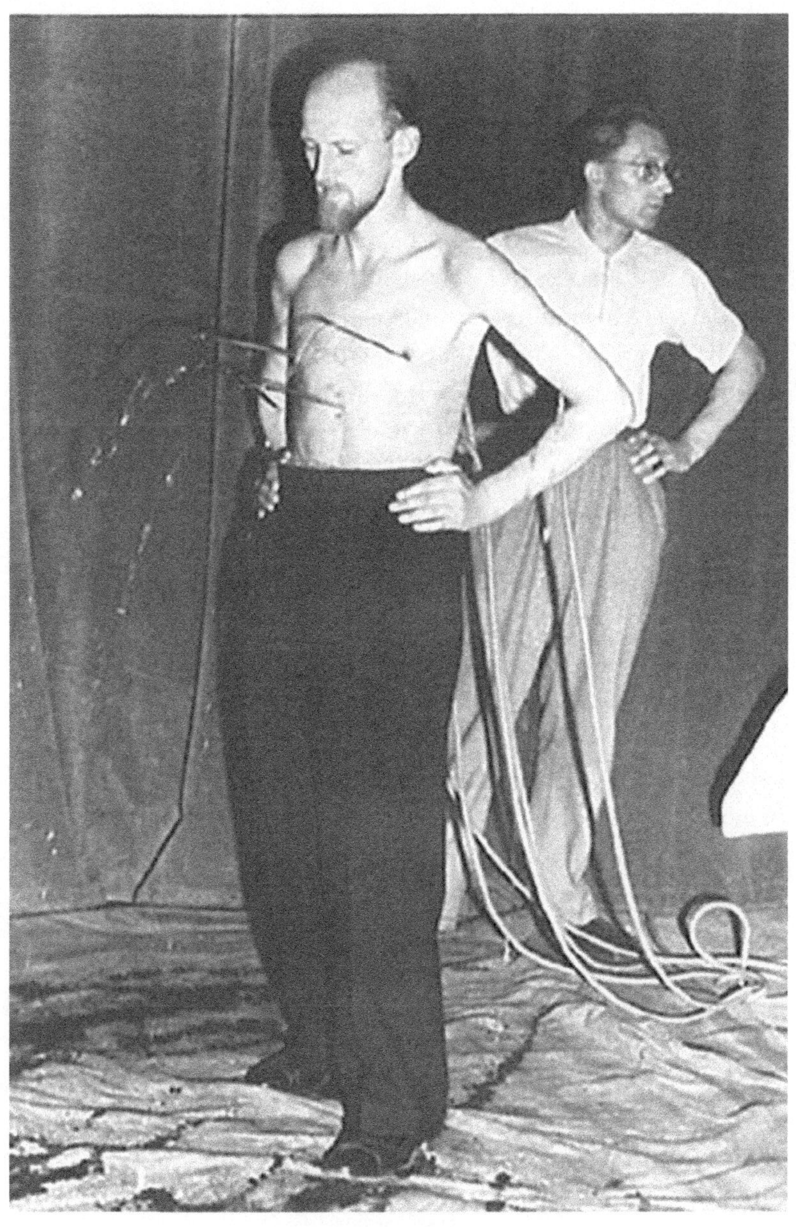

»Lebender Brunnen!«:
kurioses Schauspiel auf der Corso-Bühne.

Auftrittsverbot!

Zürich steht Kopf. Trotz zunehmend tropischeren Temperaturen. Immer häufiger prangt im damaligen »Jahrhundertsommer« bereits Stunden vor Vorstellungsbeginn das Schild »Ausverkauft!« an der Abendkasse. Der Mann mit den himmelblauen Augen, dem beigen Anzug und der lilafarbenen Brustschleife ist Tagesgespräch. Ob im Hotel, auf der Straße oder im Kaffeehaus: Überall werden er und seine Freunde angesprochen.

Neugier, Bewunderung, aber auch Skepsis schlagen ihnen entgegen. Etliche Briefe und Telefonanrufe erreichen den Holländer. Manche interessieren sich für seine religiös motivierte »Mission«, andere bitten lediglich um ein Autogramm, während dritte vertiefte Ausführungen über seine »Kraft« erbitten oder sich Hoffnung auf persönliche Heilung machen.

Dann aber folgt der große Schock: Die Zürcher Polizeidirektion verbietet alle weiteren Auftritte. Grund dafür war ein Malheur am Samstag, dem 7. Juni 1947. Beim Durchstoßen mit dem Florett auf der Bühne des Corso-Palais hatte sich die Klinge in einem Rippenknorpel verbohrt. Wegen des unerwarteten Drucks war der Holländer vor aller Augen in die Knie gesunken, während der Kulissenschieber entsetzt den Vorhang zog.

Mirin Dajo blieb die Ruhe selbst. »Zieh es raus!«, wies er seinen Assistenten mit leiser Stimme an – um sich den konsternierten Zuschauern auf der Bühne kurz darauf erneut zu präsentieren. Quicklebendig. Als wäre nichts geschehen.

Die Zürcher Sittenpolizei schreitet zur Tat. Tagelang hatten ihre Kommissare und Detektive als »Gäste« inkognito im Publikum gesessen. Tagelang waren ihnen die Hände gebunden. Nun haben sie endlich einen handfesten Grund, den zunehmend lauteren Bedenken der städtischen Ärzteschaft nachzukommen und dem »unsittlichen Spektakel« einen Riegel vorzuschieben!

»Wie ein Paradies!«:
Mirin Dajo bei einem Spaziergang durch Zürich.

In der Stadt kursieren unterdessen die wildesten Gerüchte. »Mirin Dajo ist tot!«, tuscheln einige. »Die Kriminalpolizei hat seine beiden Begleiter verhaftet!«, ergänzen andere. Die Telefondrähte im Corso-Palais glühen heißer denn je. Alle heischen nach weiteren Details, darunter auch Journalisten aus den USA.

Ein stadtbekannter Klatschreporter wittert seine Chance. Auf Druck seines Chefredakteurs (»Täglich erreichen uns ganze Stöße von Briefen über diesen seltsamen Mann!«) hatte er den Experimenten persönlich beigewohnt. »Trotz seines kürzlichen Todes habe ich Dajo heute in einer Weinstube erblickt, wo er in breitem Schweizerdialekt seine Experimente als Trick entlarvte«, plappert ihm ein geschwätziger Informant unkritisch zu.

Unsinn hoch zehn. Und dennoch ein gefundenes Fressen. »Mirin Dajo hat einen Doppelgänger!«, kabelt der Journalist hektisch an seine Redaktion – und begibt sich am nächsten Tag zum Hotel Rothus, wo ihn der totgesagte Holländer beim Abendbrot putzmunter in seinem Zimmer erwartet. Die Kunde über sein vermeintliches Double und sein Ableben nimmt Mirin Dajo sichtlich amüsiert zur Kenntnis. Lächelnd schmiert er sich ein Brötchen und entgegnet dem verdutzten Schreiberling in typisch holländischem Akzent: »Sie sehen, mein verehrter Herr, dass auch ein Toter durchaus guten Appetit hat!«

Theaterdirektor Hans Hubert versucht ebenfalls die Wogen zu glätten. Eilends lässt er einen Pressetext verteilen: »Mirin Dajo hat den Wunsch geäußert, seine Leistungen im Varieté zu zeigen. Wir konnten uns in Holland persönlich überzeugen, dass die Experimente, die er nach seinen Aussagen seit langer Zeit an sich vornahm, keine sichtbaren körperlichen Schädigungen verursacht haben. Sein Auftreten im Corso erfolgt aufgrund einer von der Kantonspolizei gegebenen schriftlichen Bewilligung. Diese Bewilligung wurde erteilt nach genauer Beschreibung der Experimente, welche er vorzuführen beabsichtigte.

Die Reaktion des Publikums sowie der Kunstfehler, der sich in der Vorstellung vom letzten Samstag ereignete, und die daraus resultierenden Erfahrungen haben jedoch die Direktion des Corso-Palais veranlasst, das im Gegensatz zu der seinerzeit erteilten Bewilligung nachträglich ausgesprochene Verbot ohne Protest anzunehmen und Mirin Dajo vom Programm abzusetzen.«

Rasierklingen und Scherben zum Tee

Ähnlichen Wirbel hatte Arnold Henskes, wie erwähnt, bereits ein Jahr zuvor während seiner Auftritte in Holland erlebt. Mehr als einmal. So mussten schaulustige Amsterdamer Zuschauer am 6. Juni 1946 beispielsweise per Lkw kurzerhand in ein Hinterzimmer chauffiert werden, weil die Polizei seinen Auftritt in einem öffentlichen Lokal in letzter Minute unterbunden hatte.

»Ärzte, Journalisten und Fotografen scharten sich um den Mann, der – ohne eine Verletzung zu zeigen – Glühbirnenglas und Rasierklingen kaute und verschluckte«, schwärmte ein Zeitungsreporter. »Anschließend wurde dem Mann ein Degen durch die rechte Brust gestochen. Ein Amsterdamer Arzt, der sich nicht zum Narren halten lassen wollte und eine sorgfältige Untersuchung vornahm, musste feststellen, dass die Lungen auf beiden Seiten perforiert waren. Obendrein ließ der Impresario Wasser durch den hohlen Degen sprühen, nachdem er die Spitze durch einen Brausekopf ersetzt hatte. Das vollständige Durchstechen von Lunge, Wangen und Armen, wiederum ohne jegliche Blutungen – in Wangen und Lippen blieb nicht einmal die geringste Verletzungsspur zurück –, stellte die Ärzte vor ein Rätsel. Umso mehr, als dabei auch die Leber durchbohrt wurde.«

Wenige Tage zuvor, am 31. Mai 1946, hatte der Holländer seine Künste auf einer Familienfeier dargeboten. »Mein 17-jähriger Bruder Attie durfte die Klinge führen«, berichtete mir Ewald Holzhaus Jahrzehnte später aus Holland. »Wir Kinder waren noch zu jung, um den Durchstechungen beizuwohnen. Man schickte uns nach draußen.« Dajo war damals öfter bei der Familie zu Gast.

Holzhaus: »Meine kleinen Brüder und ich machten uns einen Spaß daraus, ihm Glasscherben und unbenutzte Rasierklingen zum Tee zu offerieren, die er netterweise verschluckte – nur um uns damit eine Freude zu machen.« Als später Schreie erklangen, erspähte die Kinderschar mittels einer Leiter Unerwartetes. Einer von ihnen rief: »Verflixt: Nun spritzen sie mit scharfkantigen und hohlen Motorradspeichen Wasser durch ihn hindurch!«

Attie Holzhaus war nicht zimperlich. Manche sollten ihn später als »ungestümen jugendlichen Hitzkopf« beschreiben, dem es vor allem um Berühmtheit und Moneten gegangen sei. Mehrmals ver-

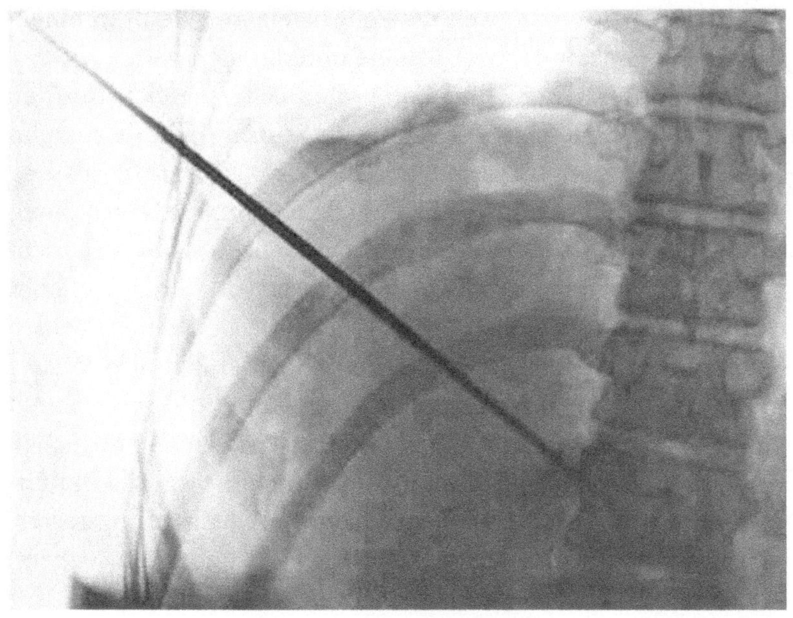

Kein Trick: Bereits 1946 belegten Röntgenfotos das Unfassbare.

bogen sich dessen Klingen bei den Körperexperimenten Dajos in schummrigen Lokalen. Ebenso wie im Spätsommer 1946 in der Universität Leiden, wo sich der Holländer unter Aufsicht weiteren Durchstechungen unterzog.

Bereits am 24. Juni 1946 hatte die Zeitung *Muziek* über inoffizielle Auftritte berichtet, bei denen sich Dajo auch Zunge, Hals oder Kehle durchbohren ließ. Wie immer ohne gesundheitliche Folgen. Doch die Reporter zeigten sich besorgt: »Es kann nicht angehen, dass sich ein Mann, der über derartige Fähigkeiten verfügt, zu einer Sensationsnummer erniedrigt. Umso mehr, als Arnold Henskes in einem Gespräch mit Journalisten erklärte, dass seine Experimente und Demonstrationen ein hohes Ziel haben, nämlich dem materialistischen Mensch die Einsicht in die Überlegenheit des Geistes über die Materie zu vermitteln. Es ist klar, dass sich aus ihm eine erstklassige Sensationsnummer machen ließe, die vor allem im Ausland Erfolg haben könnte. Das wissen auch seine Begleiter leider nur zu gut, und sie haben denn auch eher ihr eigenes finanzielles Wohlergehen im Auge als das Interesse von Henskes. Sie werden sich somit kaum dazu bewegen lassen, ihre Pläne aufzugeben.«

Dadurch, dass der Holländer seiner Berufung folge – »und an seiner Integrität zweifeln wir nicht – kann er seinen Beruf als Reklamezeichner nicht mehr ausüben und wird, um sein Brot zu verdienen, in die Richtung des Varietés gedrängt. Es ist zu hoffen, dass die Wissenschaft der Medizin seinen Fall einer tiefergehenden Analyse unterzieht und ihn damit in die Lage versetzt, der erniedrigenden Artistenexistenz zu entgehen.«

»Revolution der Herzen«

Zürich, 11. Juni 1947. Auf Sonnenschein folgt Regen. Auf Regen folgt Sonnenschein. Mit einem Lächeln versucht Mirin Dajo der behördlichen Verfügung das Beste abzugewinnen. »Gestern bin ich in der Schweiz verboten worden«, schreibt er in einem Brief an seine Eltern in Haarlem. Die Intervention der Polizeidirektion kommt ihm nicht ungelegen. Denn das Durchstechungsverbot eröffnet ihm die Chance, endlich auszusprechen, wofür er aus vollstem Herzen immer mehr inspirierende Worte findet: seine Friedensmission, sein Plädoyer für eine globale Versöhnung.

Zuvor lautete die amtliche Auflage: »Durchstechen? Ja! Sprechen? Nein!« Nun heißt es vonseiten der Behörden plötzlich: »Sprechen? Ja! Durchstechen? Nein!« Also legt der Holländer auf Wunsch von Corso-Direktor Hans Hubert seine Klingen vorübergehend beiseite – und tritt dennoch weiterhin in Zürich auf.

Vor ausverkauften Rängen hält er Abend für Abend Vorträge über sich und seine Ziele, beantwortet Fragen aller Art und schenkt so mancher kriegsversehrten Seele neuen Lebensmut.

»Alles, was ich hier zu sagen habe, kann ich nur von Herz zu Herz sagen«, beginnt er mit sanfter, pastoraler Stimme. »Und ich spreche zu allen Menschen, die meine Botschaft hören wollen. Wohl kam ich wie ein Wunder, aber ich bin es nicht. Man stellt mich auf der Bühne als Wunder vor und man macht eine Sensation aus mir. Ich habe meine Unverletzbarkeit ohne mein Dazutun bekommen. Ich war wohl schon als Kind unverletzlich, aber mir dessen nicht bewusst. Jeder von Ihnen verfügt über besondere Eigenschaften, ohne sich dessen bewusst zu sein.

Vor 2 Jahren machte ich die Bekanntschaft von Herrn Otter, der als Naturarzt tätig ist und schon Blinde und Lahme geheilt hat. Ich kam mit meiner Mutter zu ihm, die sehr krank war, und sogleich sagte mir Herr Otter, dass ich unverletzlich sei. Wir unternahmen Proben, zu denen die Durchstechung des Körpers noch nicht gehörte. Ich empfand bei all diesen Versuchen nie ein Gefühl der Angst, weil ich restloses Vertrauen zu Gott habe.

Viele Leute fragten nach dem Sinn meiner Demonstration, etliche Briefe erreichten mich. Ich freue mich über dieses Interesse, denn jeder Einzelne von Ihnen hat ein Ziel vor sich und ist imstande, es auch zu erreichen, wenn er vollständig daran glaubt und sich vollkommen offen der Inspiration Gottes stellt. Durch den absoluten Glauben erhält er von Gott die Kraft dazu.

Es scheint meine Aufgabe zu sein, den Menschen die Kraft des Geistes zu zeigen. Die Demonstration dieser Kraft ist kein Wunder für Gott und die Gläubigen, nur für jene, welche diesem Glauben fremd gegenüberstehen. Alles, was von Gott kommt, ist normal und natürlich. Dass es solche gab, die sich vom Gedanken an die Sensation abwandten und versuchten, tiefer zu denken, ist mein Sieg. Jeder von Ihnen sucht nach einem Licht. Die Menschheit lebt in einer Finsternis, und es herrschen allerorts Misstrauen und Ratlosigkeit. Weil man nicht an den weltweiten Frieden glaubt, bekommt man auch keinen. Und dabei ist alles erfüllbar, wofür man auch aufnahmefähig ist.«

Mirin Dajo hält einen Moment inne, gönnt sich einen Schluck Wasser und fährt dann in Richtung der eifrig notierenden Journalistengilde fort: »Was unbekannt ist und die Gefahr in sich birgt, dass man eine teuer erworbene Weltanschauung völlig revidieren müsste, das ängstigt und regt auf. Wir glauben, den Zenit allen Wissens erreicht zu haben, und sind in Wahrheit geistig ärmer denn je. Wissenschaft ist notwendig, aber sie vermag unseren Durst nach Erkenntnis nicht zu stillen.«

»Was genau ist Ihr Ziel?«, ruft ihm eine Zuhörerin ebenso spontan zu. »Und wie denken Sie über Hitler, Lenin oder Stalin?« Der Holländer überlegt ein paar Sekunden, senkt seine Hände und lächelt ihr dann gütig zu: »Mein größtes Ziel bleibt der globale Frieden. Wenn einige wenige Köpfe politische und soziale Umwälzungen allergrößten Ausmaßes auszulösen vermochten, so besteht gewiss kein Grund, daran zu zweifeln, dass Mirin Dajo Mittel und Wege offenstehen, um eine weltweite Revolution der Herzen zu entfachen, nach welcher sich die Menschheit seit jeher gesehnt hat und noch immer sehnt!«

»Hilfe und Heilung« in hitzigen Zeiten

Je länger und heißer die Sommerabende in Zürich werden, desto weniger schläft Mirin Dajo. Längst wendet er bis zu 5 Stunden pro Tag auf, um Besucher zu empfangen. Darunter Prominente wie den Schweizer »Friedensapostel« und Pazifisten Max Daetwyler (»Der Mann mit der weißen Fahne«), die Erfolgsautorin Rösy von Känel oder den Leiter der Zürcher Esperanto-Bewegung.

»Mann mit der weißen Fahne«:
der Schweizer Pazifist Max Daetwyler.

Viele von ihnen beehren ihn mit kleinen Präsenten. Die meisten aber erhoffen sich »Hilfe und Heilung von uns«, wie Dajo Mitte Juni 1947 an seine Eltern schreibt. Regelmäßig erstattet er ihnen zu später Stunde handschriftlich Bericht – oft etliche Seiten lang. Es werde wohl noch dauern, ehe er wieder nach Holland zurückkehre, bedauert er. Mit einfühlsamen Worten tröstet er Vater und Mutter über die Distanz hinweg, verspricht finanzielle Hilfe und spricht seinen vom Krieg gebeutelten Verwandten Mut zu, mitten aus dem Paradies: »Ob Früchte, Kleider oder Uhren aller Art: Man kann hier alles bekommen, aber es ist alles sehr teuer.«

Corso-Direktor Hans Hubert schmiedet derweil eifrig Tourneepläne und organisiert weitere Veranstaltungen – »auch wenn er uns längst mehr Freund als Geschäftsmann ist«, wie Dajo feststellt. Vorläufig bezahlt Hubert ihre Hotelrechnungen. »Doch bald schon wird sich unsere finanzielle Situation bessern«, verspricht

Dajo seinen Eltern. Und dann könne er auch den von seiner Familie so sehr geschätzten Esperantisten unter die Arme greifen, fügt er in einem weiteren Schreiben an.

Tag für Tag zieht der Rummel um den »Unverletzbaren« größere Kreise. »Viele Kranke, ja selbst Todgeweihte kommen zu uns«, notiert Mirin Dajo am 23. Juni 1947 zwischen Vorträgen und Interviews Richtung Heimat. »Zum Glück betreut Hylke Otter viele davon, sodass ich endlich wieder etwas Ruhe finde für meine Friedensmission.« Entzückt berichtet der Tierfreund seinen Liebsten, wie er im Zoologischen Garten von Zürich zum ersten Mal in seinem Leben ein Känguru beobachten durfte: »Es hatte ein Junges mit einem lustig großen Gesicht in seinem Bauch.«

Und am 3. Juli 1947 ergänzt er: »Jan berät sich im Hotel Rothus mit dem Journalisten Jack Schumacher, um eine Broschüre über mich vorzubereiten. Andere Freunde bemühen sich außerdem darum, bei der Kantonspolizei mein Durchstechungsverbot aufzuheben. Etliche Auftritte in kleinerem und größerem Rahmen in den folgenden Tagen sind bereits geplant. Zudem werde ich morgen zum allerersten Mal gefilmt!«

Möglich gemacht hatte die aus Kostengründen nur wenige Minuten kurzen 35-Millimeter-Aufnahmen Theaterdirektor Hans Hubert. In einem Zürcher Studio lässt sich Mirin Dajo am 4. Juli 1947 ohne mit der Wimper zu zucken von seinem Assistenten Johnan einmal mehr mit einem Florett durchstechen. Von hinten nach vorne, quer durch die Brust. Noch dazu links, auf der Herzseite! Die Nachricht verbreitet sich wie ein Lauffeuer. Umso intensiver referiert er in den folgenden Tagen weiterhin da und dort. Ohne Unterlass. In Bassersdorf »vor einfachen Arbeitern«. Danach vor Theosophen und Rudolf-Steiner-Freunden. Und anderswo auch unter freiem Himmel vor »Tausenden von Hilfesuchenden«.

Seine Vorträge bleiben in der Nachkriegszeit ebenso fortschrittlich wie kontrovers. Eindringlich plädiert der Holländer

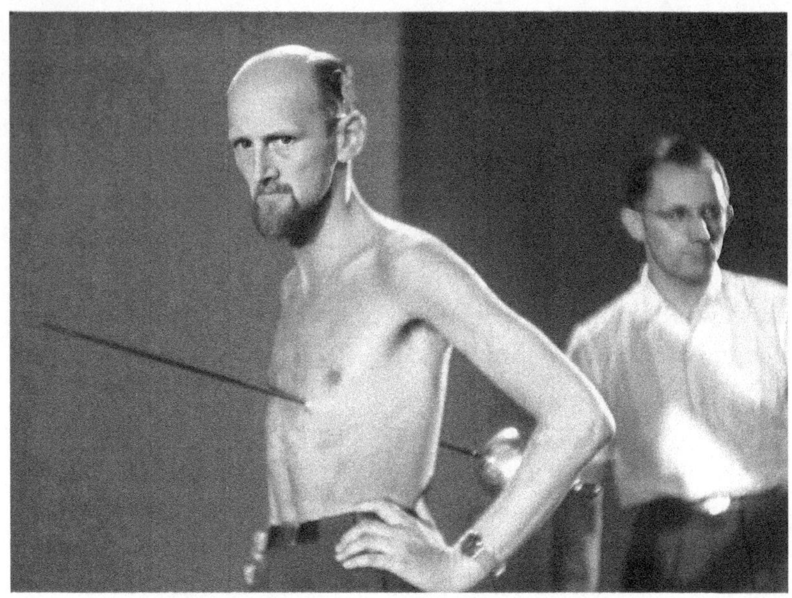

Erste Filmaufnahmen auf einer Studiobühne der Gloriafilm AG in Zürich (Juli 1947).

für sexuelle Aufklärung im Kindesalter, liberale Erziehung ohne körperliche Gewalt, rühmt intakte Familienverhältnisse und pflegt einen visionären und omnipotenten Gottesbegriff, der alle Religionen mit einschließt. (»Wenn ich von Gott spreche, dann spreche ich von allen Göttern dieser Welt.«) Er weiß Buddha ebenso zu schätzen wie Jesus, Mohammed oder Lao Tse und hegt und pflegt Gedanken an Karma und Wiedergeburt.

»Wie können wir andere begreifen, solange wir uns selbst fremd sind?«, fragt er immer wieder und spricht damit selbst so manchem angehenden Psychologen oder Psychiater aus dem Herzen. Er preist Naturfreunde für ihren Glauben an die Natur. Und dankt Atheisten und Wissenschaftlern »für deren Unglauben an Wunder«, den er respektvoll ebenfalls als Glauben respektiert.

Mirin Dajos Samen fallen auf fruchtbaren Boden. In wenigen Wochen hatte der Mann aus Haarlem die Öffentlichkeit weitaus

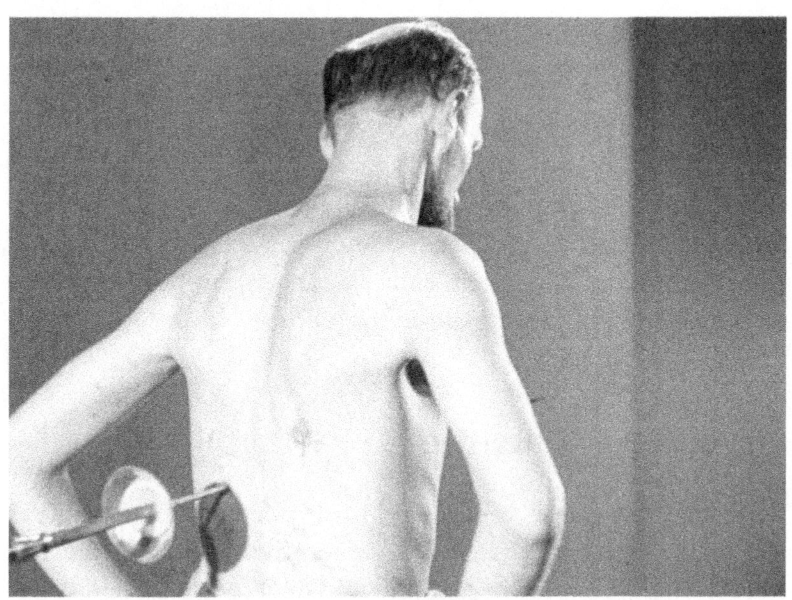

Der Durchstich erfolgte diesmal links – ungefähr auf Höhe des Herzens.

Entspannter Blick: der »Wundermann« während einer Drehpause.

stärker bewegt als manch ein Regierungsvertreter oder konservativer Kirchenfürst in seiner gesamten Amtszeit. Segen und Fluch zugleich. Denn selbst dem eifrigsten Marathonläufer geht irgendwann die Puste aus. Auch den Holländer holt angesichts Tausender von Hilfesuchenden die Erschöpfung ein. Immer seltener gelingt es ihm in jenen Tagen, Kraft zu tanken, zu meditieren und sich auf sein Innerstes zu konzentrieren.

Flucht in den Wald

Manchmal muss man vor seinen Mitmenschen flüchten, um sich wieder nach ihnen zu sehnen. Zudem bewegen sich die Rekordtemperaturen im berüchtigten »Dürresommer« längst um die 37 bis 40 Grad. »Etwas Ruhe wird mir guttun«, nickt Mirin Dajo auf Otters Drängen hin. Kurzerhand zieht er sich mit Johnan Mitte Juli 1947 in die Zürcher Hügellandschaft zurück, wo die beiden im Schatten der Bäume kampieren. Fernab der Großstadt, in der freien Natur, frönt der Holländer dort der Einsamkeit und arbeitet an der Abfassung seiner Informationsbroschüre, die später öffentlich vertrieben werden soll. Dazwischen meditiert er.

Kein lästiges Geräusch trübt das Gezwitscher der Vögel und das Rascheln der Blätter – bis auf ein paar wenige Freunde und Bekannte, die den beiden ab und an einen Stapel Briefe und etwas Essen bringen. »Den ganzen Tag sehen wir hier keine Menschen«, schreibt Dajo am 14. Juli 1947 fröhlich in die Heimat. »Tag und Nacht tragen wir lediglich Badehosen.«

Entspannt wiegt er sich in seiner Hängematte und lässt Revue passieren, wie er mit Johnan seit Ende 1946 den gesamten Winter in Holland unter bescheidenen Bedingungen seine körperlichen Grenzen ausgelotet hatte. Kennengelernt hatten sich die beiden bereits in früheren Jahren. Nach der Trennung von Jungspund

Attie Holzhaus hatte Johnan die Durchstechungen übernommen. Etliche Male traktierte der junge Metzger seinen Freund auf dessen Wunsch hin zu Testzwecken mit messerscharfen Stiletten. An allen möglichen Stellen. Mal quer durch den Arm. Dann quer durch die Waden. Häufig privat. Und zunehmend häufiger auch vor Bekannten, Freunden oder Ärzten.

Immer öfter pflegte Mirin Dajo damals vor oder nach seinen Experimenten zu meditieren, um in oft stundenlangen Trancezuständen lauthals mit »Peite« oder anderen »geistigen Führern« aus der Anderswelt zu sprechen. Aus Worten wurden Sätze. Aus Sätzen wurden kurze Zwiegespräche. Und bald darauf längere Dialoge. Zunehmend intensiver begann er seinen inneren Stimmen zu lauschen, die ihn mit meist liebevollen Worten zu immer gewagteren Experimenten anspornten, manchmal aber auch energisch davon abrieten. Sie berichteten ihm von Vergangenem und Künftigem – zeitreisenden Journalisten gleich.

»Peite hat mir alles erzählt«, lächelte er Johnan danach jeweils aufmunternd zu und prophezeite ihm in der Folge dieses und jenes, was kurz darauf oft exakt so eintrat, wie mir damalige Augenzeugen Jahrzehnte später persönlich bestätigten.

Dialog mit der Anderswelt

Zu Mirin Dajos engsten Mentoren in den Niederlanden zählte in jener Zeit nicht zuletzt der einflussreiche Philosoph, Pazifist und Vegetarier Felix Ortt (1866–1959). »Ich kenne diesen geschätzten Herrn sehr gut«, notierte Ortt Ende 1946 im Insiderblatt *Spiritische Bladen* und schalt lokale Parapsychologen wegen deren mitunter allzu voreiligen Schlussfolgerungen.

Ortt wörtlich: »Mirin Dajo ist kein Fakir, und er hat seine Unverwundbarkeit auch nicht durch jahrelanges Üben erworben!

Wenn jemand mit dem Fahrrad in einer Stunde von Amsterdam nach Haarlem und zurück fährt, ist das kein Wunder, sondern eine Frage des Trainings. Wenn dieser seine dortigen Besorgungen in 5 Minuten erledigt hätte, wäre das ein ›Wunder‹, und jegliche Trainingsanweisung hätte danach keinerlei Wert. Was Mirin Dajo getan hat und weiterhin tut, kann man eher damit vergleichen. Aber solange die offizielle Wissenschaft nichts von ›Wundern‹ dieser Art wissen will (›Wunder‹ im Sinne von unerklärlichen Geschehnissen nach den Gesetzen der Naturwissenschaft), kann man mit solchen Quasierklärungen nicht weiterkommen.«

Er habe in Haarlem lange Gespräche mit dem »Wundermann«, dessen Eltern und engen Vertrauten »von Herz zu Herz« geführt, berichtete Ortt beeindruckt: Bisweilen falle Mirin Dajo tatsächlich in Trance und spreche dann »in allen möglichen Fremdsprachen« mit höheren »Intelligenzen«. In Sprachen, deren er in »normalem Zustand« wenig bis gar nicht mächtig sei. »Er empfängt auf diese Weise durch seine ›oberste Führung‹ Befehle, Botschaften und Aufträge, die in ihrer Unfassbarkeit alles übertreffen, was er bislang öffentlich gezeigt hat. Er scheint unter dem Schutz einer Gruppe mächtiger Intelligenzen zu stehen. Und so wird es wohl nicht mehr lange dauern, ehe er sich auf eine Welttournee begibt, um die Berufung zu erfüllen, die ihm gegeben wurde.«

Felix Ortt verteidigte, ermunterte – und mahnte seinen Schützling mitunter zur Zurückhaltung. Mirin Dajo wiederum eilte seiner Zeit voraus, hielt inne, zögerte, zweifelte – und marschierte dennoch weiter. Tatsächlich hatten ihn seine »geistigen Begleiter« (darunter auch eine Wesenheit namens Swen Sører) bereits Ende 1946 in intensiven Dialogen dazu aufgefordert, seinen gesamten Körper mit siedendem Wasser zu übergießen.

»Johnan, jetzt darf, soll und muss es sein«, murmelte er eines Tages, noch in Haarlem, nach einem weiteren Trancezustand. Anfänglich mit dem Schicksal hadernd, dann aber zunehmend

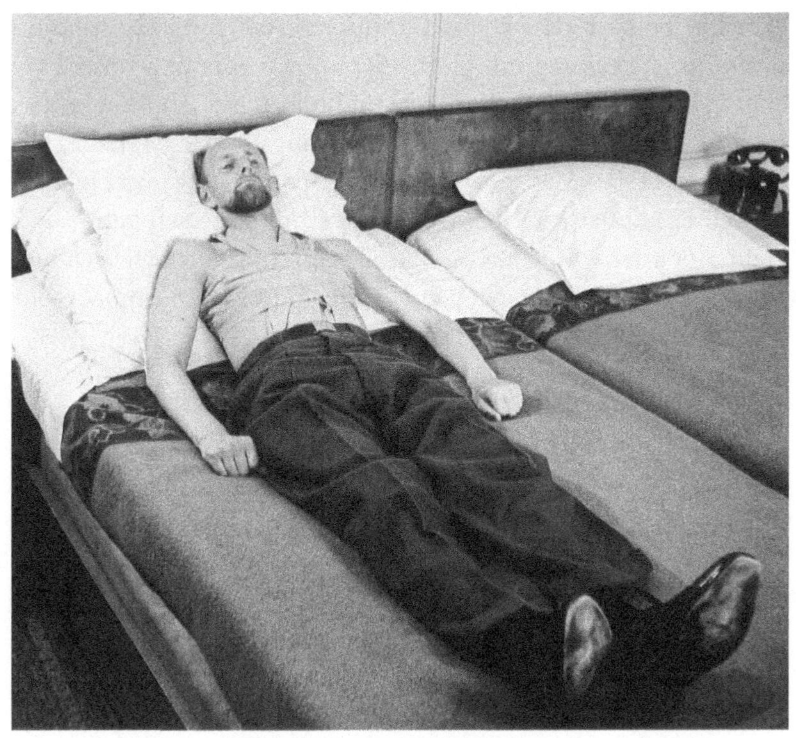

»Gespräche mit der Anderswelt«:
Mirin Dajo im Trancezustand.

zuversichtlicher. Artig vollstreckte der Lehrling, was ihm sein Meister befohlen hatte, füllte im heimatlichen Duschraum einen großen Bottich mit kochend heißem Herdwasser, nahm den Schwamm und verbrannte sich dabei beide Hände.

Dajo fackelte nicht lange, griff eigenhändig zum Schwamm, maltrâtierte damit seinen nackten Leib und übergoss sich zum Schluss kurzerhand mit dem immer noch siedenden Wasser. »Danach trocknete er sich seelenruhig ab«, notierte Johnan in seinem Tagebuch. »Im Gegensatz zu meinen feuerrot schmerzenden Fingern blieb sein Körper weiß-blass!«

In der Folge rieten Dajos Einflüsterer im Trancezustand zu einer Durchstechung mit glutheißer Klinge. Johnan stapfte brav zum Holzofen, erhitzte die Waffe und bohrte seinem Freund das rot glühende Stilett, dessen Spitze sich längst verbogen hatte, mit aller Kraft in den Magen, »bis es dort hörbar zischte und blubberte, weil er kurz zuvor einen Teller Haferbrei gegessen hatte«. Ein kleines Pflaster wurde auf die Wunde geklebt. Dajo legte sich hin, meditierte, erholte sich nach kurzer Zeit und sprach einmal mehr mit seinen geistigen »Begleitern«.

Später wollte der Holländer seinen Körper nach Rücksprache »mit oben« sogar vergiftet wissen. Also rieb sein Assistent die Klinge pflichtbewusst mit Kupfersulfat (Kupfersalz der Schwefelsäure) aus einer nahen Drogerie ein und stach erneut zu. 10 Minuten später erfolgte ein weiterer Durchstich. Einmal mehr ohne nennenswerte Folgen.

Doch damit immer noch nicht genug: Auf einem längeren Fußmarsch zu seinem Pazifistenfreund Felix Ortt verlangt Dajo kurzerhand nach Sandwiches mit Blutlaugensalz. Zudem trinkt er 50 Gramm Kupfersulfat, das ihm Johnan erneut rezeptfrei besorgt und mit 120 Gramm Wasser vermengt. Ein tückisches Gesöff, wie Pharmazeuten bestätigen: »Kupfersulfat wirkt für den Menschen bei oraler Einnahme vergiftend und kann zu blaugrünen Verätzungen der Schleimhäute, starkem Erbrechen, blutiger Diarrhö, Schock, Hämolyse und Hämoglobinurie führen. Ein tödlicher Verlauf der Intoxikation ist möglich!«

Mirin Dajo will es dennoch wissen. Zwar erbricht er den toxischen Cocktail kurze Zeit später, würgt, hustet und spuckt Blut und Galle. Doch bereits nach wenigen Minuten rappelt er sich wieder auf. Unbeirrt marschiert er mit Johnan weiter, als wäre nichts geschehen, um in Soest (Utrecht) bei Kaffee und Kuchen von Felix Ortt und seiner Gattin empfangen zu werden.

»Befolge unbedingt deine inneren Anweisungen, lieber Freund«, mahnt ihn das Paar an jenem Tag im Frühjahr 1947 beim Abschied ebenso herzhaft wie eindringlich: »Sei die Veränderung, die du in dieser, unserer Welt sehen möchtest. Und trenne und unterscheide bitte um Himmels willen stets gute von irreführenden geistigen Aufträgen!«

»Mein Leben ist meine Nachricht«, nickt ihnen Mirin Dajo in Anlehnung an Gandhi beim Abschied zu. Gelobt es, nächtigt später häufiger denn je unbekleidet in klirrender Kälte und vollführt mit Johnan weiterhin allerlei skurrile Experimente.

Nichts, aber auch gar nichts schien den Holländer lebensbedrohlich in Bedrängnis zu bringen. Jeder Stich und jede zunehmend schneller verheilende Verletzung hatten ihn der Menschheit und ihrer Wirklichkeit damals ein Stückchen weiter entrückt – und der Schweiz ein Stückchen nähergebracht.

Erholung in der freien Natur

Das Summen eines Insektes, das auf seiner Nase herumtanzt, reißt Mirin Dajo jäh aus seinen Gedanken. Wo befindet er sich? In der Vergangenheit? In der Zukunft? Müde reibt er sich die Augen. Ach ja, zurück aus der Anderswelt. Irgendwann Mitte 1947. Irgendwo in einem sommerlich blühenden Wald oberhalb von Zürich.

Erleichtert lehnt er sich zurück, während sich sein Blick in den Baumkronen verirrt. Er lächelt. Das Rauschen der Wipfel ist Balsam für seine Seele. Er riecht die Waldluft. Atmet im Takt der Natur. Frönt dem Gesang der Vögel. Schwingt im kosmischen Gleichklang. Döst wieder ein. Wiegt sich in seiner Hängematte erneut in Trance und meditiert. Einmal mehr spricht er mit seiner »geistigen Führung«. Lauscht entspannt den Antworten des Universums. Hegt innerlich Erinnerungen an die Zukunft. Und lässt die jüngste Vergangenheit Revue passieren.

Wenige Tage zuvor hatte im Corso-Palais einmal mehr eine Matinee stattgefunden. »Ein großer Erfolg!«, wie Mirin Dajo seinen Eltern am 16. Juli 1947 handschriftlich berichtet. Eine »junge holländische Dame« hatte ihm nach seinem Vortrag entzückt eine Ansteckrose geschenkt. »Ein Zeitungsverkäufer überreichte uns einen selbst gebackenen Kuchen.« Ein anderer schenkte ihm »ein Körbchen mit Erdbeeren«.

Beim anschließenden Mittagessen stellte ihm Corso-Direktor Hans Hubert seine Mutter und seine Schwester vor. Nebenbei drückte er dem Holländer eine lange Liste in die Hand. Nicht weniger als vierzig Städte und Dörfer gelte es in den kommenden Wochen abzuklappern. »Starten soll die Vortragstournee am 26. Juli 1947 in Romanshorn«, so Hubert. »Von dort geht es weiter nach Arbon, Frauenfeld, Amriswil, Weinfelden, Kreuzlingen, St. Gallen und etliche weitere Ortschaften.«

Mirin Dajos himmelblaue Augen leuchten heller denn je. Die Dinge nehmen ihren Lauf. Schneller als er es sich erhofft hat. Doch die idyllischen Momente währen nicht lange. Weitere Besprechungen mit der Fremdenpolizei stünden auf dem Programm, lässt Hylke Otter seinen Freunden aus der nahen Finanzmetropole geschäftstüchtig ausrichten. Eilends pfeift er sie aus dem Wald in die Hektik des städtischen Alltags zurück. Denn der Amtsschimmel scharrt und wiehert zunehmend lauter.

Im Büro der Zürcher Polizeidirektion wird dem Holländer am 18. Juli 1947 eindringlich und in strengster Amtssprache eröffnet, dass ihm trotz seiner »kostenlosen Vorträge« selbst die kleinste Entgegennahme jeglicher Art von Spenden, Geschenken und Naturalien – »oder anderweitige Zuwendungen« – zum Verhängnis werden »und strenge fremdenpolizeiliche Maßnahmen« nach sich ziehen könnten. »Wehe Ihnen, wenn Sie uns hintergehen oder unsere Gutmütigkeit ausnutzen!«, warnt man ihn beim Abschied mit erhobenem Zeigefinger.

Mirin Dajo nickt freundlich und reicht den Beamten bescheiden seine Hand: »Selbstverständlich. Aber bedenken Sie doch bitte: Vieles, was man mir hier oder dort spontan schenkt, ob einen Lebensmittelgutschein, einen frischen Apfel oder eine private Einladung zum Essen, kommt doch indirekt auch wieder der schönen Schweiz zugute. Ich wünsche Ihnen ebenfalls nur das Liebste.« Artig verbeugt er sich und zieht von dannen.

Was der Holländer nicht ahnt: Der Zürcher Stadtpolizei ist er als »geistiger und moralischer Unruhestifter« längst ein Dorn im Auge, wie einem erst 2022 (!) freigegebenen Geheimprotokoll des dortigen Kriminalkommissariats vom 19. Juli 1947 zu entnehmen ist. »Ich habe mich mit ihm über seine rätselhafte Körperbeschaffenheit unterhalten«, notiert ein gewisser »Detektiv Stadtmann«. »Nachdem sich Wissenschaftler aller Gattungen, von Medizinern bis zu Theologen, über ihn kein abschließendes Urteil bilden können, wäre es anmaßend, uns als zuständig dafür erachten zu wollen. Vorläufig ist Arnold Henskes ein Rätsel.«

Er könne sich aber »sehr lebhaft vorstellen, dass sich um den Genannten eine gewisse Sorte Menschen scharen und ihr zukünftiges Heil im Ideengut dieses ›Verkünders‹ erblicken. Das allein wäre Grund zur Bildung einer neuen Sekte. Um dieser Geburt nicht zu Gevatter stehen zu müssen, wäre es vorteilhafter, den Gründer nicht hier zu belassen. Dem Vernehmen nach hat sich bereits der Journalist Jack Schumacher bemüht, über das Leben seines ›Herrn‹ ein Buch herauszugeben, sodass die Anhänger und übrige Interessenten dort ihre ›Nahrung‹ finden können.«

Man beantrage deshalb eine allerletzte Verlängerung seiner Aufenthaltsbewilligung bis Ende Juli 1947, protokolliert der Sittenwächter aus Zürich argwöhnisch – »mit der Auflage, bis zu diesem Zeitpunkt die Schweiz endgültig verlassen zu haben. Auf ein weiteres Verlängerungsgesuch sollte aus prinzipiellen Erwägungen nicht mehr eingegangen werden.«

Doch Mirin Dajo vertraut weiterhin auf das Gute. Wilde Feldfrüchte munden ihm mehr als behördlich normierte Kartoffeln. Also spricht er in der Folge bald hier und bald dort. Ob vor Mitarbeitern des Bio-Müsli-Pioniers Maximilian Bircher-Benner, im Casino Winterthur oder auf Dorfweiden: Jeden Tag predigt er seine Botschaft. Die Botschaft vom Triumph des Geistes über den Körper. Die Botschaft des Friedens. Die Botschaft des Herzens. »Wir fürchten uns am meisten vor dem, was wir am wenigsten verstehen«, mahnt er. »Nicht Angst sollen meine Worte schüren, sondern Hoffnung. Denn in jedem von uns steckt weitaus mehr, als unsere Wissenschaft heute zu erklären vermag!«

Immer mehr Kranke hätten bereits »Heilung und Hilfe gefunden«, berichtet er derweil seinen Eltern und lässt ihnen Dörrfrüchte zukommen. Oder seiner Mutter Nylonstrümpfe, »damit sie nicht mehr frieren muss«. Lieber gibt er, als er nimmt, wie er in jenen Wochen notiert. »Auf euren Zuruf hin sende ich für Bruder Herman anbei ein paar Zigarettenpäckchen zum Weiterverkauf. Gerne dürft ihr einige davon an Bruder Gerrit weitergeben. Auch er kennt sicherlich Personen, an die er sie verhökern kann.« Einmal mehr lässt er zudem seinen größten Traum anklingen: eine Vortragsreise durch die USA. Und fast schon nebenbei erwähnt er am 24. August 1947 aus Bäch am See: »Jan entwickelt sich prächtig!«

Aufbruch zu neuen Ufern

Auch am Rheinknie sind die Wundertaten des Holländers längst Gesprächsthema. Fristgerecht schlägt die »Dreieinheit«, wie sich das Trio mittlerweile nennt, der Zürcher Fremdenpolizei deshalb ein Schnippchen. Kurzerhand reisen Dajo, Johnan und Otter im September 1947 nach Basel weiter – der Universitätsstadt mit dem

Ankunft der »Dreieinheit«
am Centralbahnplatz in Basel.

»berühmten Bürgerspital«, das auf den »Unverletzbaren« wie alle Krankenhäuser eine magische Anziehung ausübt.

Weitere Vorträge werden organisiert, Termine vereinbart. Nicht zuletzt mit dem Psychoanalytiker Heinrich Meng. Mittlerweile ebenfalls zum Gespann gestoßen: Sekretär Edmund Conradin Lüscher, der später in die USA emigrieren sollte. Nach einem Treffen hatte er Mirin Dajo spontan seine Dienste angeboten. Nun beantwortet der Helfer aus Gebenstorf im Auftrag des Holländers auf seiner Schreibmaschine ehrenamtlich Briefe aus aller Welt.

Auf Dajos Wunsch werden die Ereignisse mittlerweile von Kamerateams festgehalten. Bereits am 4. Juli 1947 hatte er sich in Zürich, wie erwähnt, bei einer Durchstechung auf Herzhöhe filmen lassen und Gefallen am neuen Medium gefunden. Auch weitere Untersuchungen sollen der Nachwelt erhalten bleiben. Möglich macht die sündhaft teuren 35-Millimeter-Aufnahmen ein lokaler Architekt und Geschäftsmann. Aus Sympathie für die Holländer und als Dank für Dajos Hilfe und dessen Krankenbesuch

Sekretär Edmund Lüscher begrüßt die Holländer nach ihrem Eintreffen am Rheinknie.

bei seiner Tochter lässt er spontan 30 000 Franken springen, um das »medizinische Wunder« fortan dokumentieren zu lassen.

Das Winterthurer Ehepaar Ruth und Walter Bührer, das später auch dem indischen Yogapionier Selvarajan Yesudian unter die Arme griff, beteiligt sich ebenfalls an den Kosten. Es hatte Mirin Dajo über eine spirituell interessierte Bekannte kennengelernt. Eifrig unterstützen die Bührers den »Wundermann« fortan nach Kräften und kutschieren ihn während seiner Zeit in der Schweiz oft von einem Termin zum anderen, da sie ein eigenes Auto besitzen. Damals noch keine Selbstverständlichkeit.

Der Holländer und seine Begleiter wissen die Hilfe zu schätzen. Viel verdienen sie in jener Zeit ohnehin nicht. Zwar darf Dajo auf Geheiß der Fremdenpolizei über »religiös-philosophische Themen« referieren, aber dafür weiterhin kein Geld nehmen. Immer wieder lassen ihm Freunde dennoch kleinere finanzielle Zuschüsse zukommen – obwohl niemandem entgeht, wie verschwenderisch Hylke Otter und Jan de Groot mit den Mitteln haushalten.

Mirin Dajo nimmt es gelassen. Geld fasziniert ihn weniger denn je. Was ihm heimlich zugesteckt wird, leitet er an seine Familie weiter, um deren materielle Sorgen zu lindern. Er selbst trägt oft nur ein paar Groschen bei sich. Solange es für das Allernötigste reicht, macht er sich keine Gedanken. Ein Angebot des bekannten amerikanischen Barnum & Bailey Circus über eine Million US-Dollar schlägt er aus. »Dafür habe ich meine Gabe nicht erhalten«, kommentiert er trocken, und das Thema ist vom Tisch. Auch einen Auftritt im UFA-Filmprojekt »Zyankali« lehnt er kategorisch ab. Aus ähnlichen Erwägungen.

Seine Bescheidenheit ist ehrlich und entspricht seinem Wesen. Sie verblüfft insbesondere so manch gut betuchte Basler, die für ihre öffentliche Zurückhaltung bekannt sind. Umso großzügiger zeigen sich einige von ihnen als private Mäzene. Diese sind in der Stadt am Rhein spendabler als andere. Insofern führen die drei Holländer zwar kein Luxusleben. Aber hungern müssen sie am Rheinknie ebenfalls nicht. Hinzu kommt, dass Dajos Freundeskreis bereits über tausend Mitglieder angehören – »in der Hauptsache weibliche«, wie der Hamburger *Spiegel* süffisant kommentiert. »Die Zugehörigkeit zu dem Verein ist mit Mitgliedsbeiträgen verbunden, und die mit Franken gefüllte Kasse ist in der Lage, seine Spesen zu zahlen. Die Mitglieder blicken gläubig zu Dajo auf, der sich nun vom Artisten zum Propheten gewandelt hat.«

Verblüffung im Basler Bürgerspital

Der Gescholtene ignoriert das Geschwätz. Eindringlicher und ehrlicher denn je betont er bei seinen Vorträgen: »Niemals werde ich mich dazu hergeben, eine besondere Art von Gottesdienst einzuführen, neue Gruppen, Sekten oder gar Kirchen zu gründen und Anhänger um mich zu scharen, die sich durch Haltlosigkeit und besondere Beeinflussbarkeit auszeichnen! Ich bin im Gegenteil bemüht, jedem den unschätzbaren Kern der großen Religionen in greifbare Nähe zu rücken und mich zu diesem Zwecke mit nüchtern abwägenden, entschlossenen und der Idee des Friedens mit Leidenschaft anhängenden Mitarbeitern zu umgeben.

Meine Bestrebungen sind überkonfessionell. Sie haben weder mit Politik noch mit Wirtschaft zu tun und richten sich einzig darauf, die nur in der Einbildung existierenden trennenden Schranken, welche die Menschheit stets aufs Neue entzweien, niederzureißen. Es kann keinen Frieden geben, solange nicht jeder von uns einsieht, dass wir alle Kinder eines Vaters sind, der uns beschützt und leitet, wenn wir ihm restlos vertrauen. Gleichgültig in welcher Form wir ihn verehren und welcher Hautfarbe, welcher Nationalität oder politischen Anschauung wir sein mögen.«

Will man Skeptiker von Wundern überzeugen, müssen diese jederzeit reproduzierbar sein. Da nützte es auch nichts, dass Mirin Dajo seine Fähigkeiten bereits im Mai 1947 vor der Zürcher Ärzteschaft unter Beweis gestellt hatte. Denn auch im Basler Bürgerspital – der heutigen Universitätsklinik – will man den »Unverletzbaren« untersuchen. Für den Niederländer eine willkommene Gelegenheit, seine haarsträubende Performance vor den Augen der dortigen Mediziner erneut auf Zelluloid zu bannen. Im Gegensatz zu Zürich lässt er sich diesmal seitlich durchstechen. Von links nach rechts. Quer durch den Unterbauch!

Für die Untersuchung am 15. September 1947 zeichnen erneut namhafte Koryphäen verantwortlich. Die Professoren Max Lüdin, Hans Staub und Rudolf Massini leiten die medizinischen Tests. Erik Undritz erstellt den Bericht über die Blutuntersuchung. Professor Massini führt die Untersuchungen über die Herztätigkeit vor, während und nach der Demonstration durch. Und Professor Lüdin widmet sich dem Studium der Röntgenbilder, die während der Durchstechungen gemacht werden. Alles wird

Erneute Durchstechung, diesmal
im Basler Bürgerspital (Herbst 1947).

minutiös gefilmt – unter dem kritischen Blick von Dr. Nicholas Kaufmann, einem Experten für Röntgenfilme der UFA.

Johnan schreitet zur Tat – und sticht einmal mehr kaltblütig zu. Die Basler Professoren begutachten das Spektakel mit offenem Mund und greifen sich fassungslos an den Kopf. Ungläubig und misstrauisch betasten die Fachleute vor laufenden Kameras die spitze Klinge. »Unglaublich«, murmeln sie.

Was sie mit eigenen Augen sehen und mit ihren Geräten messen, ist mehr als erstaunlich: Knapp 40 Minuten lang bewegt sich der Holländer samt Klinge im Körper im Bürgerspital durch ihre Reihen, vollführt schweißgebadet Pirouetten, lässt seinen Herzschlag aufzeichnen und streift beim Gang zum Röntgengerät mit seinem Florett beinahe den schmalen Türrahmen. Massini und Co. beschließen, ihre medizinischen Kollegen zu informieren, die sich im nahen Bernoullianum soeben zu einem einwöchigen Fachkongress versammeln.

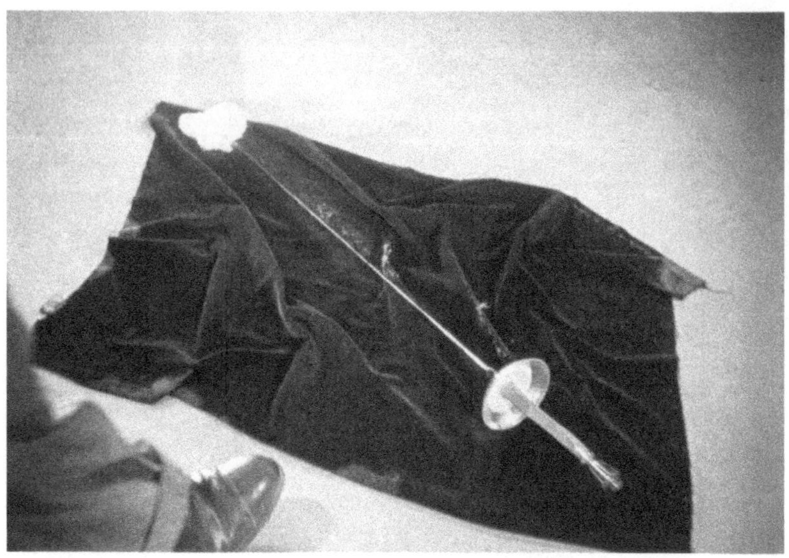

Mit dieser spitzen Waffe lässt sich Dajo
an jenem Tag in Basel malträtieren.

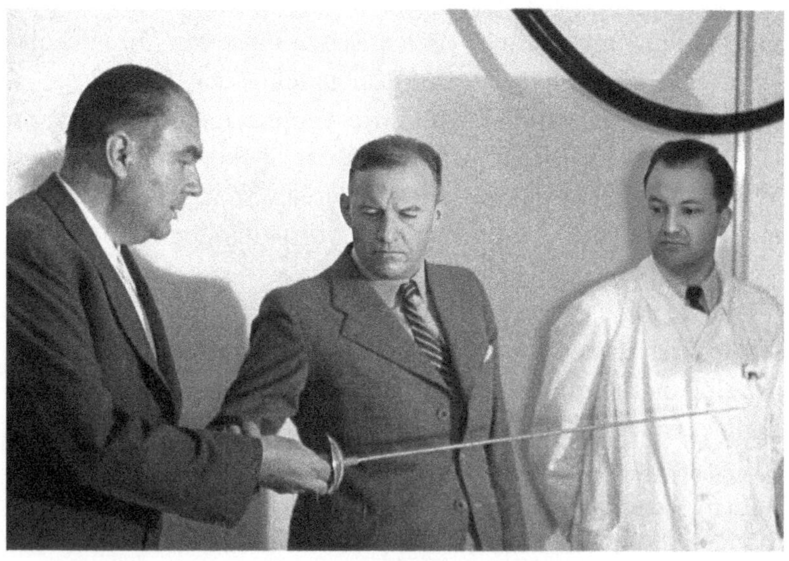

Dr. Nicholas Kaufmann (links) und Professor Hans Staub (Mitte)
begutachten den Degen.

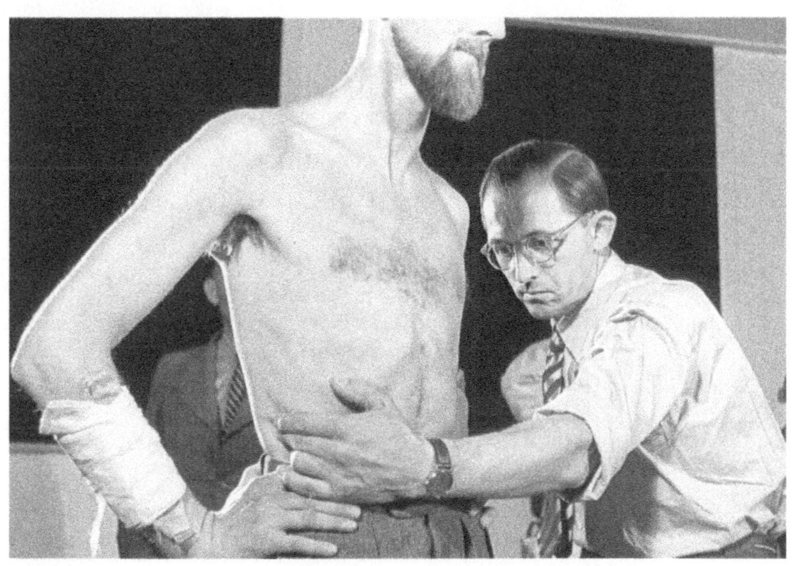

Diesmal stößt Johnan seinen Freund seitlich durch den Körper.

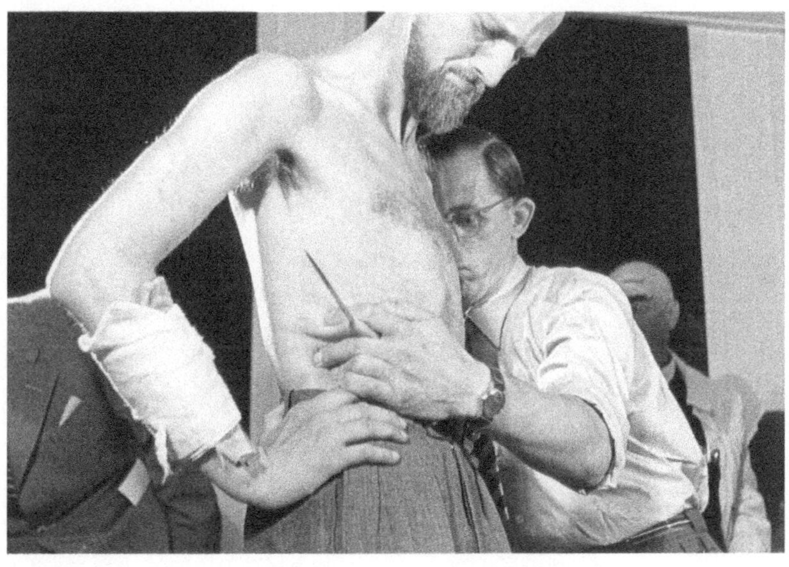

Nicht desinfiziert: Stück für Stück kommt die Spitze zum Vorschein.

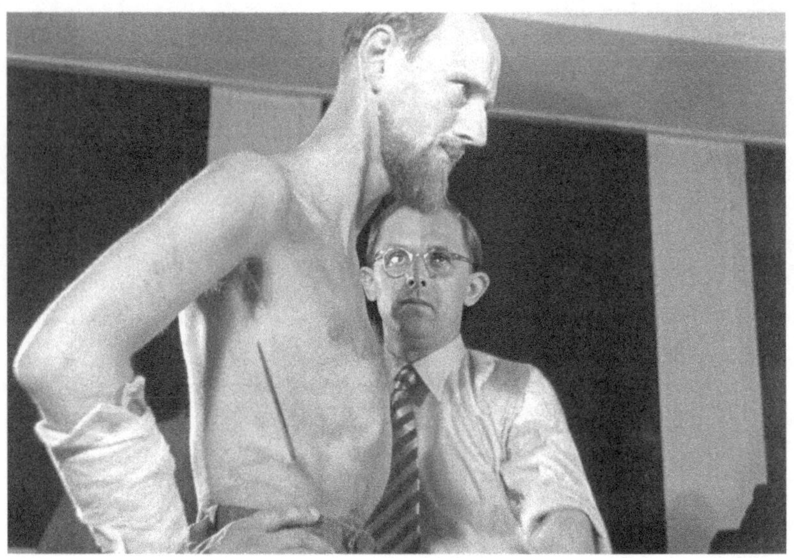

Erneut durchdringt die 70 Zentimeter lange Klinge etliche Organe.

Der Basler Professor Rudolf Massini traut seinen Augen nicht.

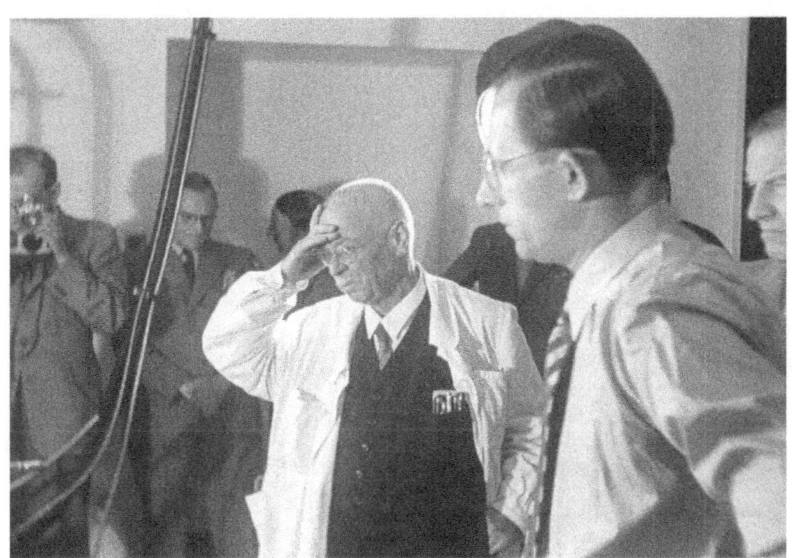

Keine Schmerzen, keine Infektion,
kein Tropfen Blut?!

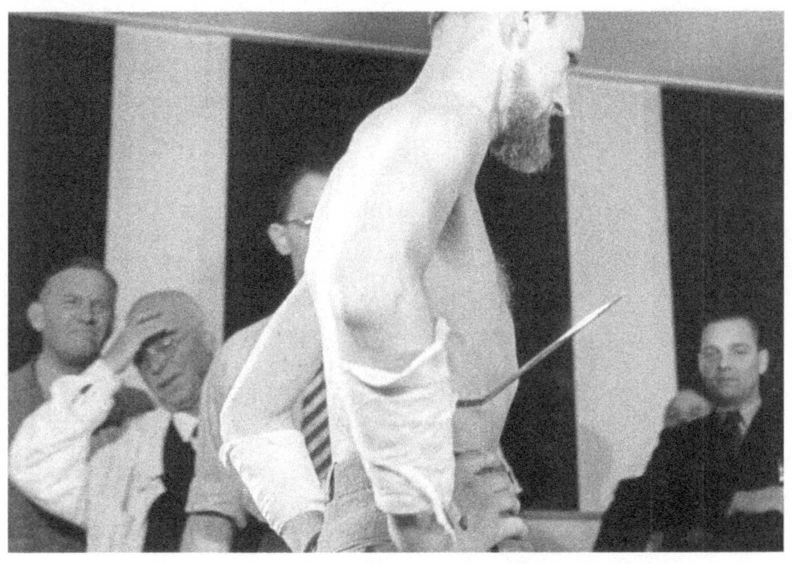

Dajo dreht sich nach allen Seiten –
mitsamt der Waffe im Körper.

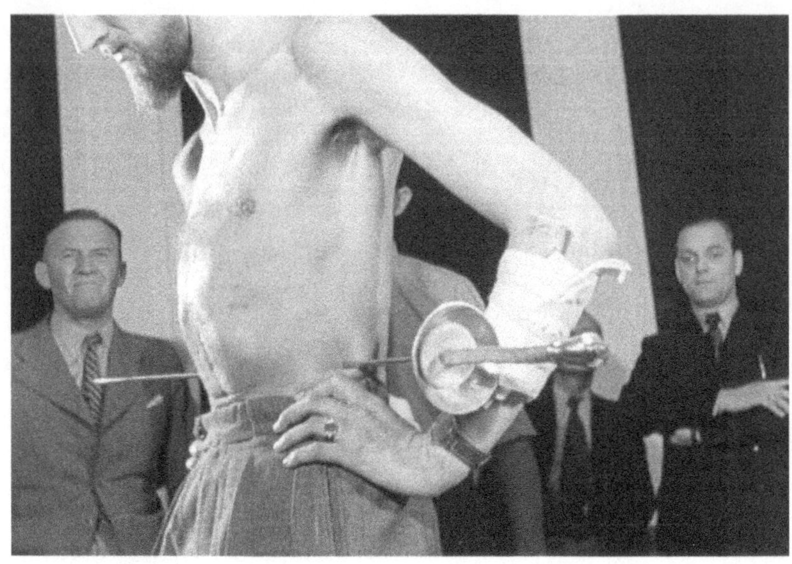

Anwesende Journalisten und Ärzte
können sich kaum sattsehen.

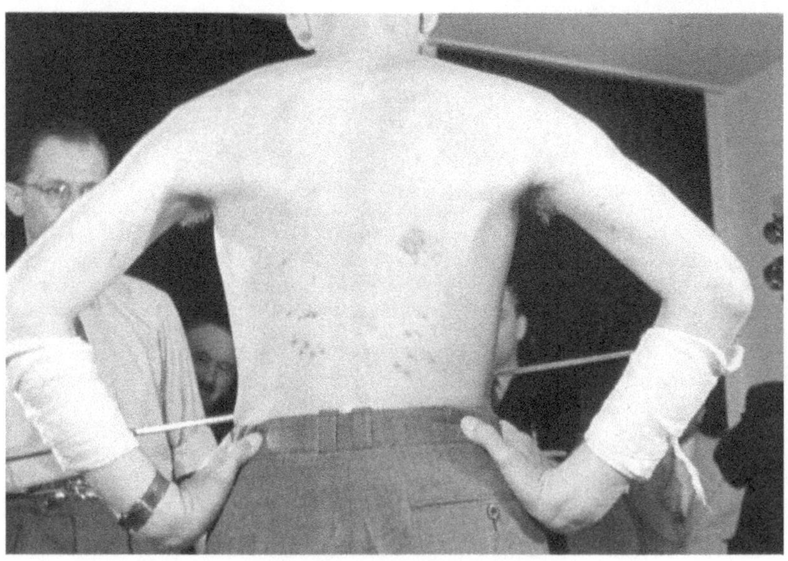

Narben ohne Ende: Deutlich
sind die Rückeneinstiche erkennbar.

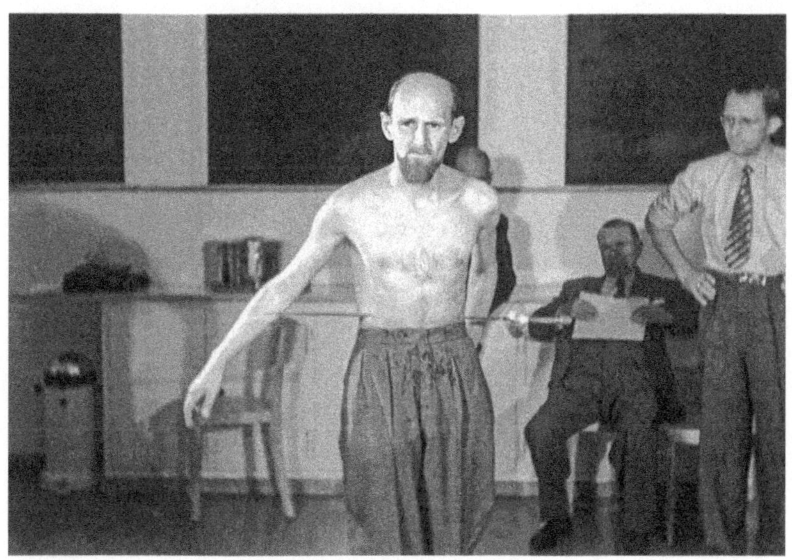

Weit über eine halbe Stunde
bleibt der Degen in Dajos Körper.

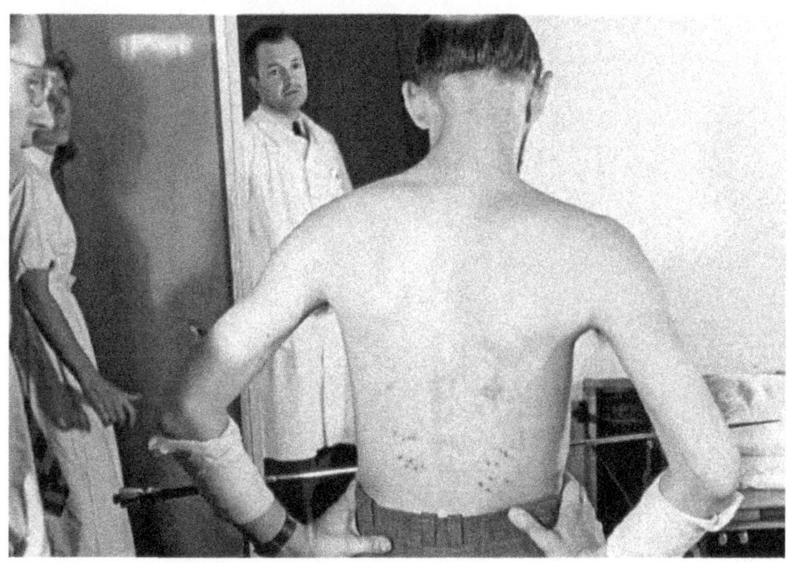

Zusätzliche medizinische Untersuchungen
stehen auf dem Plan.

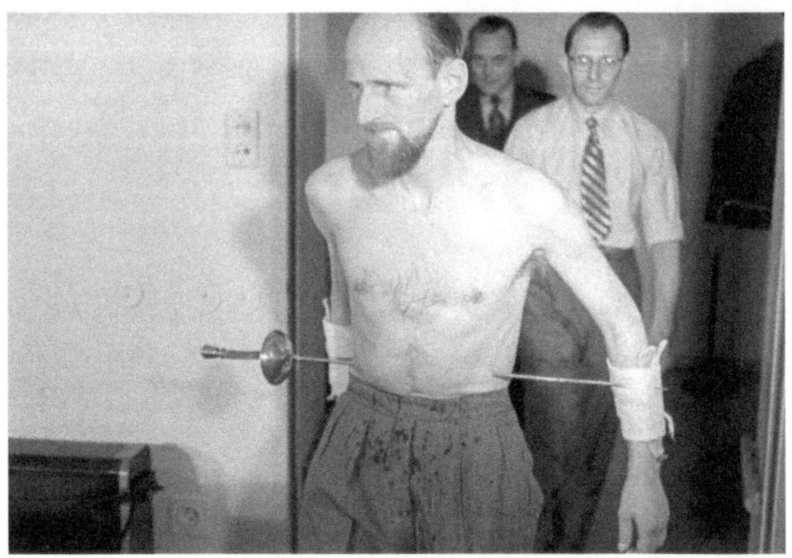

Schweißgebadet spaziert der Holländer durch die langen Korridore.

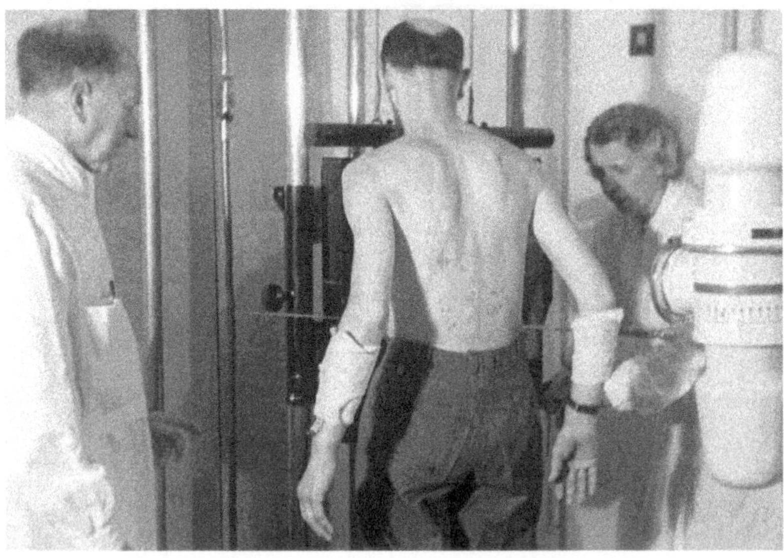

Auf Wunsch der Professoren begibt er sich vor das Röntgengerät.

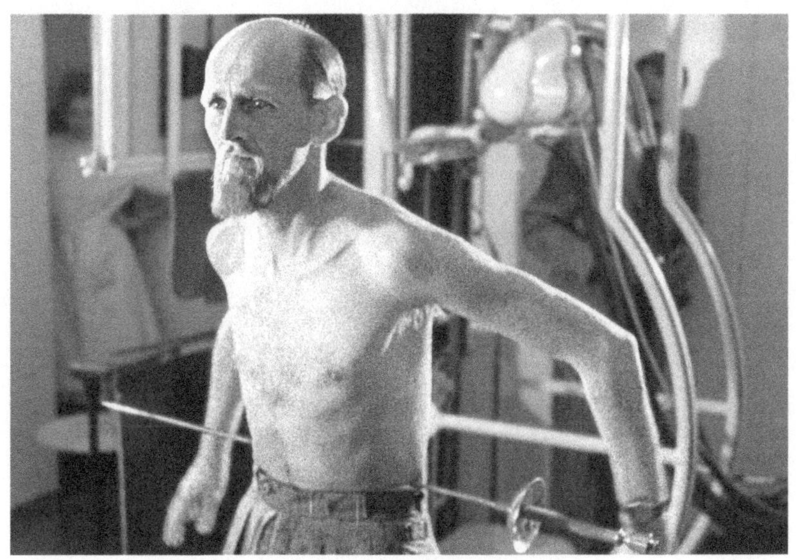

Seelenruhig lässt er die Prozedur
im Krankenhaus über sich ergehen.

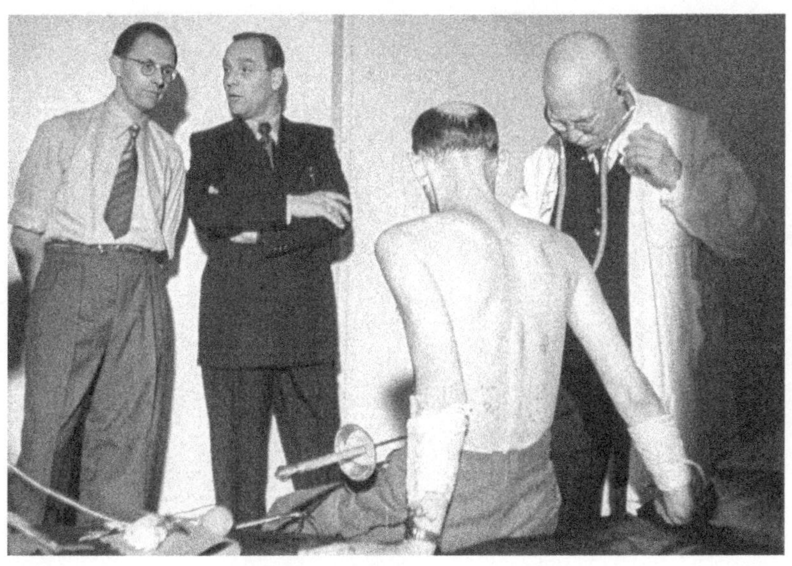

Verstörter denn je zückt Professor
Rudolf Massini sein Stethoskop.

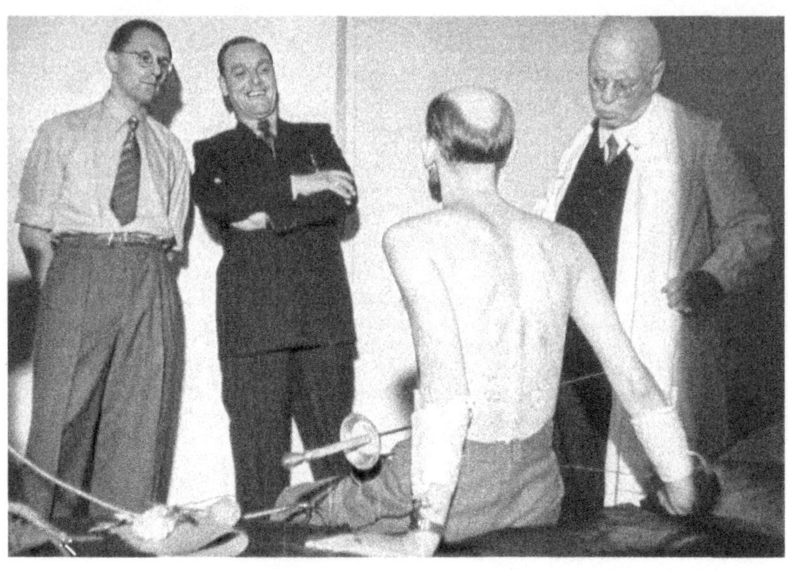

Trotz der Untersuchung bleibt
der »Wundermann« die Ruhe selbst.

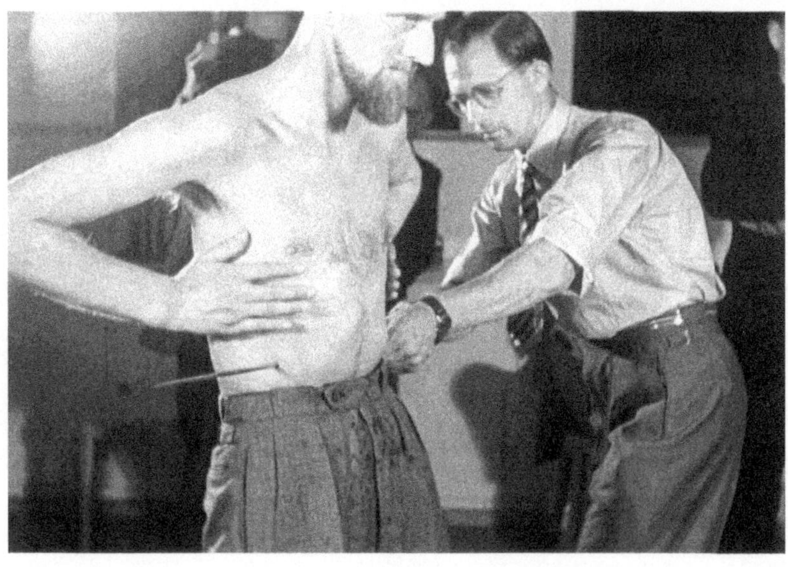

Nach rund 40 Minuten zieht Johnan
die Klinge wieder aus dem Körper.

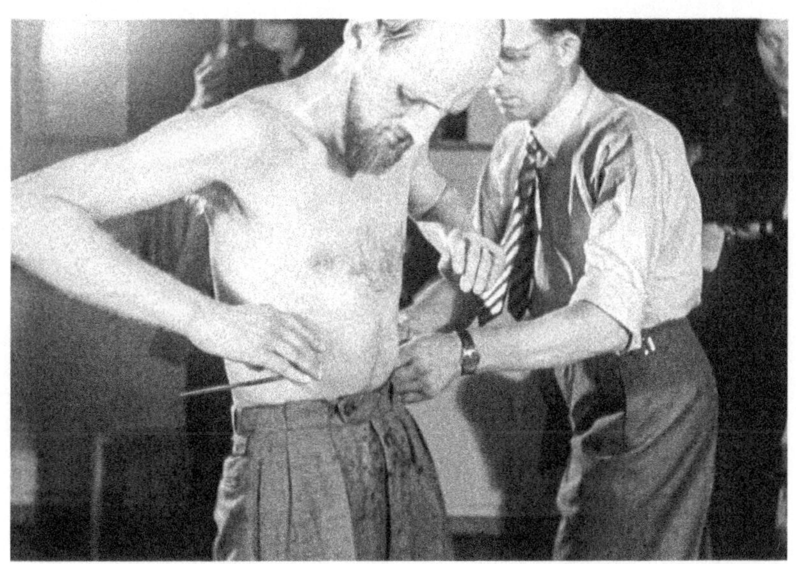

Immer noch surren die Filmkameras –
alles wird hautnah dokumentiert.

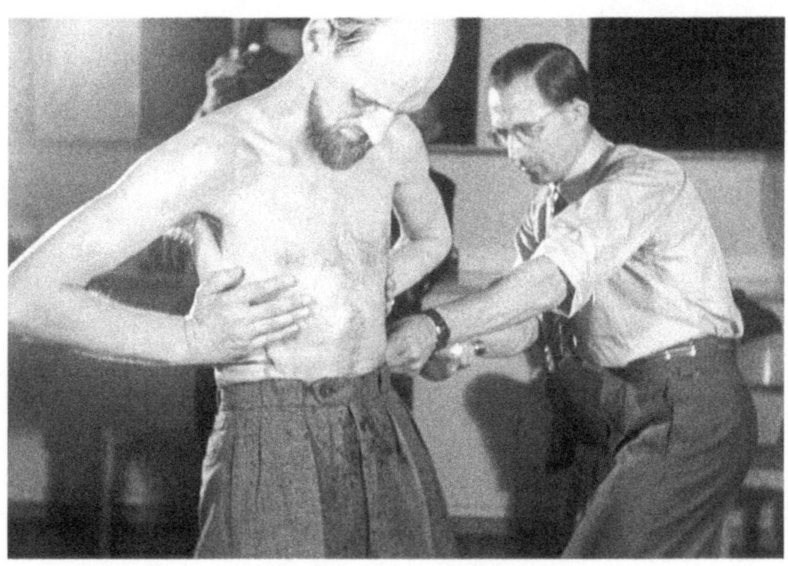

Stück um Stück wird die Waffe
herausgezogen, ohne ernsthafte Blutung.

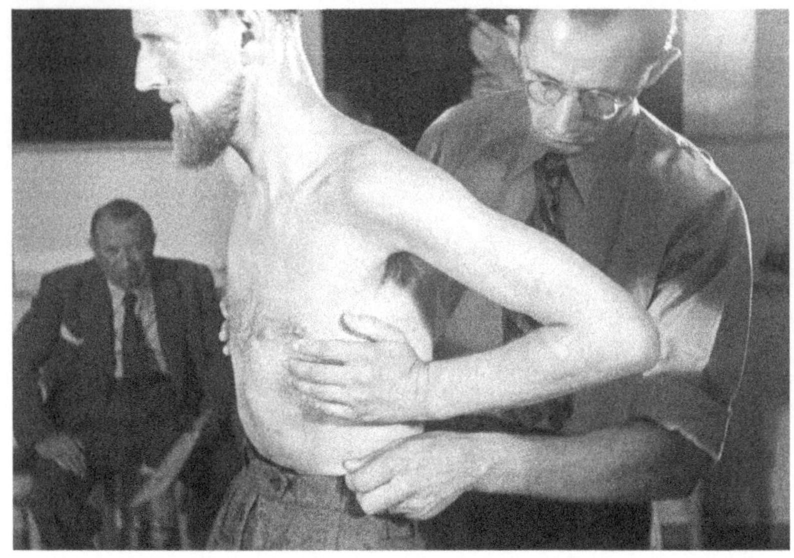

Ein kurzer Handgriff, und die Wunden
verschließen sich von selbst!

Lüscher, Otter und Johnan
beim Verlassen des Bürgerspitals.

Betretene Gesichter und tosender Applaus

16. September 1947. Gespannt wispern die Vertreter der Medizinischen Gesellschaft Basel im Hörsaal des Bernoullianums. Endlich sollten auch sie sich ein persönliches Bild von den Wundertaten des »Unverletzbaren« machen können.

Mit über einer Viertelstunde Verspätung treffen Mirin Dajo und seine Begleiter endlich ein. Sachlich erzählt Professor Massini, wie sich der Holländer einen Tag zuvor im Bürgerspital den Unterkörper durchstechen ließ. Offenbar beherrsche Dajo »die unwillkürlichen Muskeln ebenso gut wie unsereiner die willkürlichen«, doziert er. Anhand eines Kardiogramms zeigt der Professor, wie dessen Herzschlag nach dem Durchstich langsamer wurde. Auf jeden Fall sollten die Untersuchungen fortgesetzt werden.

Höflicher Applaus und Auftritt Dajos. Mit müder Stimme begrüßt er die Anwesenden, um sie kurze Zeit später zu enttäuschen: »Ich kann meine Prozedur heute leider nicht wie geplant vorführen«, bedauert er. »Mein Körper reagiert nicht wie üblich. Gerne werde ich dies aber in wenigen Tagen vor ihren Augen nachholen.« Verwirrung beim Fachpublikum. Ein paar Skeptiker unter den Anwesenden grinsen hämisch vor sich hin. »Also doch, alles nur faule Zaubertricks!«, feixen sie abwinkend und lehnen sich in ihren Stühlen selbstgefällig zurück.

2 Tage später wendet sich Mirin Dajo im Musiksaal des Stadtcasinos erstmals an die Basler Öffentlichkeit. »Mein Ziel ist ziemlich einfach zu umreißen«, beginnt er einmal mehr mit ruhiger Stimme. »Es heißt: Vollständiger Frieden, ohne dass man Angst zu haben braucht, dass wieder ein Krieg kommt! Um Gleichgesinnte zu werben, lasse ich meinen Körper durchstechen – zum Beweis, dass man im unerschütterlichen Glauben an Gott unmöglich scheinende Dinge vollbringen kann. Mein Ziel ist die vollständige Herrschaft des Geistes über den Körper ...«

Auch am Rheinknie längst Tagesgespräch:
Johnan, Dajo und Otter.

Der Holländer hält einen Moment inne und fährt fort: »Wo Gott einen Tempel baut, baut der Teufel eine Kapelle. Teufelswerk ist zum Beispiel die Atombombe. Heute spricht man schon vom Dritten Weltkrieg. Und wenn man das tut, kommt er bestimmt. Wir müssen vermehrt auf die göttliche Liebe bauen, nicht immer zweifeln. Das gegenseitige Misstrauen muss verschwinden. Man denkt immer so von anderen Leuten, wie man selbst ist.«

Seiner Fähigkeit, unverletzbar zu bleiben, sei er sich erst 1945 klar geworden, wiederholt er. Mit dem Bewusstsein sei quasi über Nacht auch die Gabe da gewesen. Kaum ein körperliches Wagnis, das er seither nicht unternommen hätte. »Ich machte in Holland den Krieg mit. Ich hatte einen Bruder im KZ von Dorsten. Ich habe Hungerwinter mitgemacht. Ich erlebte sehr viel Bitteres. Ich weiß, dass viele ein schweres Schicksal hatten. Aber ich weiß auch, dass jeder seine eigene Aufgabe hat und seine ihm zugedachte Rolle spielen muss. Zugegeben: Im Heer der Nazis waren viele böse Menschen. Einzelne mochten individuell gut gewesen sein.

In manchen mochte trotz der Dunkelheit, in der sie lebten, ab und zu ein Lichtstrahl Gottes durchgedrungen sein.

Der Massenmensch hat nicht das Selbstbewusstsein, sondern ein Urbewusstsein und reagiert wie ein Tier vor vielen Tausend Jahren. Alle bösen Urkräfte kommen in ihm wieder hervor. Der Individualist steht indes höher als der Massenmensch. Der Individualist kann Fehler machen in seinem Fühlen und Denken. Aber er steht viel höher. Er lässt sich nicht fortreißen von den niederen Masseninstinkten wie Hass und Feindschaft.«

Einmal mehr entwickelt sich ein herzhafter Dialog zwischen dem Publikum und dem Holländer. Mirin Dajo beantwortet Dutzende von Fragen. Keine scheint ihn in Verlegenheit zu bringen. Nein, er sei nie selbst in einem Konzentrationslager gewesen und man habe ihm auch niemals Kugeln durch den Kopf geschossen, winkt er ab. »Es hat dies nur in der Presse gestanden, ohne dass ich etwas dafür konnte.« Und ja: »Ich habe bis heute etwa 500 Durchstiche gehabt. Das stimmt tatsächlich! Zudem wurde ich mehrmals mit kochend heißem Wasser übergossen, ohne jegliche Schmerzen oder Verletzungen zu empfinden – obwohl ich mich in jüngeren Jahren davor gefürchtet hatte.« Schmerzen empfinde er während seinen Prozeduren ohnehin keine mehr, ergänzt er. Jeder könne diese Fähigkeit durch seinen eigenen Glauben erwerben.

Nach Vortragsende strömen zahlreiche Zuhörer aufgewühlt Richtung Bühne. »Sie haben mir neue Kraft geschenkt!«, winkt ihm eine ältere Frau im Vorbeigehen zu. Und ein jüngerer Mann schüttelt ihm dankbar die Hand: »Meine Schmerzen sind wie weggeblasen, ich kann es kaum fassen.« Dajo nickt freundlich zurück. »Wenn auch nur ein Einziger im Saal über das, was ich sage, nachdenkt, dann hat es bereits Sinn gemacht«, pflegt er Hylke Otter und Johnan zu sagen. Der Erfolg bestärkt ihn. Abertausende hat er mit seiner Friedensbotschaft bereits erreicht und inspiriert. Und ein Ende scheint nicht abzusehen. Im Gegenteil.

Durchstechung im Bernoullianum

20. September 1947. Erneut finden sich im Bernoullianum rund 150 Personen auf Einladung von Mirin Dajo zu einer Veranstaltung ein. Mitglieder der Medizinischen Gesellschaft, Vertreter der Behörden, der Fremdenpolizei, der Kirche, Studenten und weitere Neugierige. Sein Herzenswunsch: Endlich die versprochene körperliche Darbietung nachzuholen, auf die er vor wenigen Tagen aus gesundheitlichen Gründen verzichten musste.

Der Holländer betritt das Podium. Eine Stunde lang spricht er über seine Friedensmission. Dann wendet er sich den Ärzten zu. »Diejenigen, die mit Kranken zu tun haben, wissen, dass der Patient durch geistige Anstrengung Schmerzen und Krankheit überwinden kann.« Auch er selbst empfinde selbstverständlich Schmerzen, wenn er sich unbeabsichtigt den Kopf anstoße. Und falls er sich beim Rasieren schneide, tropfe natürlich ebenfalls Blut. Wenn er sich vorher allerdings konzentriere, »kann ich das abstellen«. So habe er einmal einen Freund gebeten, ihn während des Schlafes mit einer Holzkeule auf den Kopf zu schlagen. Das verstörende Resultat: »Ich schlief unbeirrt weiter.«

Nicht das folgende Experiment läge ihm am Herzen, sondern seine pazifistische Botschaft, betont Dajo. »Ich möchte es so weit bringen, dass die Menschen wieder lernen, miteinander zu leben und zu arbeiten. Es soll eine universelle Bruderschaft entstehen, die den Frieden auf Erden sichern kann. Das Wunder meiner Unverletzbarkeit ist nur dazu da, damit ich von der Macht des Geistes über die Materie erzählen kann und von meiner Sendung, deren Ziel der globale Frieden ist.«

Der Protagonist schließt seine Rede. Die Spannung steigt.

Nach einer kurzen Pause wird die Waffe herumgereicht. Vorne nadelspitz, hinten bleistiftdick. Jeder mustert und betastet die Florettklinge, sodass sich einmal mehr jede Menge Bakterien darauf

Hochburg der Wissenschaft:
das Bernoullianum in Basel.

ansammeln. Dann richten sich die Scheinwerfer erneut aufs Podium. Mirin Dajo und seine Freunde betreten wieder die Bühne, während im Hintergrund lautstark Filmkameras surren.

Dajo trägt einen zweireihigen Anzug. Wortlos entledigt er sich seines Jacketts und seiner Brustschleife. Lediglich Insidern fällt auf, dass sein schmächtiger Körper mittlerweile weitaus mehr Narben aufweist als noch in Zürich. Etwas dunkler heben sie sich im grellen Bühnenlicht von seiner hellen Haut ab.

Johnan ergreift den Spieß. Die beiden tauschen einige Blicke. Das Publikum hält den Atem an. Dann stellt Dajo seinen linken Fuß etwas nach vorne, um das Gleichgewicht besser halten zu können. Johnan packt seinen Freund unterdessen mit der einen Hand an der Schulter, setzt die Spitze der Waffe zwischen Gürtel und Hals an – auf der rechten Seite von Dajos Rücken, knapp neben dem Schulterblatt. Wenige Sekunden später stößt er den Spieß wuchtig und mit voller Kraft durch dessen Oberkörper.

»Auf der Brust, noch im Bereich der Rippen, etwa 5 Zentimeter neben der rechten Brustwarze, in Richtung Körpermitte, wölbt sich die Haut kegelförmig«, notiert der lokale Reporter Hanns Ulrich Christen mit offenem Mund. »Dajo hilft mit den Händen nach«, damit ihn der Spieß besser durchbohrt.

Stück um Stück kommt die Spitze auf Brusthöhe zum Vorschein, während Johnan die Waffe immer tiefer hineinrammt. Mirin Dajo, der die Prozedur einmal mehr mit stoischer Miene über sich ergehen lässt, wandert auf dem Podium hin und her, dreht sich, samt dem Florett im Körper, wortlos nach allen Seiten. Weder aus der Ein- noch aus der Ausstichwunde fließt Blut.

Im Saal herrscht Totenstille. Keiner der anwesenden Mediziner mag glauben, was er soeben gesehen hat. Ratlosigkeit und Skepsis zeichnen die verstörten Gesichter. Wenige Minuten später zieht Johnan den Spieß aus Dajos Körper. Der Holländer verbeugt sich. Nach dem anfänglichen Schock brandet lautstarker Applaus auf. Die Kameraleute gratulieren sich zur geglückten Aufnahme. Und Mirin Dajo? Bescheiden zieht er Schleife und Jackett wieder an, um sich ins Auditorium zu setzen. Seelenruhig lauscht er dort den begeisterten Schlussworten der Veranstalter.

Am 26. September 1947 lässt die *Schweizer Filmwochenschau* – Vorläufer der heutigen *Tagesschau* – eine Kurzdokumentation der Durchstechungen über die Kinoleinwände flimmern. Wegen der großen Resonanz wird der Nachrichtenbeitrag auch ins Ausland lizensiert. Bis nach London, wo es laut internationalen Presseberichten zu allerlei Turbulenzen kommt. Ein 55-jähriger Filmvorführer soll demnach kurz danach bewusstlos zusammengebrochen und gestorben sein. Die Reporter: »Auch in anderen ausländischen Filmtheatern fielen Besucher mitunter in Ohnmacht. Mehrere Kinobetreiber haben deshalb beschlossen, den Beitrag aus der Schweiz kurzerhand aus ihrem Programm zu verbannen.«

Der »Unverletzbare« und seine Begleiter betreten das Podium.

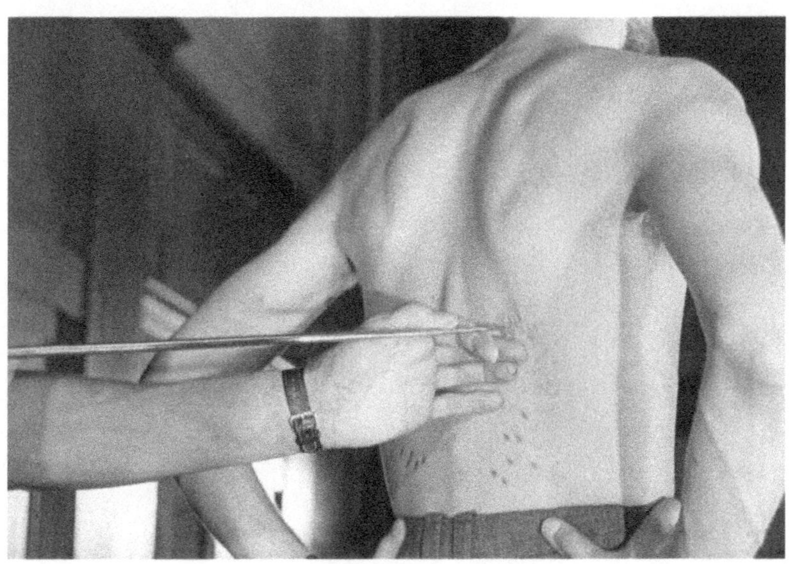

Die Durchbohrung wird wiederholt, vor den Augen etlicher Ärzte.

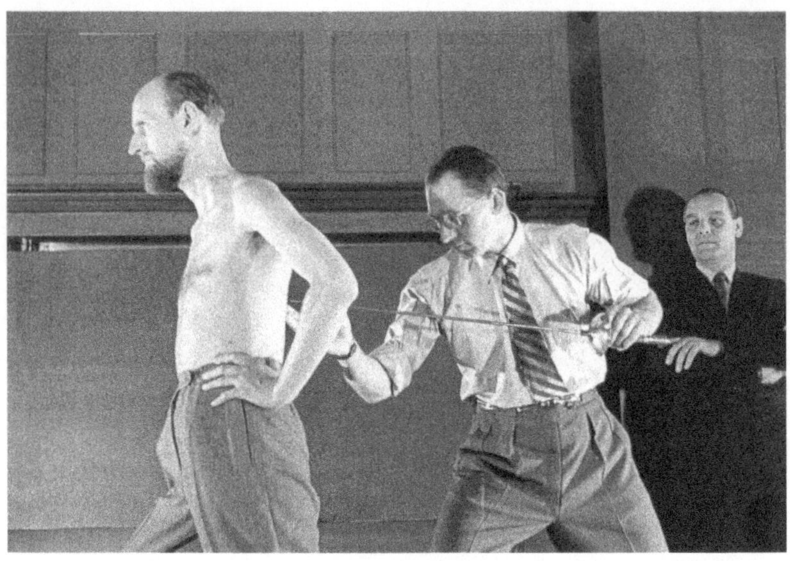

Links, rechts, oben oder unten?
Assistent Johnan sticht intuitiv zu.

Innerhalb weniger Sekunden stößt er
die Klinge durch Dajos Leib.

Der Holländer wirkt wie in Trance –
und ist dennoch bei Bewusstsein.

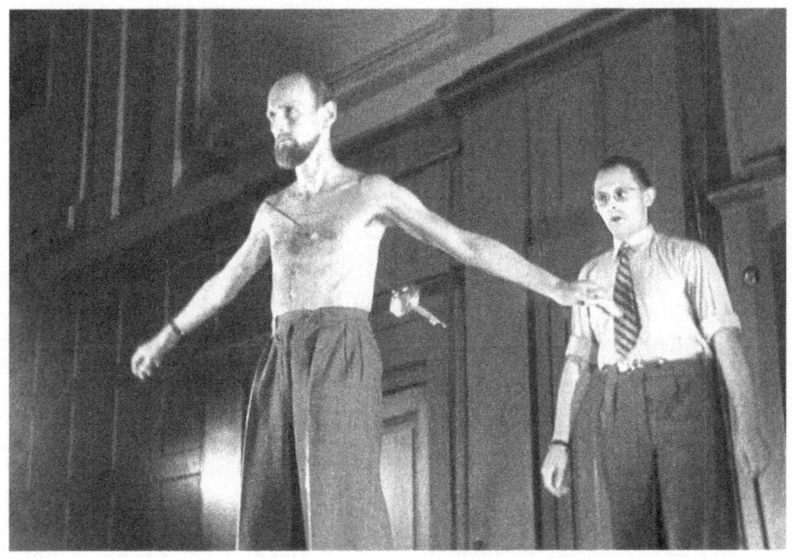

Erneut kein Blut und keine Schmerzen.
Das Wunder ist perfekt!

Fassungslose Gesichter bei der anwesenden Medizinergilde.

Aufruhr in der medizinischen Fachwelt

Der lokalen Ärzteschaft am Rheinknie lässt der Fall Dajo ebenfalls keine Ruhe. Am 27. Dezember 1947 geben Professor Rudolf Massini sowie Erik Undritz in der *Schweizerischen Medizinischen Wochenschrift* ihre fachlichen Eindrücke wieder. Ausführlich berichten sie dort über ihre Untersuchungen, die der Holländer im Basler Bürgerspital freiwillig über sich ergehen ließ. Akribisch halten sie jedes Detail ihrer Beobachtungen fest.

»Auf der Stirne über der rechten Augenbraue weist er zwei kleine, circa 5 Millimeter Durchmesser messende, blasse rundliche Narben auf, die von Revolvereinschüssen herrühren sollen, die ihm kanadische Soldaten beigebracht hätten, um nach einer Körperdurchstechung festzustellen, ob er tatsächlich unverletzbar sei. Es habe sich um Durchschüsse gehandelt, die keinerlei Folgen gezeigt hätten. An beiden Armen und am Rumpf sind zahlreiche ältere vernarbte und frischere noch nicht vernarbte, aber auch nicht infizierte, Stichstellen zu sehen.«

Ergänzend verweisen die Ärzte auf Fotografien, die sie während der Prozedur zu Dokumentationszwecken anfertigten. »Sie zeigen die etwas vertieften Einstichstellen hinten unten am Thorax unterhalb der Schulterblätter, wobei besonders viele rechts zu sehen sind, die meistenteils auch höher liegen als die Einstichstellen links. Beachtenswert ist die Stelle rechts, dicht unter dem Angulus scapulae, wo zahlreiche Einstichstellen auf einem kleinen Raum zusammengedrängt sind – offenbar der bevorzugte Einstichort. Die Ausstichstellen liegen links vorne in der Haut des Epigastriums und seitlich, meistens einige Fingerbreit unterhalb der Mamilla oder rechts, besonders neben der Mamilla, also auch größtenteils außerhalb der Herzgrenzen.«

Die Durchstechung im Bürgerspital wird wie folgt beschrieben: »Der Einstich erfolgte links in den unteren Rippenbogen, in der mittleren Axillarlinie auf der Höhe der Milz. Er traversierte den Oberbauch und trat rechts etwas höher in der vorderen Axillarlinie heraus, wahrscheinlich unterhalb der Leber. Während das Florett im Körper lag, traten profuse Schweißausbrüche auf. Das Medium war während der ganzen Prozedur völlig entspannt und äußerte keinerlei Schmerzempfindung. Das Florett lag quer im Leibe, links stand der Griff mit einem Teil der Klinge, rechts ein großes Klingenende hervor. (...) Das Florett wurde von vielen der Anwesenden vor der Prozedur betastet, während der Prozedur flossen Schweißtropfen die Klinge entlang. Keinerlei Desinfektionsmaßnahmen wurden ergriffen. Das Florett wurde so, wie es war, eingestoßen und herausgezogen.«

Unmittelbar danach habe Dajo, beziehungsweise sein Assistent, die Einstichstellen mit seinen Fingern für wenige Sekunden »komprimiert«. Ergänzend weisen Massini und Undritz darauf hin, dass die 70 Zentimeter lange, spitz zulaufende Klinge am Schaft ungefähr 8 Millimeter dick war. Vorne sei sie nadelspitz gewesen, habe aber keine schneidenden Kanten besessen. Ein Umstand, der gröbere Organblutungen zwar nicht prinzipiell ausschließe, aber deren Risiko womöglich mindere. Ihre gewagte medizinische Vermutung: Gewisse Blutgefäße, Nerven, aber auch Organe könnten der Klinge durch eine äußerst geschickte, langsame Handhabung der Waffe möglicherweise »ausweichen«.

Endgültig erklären können sich die Mediziner das »Wunder« dennoch nicht, wie ihr Fazit zeigt. Erik Undritz: »Bei Mirin Dajo liegt eine Häufung außergewöhnlicher, aber nicht übernatürlicher Eigenschaften vor, welche die Ausführung derartiger Experimente gestattet haben. Abgesehen vom höchst raffinierten Bau des Instruments, welches ein Minimum von Verletzungen gestattet, der Sicherheit und dem Tempo, mit dem die Stiche ausgeführt werden, sind es die Schmerzunempfindlichkeit des Mediums, seine während der Prozedur schlaffe, nachgiebige Haltung und seine hohe Immunität gegenüber Infektionen, die auffallen. Der starke Pulswechsel vor und während des Einstichs spricht vielleicht für eine bewusste Beeinflussbarkeit des vegetativen Systems. Was die Unempfindlichkeit betrifft, so hat man den Eindruck, dass sie suggestiv oder hypnotisch bedingt ist.«

Professor Massini äußert sich nach dem »Herzspitzenstoß« vom 15. September 1947 noch vorsichtiger: »Es ist möglich, dass, nach Narbenstellen zu schließen, frühere Durchstoßungen das Herz getroffen haben. Eine Erklärung für dieses merkwürdige Phänomen der so gut wie fehlenden Folgen der Durchstiche kann nicht ohne Weiteres gegeben werden. Auch das Ausbleiben von Infektionen bei dem nicht desinfizierten Degen, der kurz vorher herumgegeben und von allen Seiten betastet wurde, ist sehr bemerkenswert. Eine Möglichkeit ist die, dass Mirin Dajo sein autonomes Nervensystem willentlich kontrollieren und ›einstellen‹ kann – und auf diese Weise zweckmäßigen Einfluss auf Muskelspannungen und -entspannungen, Regulierung des Blutzuflusses bekommt.«

Bei aller Achtung verhehlen die Basler Experten ihre Beunruhigung nicht. Der Mann spielte ihrer Meinung nach fahrlässig mit seinem Leben – und dies jeden Tag. Für Mediziner ein Graus. Umso mehr, als bei seinen Auftritten nachweislich mehrmals lebenswichtige Organe durchspießt und verletzt worden waren. Also heben die Fachleute besorgt den Zeigefinger.

Chronische Leiden sowie das Risiko einer tödlichen Verletzung seien nicht auszuschließen, mahnen sie. »Obwohl bei Mirin Dajo die Stichstellen am Thorax größtenteils außerhalb der Herzgrenzen liegen, dürften auch Herzverletzungen vorgekommen sein. Da die Verletzungen an den Ein- und Ausstichstellen deutlich sichtbar sind, ist es auch nicht anzunehmen, dass innerlich die Organe unverletzt geblieben seien. Die geringe Beweglichkeit des Zwerchfells spricht dafür, dass sich auch außerhalb des Herzens in der Brusthöhle Verschiedenes abgespielt hat ...«

Rummel und Anfragen ohne Ende

Den »Wunderpropheten« lassen derlei Warnungen kalt. Er findet kaum noch Zeit, darüber nachzudenken. Wie in Zürich geben sich seine Besucher auch in Basel die Klinke in die Hand. Ob Hausfrauen, Arbeiter, Philosophen, Akademiker oder Todgeweihte – für alle hat er ein offenes Ohr. Bescheiden hört er zu, gibt Ratschläge, spricht Mut zu. Für jeden findet er ein passendes Wort. Offen berichtet er über sein Leben, seine Ängste, seine Überzeugung und seinen Wunsch nach globalem Frieden.

Zurück in Zürich ist es nicht viel anders. Immer häufiger treffen die Briefe an ihn stapelweise ein. Umso eifriger bemüht er sich mit seinem Sekretär, jedem Hilfesuchenden ein paar persönliche

Zeilen zurückzusenden. Daneben stehen Dutzende von Einladungen auf dem Programm. Einmal mehr findet er in all dem Trubel kaum noch Zeit, hie und da in die Natur zu fliehen und sich der Meditation zu widmen. Seine geliebte Hängematte muss weitaus öfters im Koffer bleiben, als ihm lieb ist. Doch der Holländer lässt sich den Stress nicht anmerken.

Zu seinen Bekannten zählt in jener Zeit auch der bereits erwähnte Journalist Jack Schumacher. Eifrig notiert er, was ihm Mirin Dajo diktiert. Persönliche Ausführungen, die uns helfen, die innere Kluft zu verstehen, unter der er litt. »Es ist oft ein Widerspruch zwischen mir als gewöhnlichem namenlosen Menschen und dem, was ich werden soll. Dieser Widerspruch färbte auf mein Vertrauen in meine Unverletzbarkeit ab. Zu Beginn meiner Entwicklung zur Immunität – als ich mir ihrer noch nicht wirklich bewusst war, aber wohl darüber aufgeklärt worden war durch Hylke Otter – hatte ich immer den Mut gehabt, alles zu tun. Aber dann wurde mir bewusst, was ich tat. Und da bekam ich tatsächlich Angst und hatte den Mut nicht, durch mein Herz stoßen zu lassen, wohl aber durch meinen Körper.

Ich lernte dann, mein zwiespältiges Gefühl zu überwinden. Ich sank zuerst in meinem Vertrauen, um danach umso höher zu steigen. Man bekommt nichts ohne Widerspruch und Streit. Wenn ein Kind sich einer Gefahr nicht bewusst ist, tut es alles, ohne Angst zu haben. Die Gefahr beginnt für das Kind erst, wenn man es warnt. Und anfangs war ich auch so ein Kind. Und da kamen die Ärzte und sagten: ›Aber, junger Mann, das ist doch gefährlich!‹ Und ich hatte den Mut nicht mehr und musste das Selbstvertrauen wieder zurückgewinnen. Schließlich ist aber doch das Bewusstsein durchgedrungen, dass ich unverletzlich bin.

Aber das ist nur eine Entwicklungsstufe gewesen. Als ich zum Beispiel zum ersten Mal mit heißem Wasser übergossen wurde, da hatte ich ein wenig Angst. Ich lief hin und her, und ich wusste nicht, ob es gut ablaufen würde. Und danach sagte ich: ›Ich bin doch unverletzlich. Und ich werde nicht verletzt, wenn man Wasser von 100 Grad Celsius über mich schüttet. Die Geisteskraft siegt über den Körper.‹ Und es war so.

Wenn früher etwas Lebenswichtiges durchschnitten oder die Schlagader durchstochen wurde, dann stand mein Herz still, und ich musste mich ruhig hinlegen. Und nach einiger Zeit konnte ich wieder weitergehen. Und nun bin ich so weit, dass ich in solchen Fällen wie ein gewöhnlicher Mensch herumgehen kann.

Man hatte in einem Amsterdamer Krankenhaus bereits 1946 Fotos von mir gemacht. Eines mit der Waffe von der Armhöhle quer durch den Körper nach schräg unten, während liegend unter mich die Röntgenplatte geschoben wurde. Man hat dann sofort die Waffe herausgezogen, einen zweiten Stich und eine zweite Aufnahme gemacht und so weiter. Nun sahen wir: 1. den Körper mit der darin steckenden Waffe, 2. den Körper mit einer Narbe und 3. den Körper wieder zugeheilt, also unverletzt. Was man gemacht hatte, war stereoskopische Röntgenfotografie, denn eine gewöhnliche Aufnahme wäre noch kein Beweis gewesen.

Ich kann mittlerweile noch andere unglaublich erscheinende Dinge. Ich bin erst am Anfang der Entwicklung. Wenn ich wieder mehr Ruhe habe und freie Zeit, kommt auch wieder eine bessere Einkehr in mich. Und dann kann ich noch mehr erreichen. Dann werde ich auch etwas zeigen können, das man für das Unmöglichste gehalten hat und das doch möglich ist, weil im Reiche Gottes alles möglich ist!«

Nationalrat Duttweiler schaltet sich ein

Einer interessiert und engagiert sich in jener Zeit besonders intensiv für den Holländer: der prominente Schweizer Nationalrat und Erfolgsunternehmer Gottlieb »Dutti« Duttweiler. Als Gründer des eidgenössischen Lebensmittelgrossisten Migros sowie streitlustiger Politiker und Freidenker hatte er in seiner Branche neue Maßstäbe gesetzt. Mit seinem sozialen, kulturellen und politischen Engagement eckte Duttweiler beim Establishment zwar immer wieder an. Doch das Volk schätzte und liebte ihn.

Duttweiler lädt Dajo zu sich nach Hause ein. Er verspricht zu helfen, wo er kann. Vertraulich, aber eindringlich. Auch in Sachen Fremdenpolizei sichert er Schützenhilfe zu, weil die gewagten Körperdurchstechungen den polizeilichen Ordnungshütern weiter ein Dorn im Auge sind. Schließlich genügt ein kurzes Telefonat von »Dutti« mit der richtigen Stelle, und die bereits mehrmals verlängerte Aufenthaltsgenehmigung der drei Holländer wird von Behördenseite knurrend ein weiteres Mal erneuert.

Im Spätherbst 1947 heftet sich Fritz Flueler im Auftrag des Unternehmers an die Fersen des »Unverletzbaren«. Der Journalist soll für Duttweilers Zeitung eine Reportage realisieren. Sekretär Edmund Lüscher empfängt Flueler im Hotel Rothus in Zürich, wo Dajo längst zu den Stammgästen zählt. Nach dem Auftrittsverbot hatte Direktor Emil Bäggli den Holländern kostenlos Unterkunft angeboten. Umso dankbarer zieht es sie auch später öfter ins Gästehaus des stadtbekannten Gastrounternehmers.

»Durch eine schmale Schlafkammer hindurch begleitete uns Lüscher in ein geräumiges Zimmer, das als Empfangsraum und Büro dient«, schreibt Journalist Flueler am 28. November 1947. »Die Einrichtung war denkbar einfach: Sie bestand aus zwei Schreibtischen und ein paar bequemen Stühlen. An Wandschmuck fiel uns nur ein kleines Herz-Jesu-Bild in die Augen.

Kurz nachdem wir Platz genommen hatten, erschien Mirin Dajo – eine Gestalt, wie geschaffen, in Oberammergau als Christusdarsteller beschäftigt zu werden. Mirin Dajo hat blaue Augen, die in tiefen Höhlen liegen. Seine Stimme ist warm, doch zündet sie nicht. Die Blicke sind gütig, doch zwingen sie nicht. Die ganze Persönlichkeit wirkt, wenigstens im Gespräch und in der Nähe, seltsam unpersönlich. Kaum haben wir Mirin Dajo begrüßt, tauchen hinter ihm zwei weitere Männer auf, die wir zuerst wie eine Leibgarde empfinden. Der Robustere von beiden ist Hylke Otter. Der Zartere nennt sich Johnan de Groot.«

Dajo erzählt von seiner Vision einer internationalen Bruderschaft für den Frieden. »Die geistigen Kräfte sollen dem Menschen bewusst gemacht werden«, wiederholt er. »Die Schweiz ist hierfür der denkbar beste Wurzelgrund.« Keine der großen Religionen widerspreche im Grunde der andern. Ihre Verschiedenheit bestehe nicht im Zweck, sondern nur in den Mitteln, welche sich der jeweiligen Aufnahmefähigkeit der Völker anpassen mussten.

Schon bald zieht der Holländer auch Flueler in seinen Bann. »Je mehr man sich in den ›Fall Mirin Dajo‹ vertieft, desto rätselhafter wird er«, haut er später in die Tasten. Dennoch bemüht sich der Journalist, Distanz zu halten, um objektiv zu berichten. Mit scharfem Blick analysiert er die Beziehung der drei Freunde. »Es ist nicht immer leicht, von Dajo auf konkrete Fragen konkrete Antwort zu erhalten. Er spricht viel lieber von seiner Sendung. Wird eine besonders knifflige Frage geäußert, dann fällt die Antwort erst nach einem blitzschnellen Blickwechsel mit Hylke Otter, oder es ergreift dieser selbst das Wort, um in einem sprudelnden, aber schwer verständlichen Gemisch von Holländisch und Deutsch um das Thema einen Bogen zu schlagen.«

Flueler lädt die Holländer zum Essen ein. Man trinkt eine Flasche Wein, und Otter erzählt vom Eindruck, den die Schweizer

Berge auf ihn machten, vor allem der Säntis. Dajo nutzt die Gelegenheit, um falsche Aussagen zu korrigieren, die über ihn verbreitet wurden. Er sei nie in einem Konzentrationslager gewesen, versichert er einmal mehr. Auch wenn die holländische Presse dies behauptet habe. Sagt es, und verschwindet für ein paar Minuten.

Johnan gibt derweil vermeintlich amüsante Anekdoten aus dem Umgang mit Mirin Dajo zum Besten. Einmal hätten er und Otter ihm nachts mit einem Stück Holz auf den Kopf geschlagen, grinst er derb. Man habe ihm danach längere »Nadeln« durch seine Beine getrieben. Ohne dass ihr Freund dabei erwacht sei.

Mirin Dajo kehrt an den Tisch zurück und entledigt sich seines Jacketts. Flueler glotzt ihn erstaunt an. Später notiert er: »Trotz der Kälte trägt er kein Hemd, sondern hat lediglich einen lilafarbenen Schal um seine Brust geschlungen. Er zeigt uns auch, wie kunstvoll er diesen zu winden und knoten weiß, und lacht, als wir bemerken, er sei sich seiner Eitelkeit noch nicht bewusst geworden. Die Narben der über 500 Durchstiche ziehen sich wie eine Milchstraße über seine Haut. Ganz unempfindlich scheint er aber doch nicht zu sein, denn ein vergeblich unterdrücktes Niesen zeigt an, dass eine Erkältung stattgefunden hat. Wir scheiden mit einem festen Händedruck voneinander.«

Zürichs Ärzte bleiben skeptisch

»Wenn ich wieder mehr Ruhe habe und freie Zeit, kommt auch wieder eine bessere Einkehr in mich. Dann werde ich etwas zeigen können, das man für das Unmöglichste gehalten hat, und das doch möglich ist, weil im Reiche Gottes alles möglich ist ...«

Dajos Versprechen kommt nicht von ungefähr. Immer häufiger ziehen kritische Schweizer Ärzte seine »Unverletzbarkeit« in Zweifel. Zwar können sie sich vieles nicht erklären. Aber für unsterblich, wie etliche seiner Freunde und Bewunderer, halten sie ihn selbstverständlich nicht. Umso mehr schütteln sie die Köpfe über seine vermeintliche Fahrlässigkeit.

Besonders in Zürich beäugt ihn die Fremdenpolizei kritischer denn je. Der Holländer beschränkt seine körperlichen Darbietungen deshalb auf private Veranstaltungen in geschlossener Gesellschaft – unter anderem im Saal des Restaurants Oleander. »Ich konnte seine Durchstechungen dort mit eigenen Augen beobachten«, erinnerte sich Néné von Muralt (1921–2018) von der Schweizerischen Parapsychologischen Gesellschaft, als ich mit ihr Jahrzehnte später darüber sprach. »Zuvor schluckte Mirin Dajo eifrig Nägel, Glas und andere spitze Gegenstände. Ich habe dies alles aus nächster Nähe gesehen und persönlich erlebt. Das war kein Trick! Dieser Mann war wirklich unglaublich ...«

Doch die Ärzteschaft lässt nicht locker. Aufgeheizt wird die Stimmung durch eine weitere Publikation in der *Schweizerischen Medizinischen Wochenschrift*. Analog zu seinen Basler Kollegen berichtet ein Mitarbeiter der Chirurgischen Universitätsklinik darin über die Untersuchung in Zürich. Auch er lässt nach Konsultation der Röntgenbilder keine Zweifel am erstaunlichen Charakter der Durchspießung offen, relativiert diese aber ebenfalls.

»Man erkennt einen metalldichten, lang gestreckten, stabförmigen Schatten, der auf der seitlichen Aufnahme von hinten unten in der Gegend des Lumbalwirbels 2 durch die kompakten Weichteilschatten des Abdomens (Leber) schräg aufsteigend nach vorn geht und die Bauchwand 1,5 Zentimeter unterhalb des Processus xiphoideus verlässt. In der a.p.-Aufnahme zeigt sich, dass die linke Zwerchfellkuppe 12,5 Zentimeter oberhalb des Metallstabes sichtbar ist. Im Stereobild ist keinerlei seitliche Abweichung der Degenklinge zu erkennen. Nach der röntgenologischen und klinischen Beurteilung geht der Rundstab durch die Leber hindurch. Eine Nieren- oder Lungenpassage ist wenig wahrscheinlich.

Nach 20 Minuten wurde der Degen wieder herausgezogen, und dabei kam es bei der Rückenwunde nur zu einer ganz geringen Blutung in Form von wenigen Tropfen. Der Degen selbst war nicht blutig. Die scharfrandigen Hautwunden zeigten auffallend gute Tendenz, durch elastischen Zug sich zu verschließen. (...) Zwei Narben fanden wir im Bereich des fühlbaren Herzspitzenstoßes.

Der nach der Demonstration bei uns mikroskopisch und chemisch untersuchte Urin ergab normale Befunde. Ein nach dem Experiment erstelltes weißes Blutbild und die Bestimmung der Hämoglobinwerte waren normal. Als die Haut an der Fingerkuppe mit dem üblichen Schnepper für die Erstellung des Blutbildes und die Hämoglobinmessung durchstoßen wurde, machte M.D. dieselben Abwehrbewegungen wie jeder Patient, und es blutete genauso wie bei allen anderen Menschen aus der Stichwunde.«

Wie der Zürcher Mediziner weiter schreibt, seien zum besseren Verständnis von Dajos Fähigkeiten auch entsprechende Tierversuche durchgeführt worden. Obwohl sich deren Ergebnisse nicht direkt auf Menschen übertragen ließen, schienen sie doch zu bestätigen, was die Basler Kollegen bereits andeuteten – nämlich, dass die organischen Verletzungen Dajos womöglich geringer waren, als man eigentlich vermuten müsste. Erneuter Tenor: Mit langjährigem Training und geschickter Hand beim Durchstechen »könnte« (!) auch anderen, zumindest ansatzweise, gelingen, was den Holländer scheinbar einzigartig machte.

Johnan de Groot sticht zurück!

So entschlossen der Facharzt seine Untersuchungen und Vermutungen auch präsentiert, lückenlos erklären kann er die Fähigkeiten des Holländers ebenfalls nicht. Und doch ist Mirin Dajos »vollkommene Unverletzbarkeit« damit vom Tisch. Zumindest für die Wissenschaft. Die Medizinergilde degradiert ihn in aller Öffentlichkeit vom »übersinnlichen Wunder« zum »außergewöhnlichen körperlichen Phänomen«.

Ausführungen, die Dajos nächster Freund und Mitarbeiter Johnan mit Kopfschütteln quittiert. Dem Journalisten Willy Wagner diktiert er in jenen Monaten folgende Zeilen: »Wenn ich ihn durchsteche, bin ich völlig frei von jeder Furcht vor einem Unglück. Mirin Dajos unbegrenztes Vertrauen auf Gott und seine restlose Hingabe strahlen auf mich aus und geben mir Mut zu dem, was ich unter anderen Umständen nie und nimmer fertigbrächte: den Körper meines allerliebsten und besten Freundes, seine empfindlichsten Organe wie Herz, Lunge, Magen, Leber und so weiter zu durchbohren.«

Wie sehr er sich dabei auf sein Gottvertrauen verlassen könne, zeige wohl am besten der Umstand, dass er seine Waffen völlig wahl- und ziellos durch den Körper Dajos stoße, so Jan de Groot. »Um genügend Halt zu haben, lege ich jeweils die freie linke Hand irgendwo auf die entgegengesetzte Seite – und noch immer ist die Klinge genau dort zwischen meinen Fingern wieder zum Vorschein gekommen, ohne mich jemals zu verletzen.

Wissenschaftler haben die Vermutung geäußert, dass die Organe jeweils der Klinge auswichen, diese beispielsweise zwischen zwei Lungenlappen, zwischen Herz und Lunge, zwischen Blutgefäßen hindurchgleite, ohne sie eigentlich zu verletzen. Nun, ich vermag nicht durch Haut, Muskeln und Rippen Mirin Dajos hindurchzusehen, um das Gleiten der Lungenlappen oder die momentane Lage des Herzens festzustellen, sondern muss es in jedem Fall, wie man so sagt, darauf ankommen lassen.

Weiß ich, ob das kontrahierende Herz nicht eben im Moment des Durchstichs der Schwertspitze entgegenschlägt, um sich daran aufzuspießen, statt ihr auszuweichen? Ob der sich hebende und senkende Lungenlappen in diesem Augenblick eine Lücke freigibt oder aber sich genau vor die eindringende Waffe stellt? Es ist zweifellos Pflicht der medizinischen Wissenschaft, nach Erklärungen zu suchen. Darin besteht ihre Aufgabe. Aber man kann sich eine solche auch allzu leicht machen!«

Zweifel am richtigen Weg

Äußerlich bleibt Mirin Dajo die Ruhe selbst. Innerlich aber plagen ihn einmal mehr Zweifel. Darf er sein Schicksal weiterhin herausfordern? Wie weit kann oder soll er gehen? Ist er wirklich unverletzbar? Oder soll er auf seine waghalsigen Experimente verzichten, um sich nur noch seiner Friedensmission zu widmen? Fragen, die sich der Holländer in jenen Tagen häufig stellt. Die Kluft zwischen Arnold Henskes und seinem Alter Ego scheint unüberbrückbar geworden. Die liebevollen Briefe an seine Eltern unterschreibt er zwar weiter mit Arnold, schreibt darin aber zunehmend häufiger in der »Er«-Form über Mirin Dajo.

In einsamen Zwiegesprächen mit seiner »obersten geistigen Führung« hadert er mit seiner Gabe. Da ist sein Bauchgefühl. Es fordert ihn auf, vorübergehend stehen zu bleiben, um neue Kraft zu tanken. Und da ist eine mächtige innere Stimme. Sie heißt ihn, weiterzugehen. Dorthin, wo er noch nie gewesen ist. Immer öfter sitzt der Holländer gedankenversunken unter seinen Freunden, um dann – wie aus einer Trance erwachend – plötzlich aufzuschrecken und sich für seine geistige »Absenz« zu entschuldigen. Häufiger den je pendelt sein Geist zwischen den Welten.

Mehr als einmal ist Arnold Henskes 100-prozentig bereit, seine kühnsten Absichten umzusetzen. Felsenfest überzeugt will er den Tod herausfordern und überlisten. Dann aber lässt er seine Pläne wieder fallen. Entschlossen, seine Popularität zu nutzen und nur noch seine Botschaft zu verbreiten. Erschöpft vom Rummel um seine Person. Ermüdet angesichts all der ehrlichen und falschen Lobeshymnen, die er über sich ergehen lassen muss.

Doch da sind auch seine Bewunderer. Sie können sich kaum sattsehen an seinen Experimenten. Immer und immer wieder wollen sie seine Gabe von Neuem bewiesen wissen. Unersättlichen Tieren gleich lechzen sie nach mehr. Da sind aber auch die Ärzte, denen er weitere Beweise seiner Fähigkeiten schuldig zu sein glaubt.

Und da sind auch noch Hylke Otter und Johnan, die er ebenfalls nicht enttäuschen will. Freunde, denen er eine neue Welt eröffnet. Freunde, die den Kult um seine Person leider regelrecht zu genießen scheinen. Sie verwalten seine Agenda, seine Einkünfte. Sie reisen, essen und trinken auf seine Kosten, »managen« seine spärliche Freizeit und spornen den »Unverletzlichen« täglich dazu an, noch Verrückteres zu vollbringen.

Aber denken sie nicht auch wie er selbst? Verhalten sie sich ihm gegenüber nicht vorbildlich? Zeichnet sie nicht dieselbe Glaubensphilosophie aus, die er mit Leib und Seele propagiert? »Speziell Johnan hat sich in geistiger Hinsicht prächtig entwickelt. Er ist wie ein Bruder für mich!«, rechtfertigt sich Mirin Dajo vor Arnold Henskes. Und lächelt ihn gütig an. Zu gütig?

Das Experiment mit dem Schwert

»Was einmal gedacht wurde, kann nicht mehr zurückgenommen werden«, orakelte der Schriftsteller Friedrich Dürrenmatt. Insofern ringt Arnold Henskes zwar mit sich – und gibt nach Rücksprache mit seiner »geistigen Führung« dennoch nach.

Intensiver denn je liebäugelt er damit, seine Künste auf die USA auszudehnen, um dort ebenfalls für den globalen Frieden zu werben. Aufgrund der ärztlichen Skepsis beginnt er seine Experimente zu steigern. Auf dem Uetliberg von Zürich lässt er sich minutenlang beim Joggen filmen. Inklusive Florett im Oberkörper! Immer wieder mahnt er den Kameramann, ihn nicht aus dem Sucher zu verlieren. Aus Angst, man könnte ihm Tricks vorwerfen. Dem »Lauftraining« gehen diesmal sogar Leibesübungen und Kniebeugen voran. Samt Klinge im Leib.

Wochen später empfehlen ihm seine »geistigen Begleiter« eine weitere Steigerung: »Lasse dich nun mit einer gefährlicheren Waffe durchstechen und mache einen weiteren Film!« Also setzt er auf der Bühne der Schulwarte am Berner Hevetiaplatz noch eins drauf und tut, wie ihm befohlen. Statt wie gewohnt mit einem Florett lässt er sich von Johnan diesmal mit einem 2,5 Zentimeter breiten und 50 Millimeter dicken zweischneidigen Schwert durch den Oberkörper stechen, »um darzutun, dass die

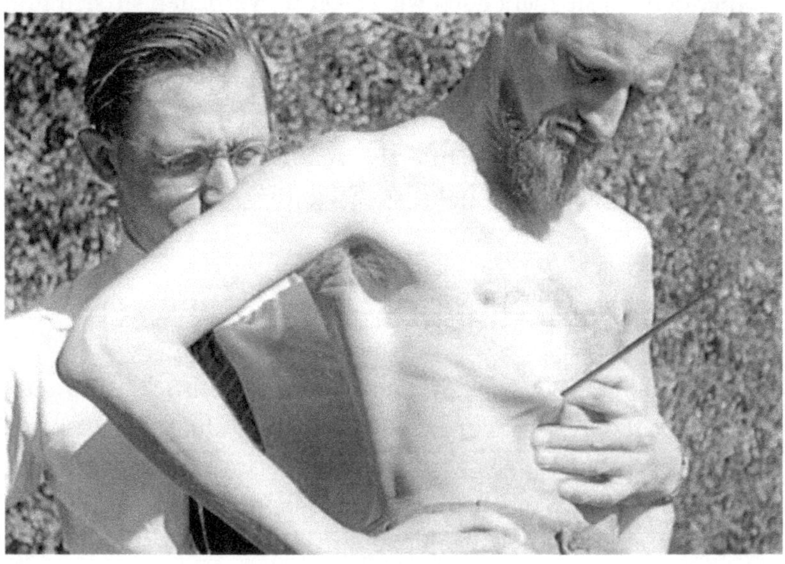

Gefilmte Durchbohrung oberhalb von Zürich, auf dem Uetliberg.

Munter dreht Johnan das Florett
mit seinen Händen im Kreis.

Leibesübungen und Jogging,
mitsamt der Waffe im Körper.

Art der Waffe tatsächlich keine Rolle spielt« – entgegen der öffentlichen Behauptung der Schweizer Ärzteschaft. Ein wahrhaft mörderisches Wagnis!

»Heute bin ich, genauso wie gestern und vorgestern, in Bern für Filmaufnahmen«, schreibt Mirin Dajo am 31. Oktober 1947 während einer Drehpause an seine Eltern. »Die Filmaufnahmen, die bis jetzt gemacht wurden, sind ein voller Erfolg, und auch die Filme von heute versprechen gut zu werden. Schade, dass ich derzeit so wenig Zeit habe, um euch zu schreiben, aber bei uns herrscht in diesem Monat Hochbetrieb, da wir Vorbereitungen für unsere künftige Arbeit in Amerika treffen.«

Für die Aufnahmen ist mittlerweile der Berner Filmproduzent Armin Schlosser zuständig. Seine Kameras surren. Johnan zückt die 40 Zentimeter lange Waffe und sticht mit brachialer Gewalt zu. Diesmal von vorne nach hinten. Mitten durch Mirin Dajos Brust, ehe die Klinge am Rücken austritt. Ein paar Tröpfchen Blut fließen. Aber erneut keine Schmerzen, keine Infektion, keine gravierenden Verletzungen. Das klaffende Loch in seinem Oberkörper schließt sich nur wenige Minuten später einmal mehr wie von Geisterhand. Lediglich eine weitere, diesmal mehrere Zentimeter breite Narbe zeugt fortan vom Unglaublichen! Eine unfassbare Tat, die selbst ultraskeptischen medizinischen Kritikern die Sprache verschlägt.

Mirin Dajos Popularität erreicht nach den neuen Filmaufnahmen einen weiteren Höhepunkt. Und diesmal wähnt er sich endgültig auf dem richtigen Weg. Nichts scheint ihm mehr unmöglich. »Jetzt oder nie!«, sagt sich der Holländer. Und beginnt sich innerlich auf das wagemutigste Experiment seines Lebens vorzubereiten. Bis es so weit ist, verbieten ihm seine inneren Stimmen alle weiteren körperlichen Demonstrationen.

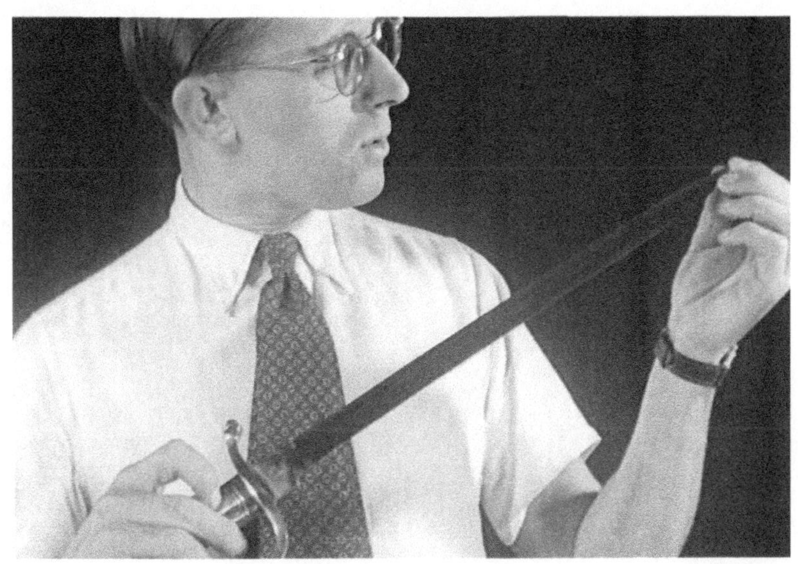

Experiment in Bern –
mit einem 2,5 Zentimeter breiten Schwert!

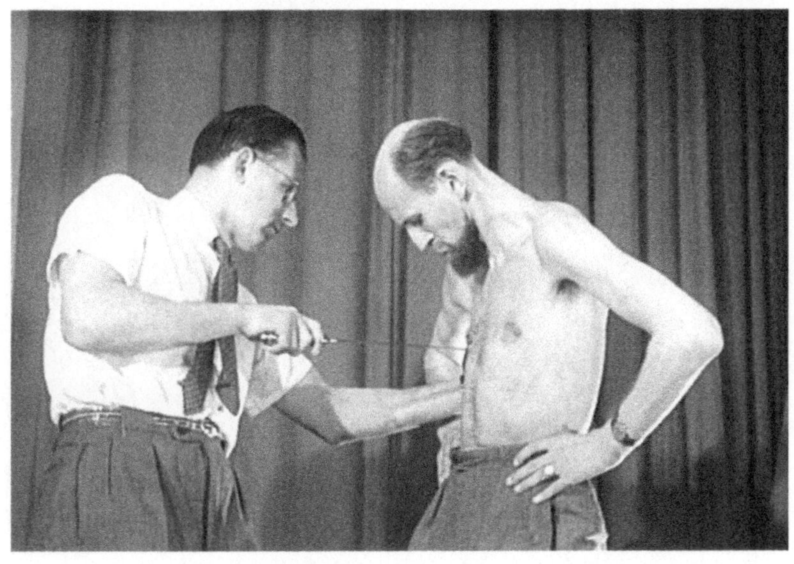

Erneut »ersticht« Johnan voller
Gottvertrauen seinen Freund.

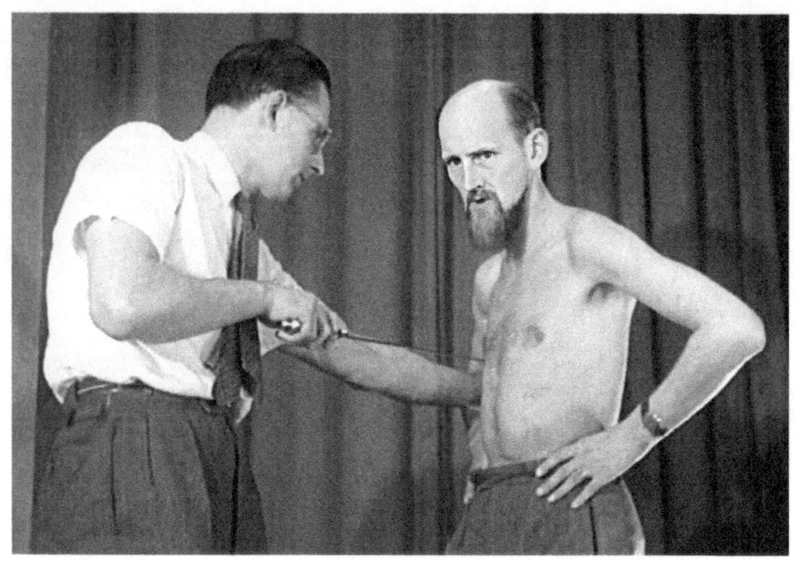

Immer tiefer dringt das zweischneidige Schwert
durch Dajos Brust.

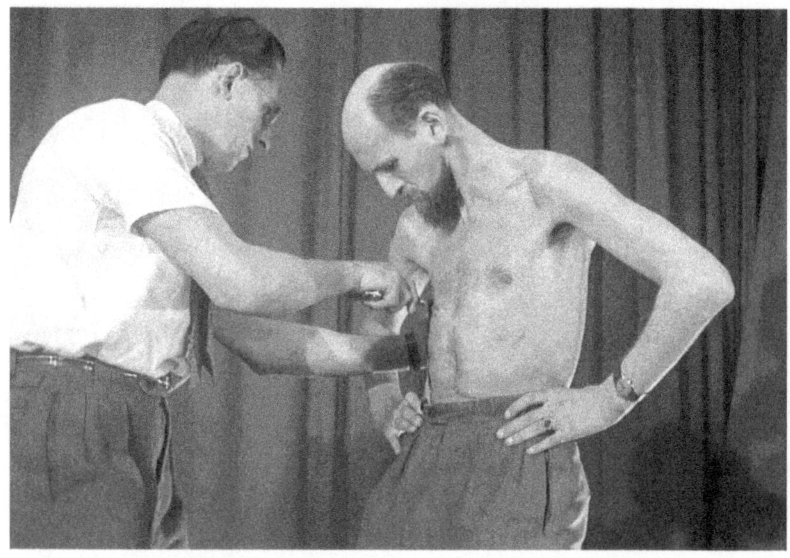

Auch dieses »mörderische« Experiment
wird auf Zelluloid gebannt.

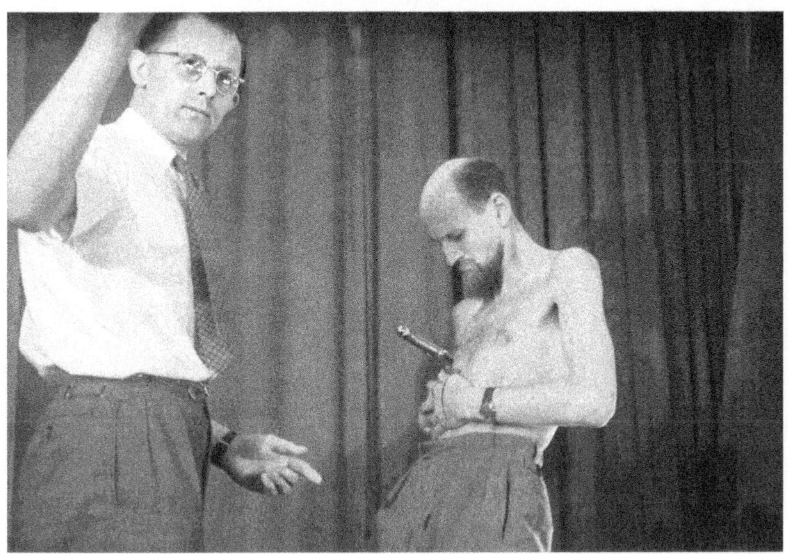

Trotz der waghalsigen Prozedur fließen
nur ein paar Blutstropfen!

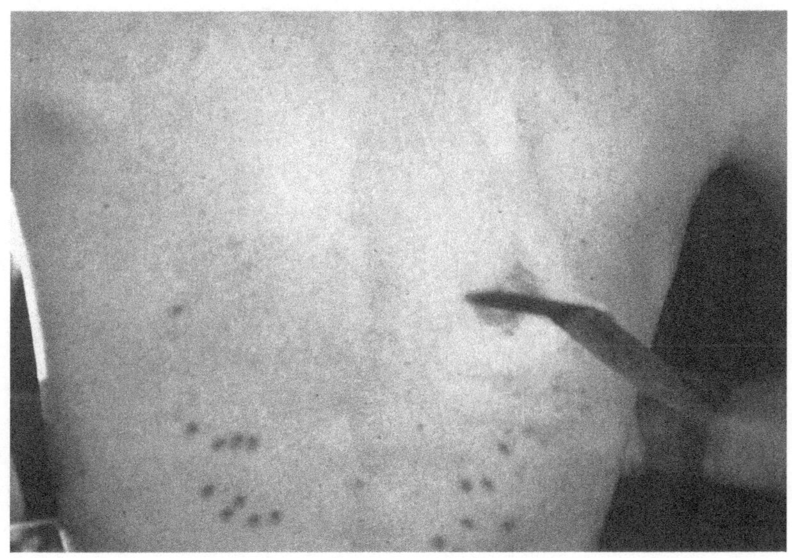

Die zweischneidige Klinge tritt unterhalb
des Schulterblatts aus.

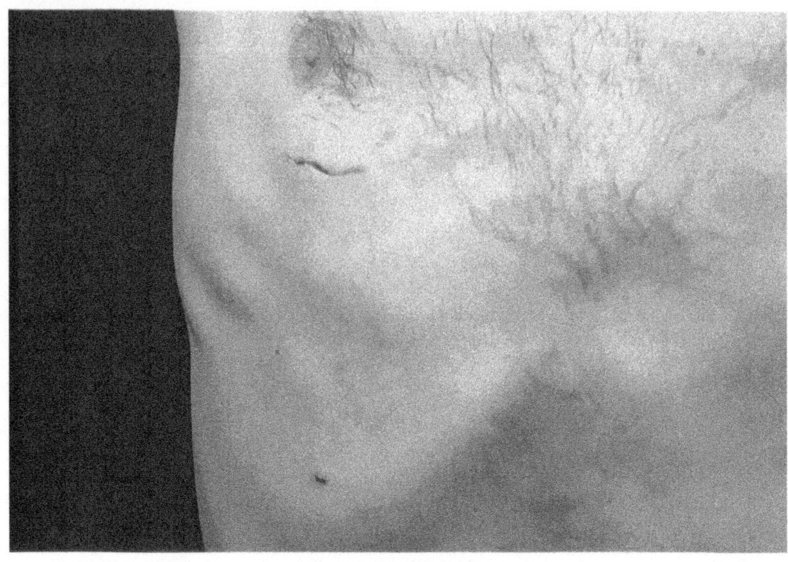

»2 Zentimeter breites Loch«: Filmaufnahme nach dem Durchstich.

Bestens gelaunt: Mirin Dajo kurz nach den Dreharbeiten in Bern.

Rückzug in die Villa Rogenmoser

Zu Dajos großzügigen Förderern zählt in jenen Monaten Joseph A. Rogenmoser. Mit seiner Familie residiert der Millionär in einem prächtigen Anwesen am Ufer des Zürichsees. Als Besitzer florierender Gastronomiebetriebe deckt er den Holländer und seine beiden Freunde regelmäßig mit Essensgutscheinen ein und steckt ihnen hie und da großzügig auch etwas Bargeld zu.

Im November 1947 lädt Rogenmoser ihn und seine Begleiter zu sich nach Hause ein, um Weihnachten und Neujahr gemeinsam im familiären Kreis zu feiern. »Wir dürfen in zwei riesigen wunderbaren Zimmern schlafen und dort auch viele Besucher empfangen«, schreibt Johnan begeistert nach Hause. Mirin Dajo revanchiert sich in den folgenden Monaten mit kostenlosen Auftritten und Vorträgen in Rogenmosers Villa an der Seestraße 473, wo sich oft über 200 Gäste einfinden.

Der »Mann, der täglich dreimal starb«, so die Presse, wittert einmal mehr Morgenluft und fasst neuen Lebensmut. »Was ich erzähle, muss für 15-Jährige verständlich sein, denn es gibt geistig noch viel zu lernen«, wispert er seinen Freunden vor einem seiner Auftritte zu. »Der heutige Mensch ist intellektuell sehr fortschrittlich, aber geistig sehr langsam.«

Einmal mehr regen seine Vorträge in der Villa Rogenmoser intensive Diskussionen an. »Wir wollen so gerne etwas sein, denn wir sind noch nichts – wir tun nur so als ob«, mahnt Dajo seine Zuhörerschaft behutsam. »Wir müssen das wahre menschliche Wesen in uns erst noch entdecken. Wir besitzen zwar menschliche Form. Aber unsere Taten sind sehr oft nicht so edel wie die eines Tieres. Ein Tier nimmt nicht mehr zu sich, als es zum Leben braucht. Wir Menschen tun nichts anderes, als uns an die Materie zu klammern. Daher kann sich unser Verstand nicht so entwickeln, wie er könnte. Negative Gedanken entstehen stets aus

Verlangen. Verlangen multipliziert sich zu Gier. Gier bleibt auch der Grund für viele Kriege. Der Mensch will mehr und mehr haben. Er ist nie mit dem zufrieden, was er hat.«

Während einer der dortigen Versammlungen will ein christlicher Priester von ihm wissen, ob die Waffen vor seinen Durchstechungen gesegnet würden, wie er und andere dies in Kriegszeiten zu tun pflegten. Mirin Dajo aber winkt ab. »Es kann niemals richtig sein, Waffen zu segnen, um Mitmenschen zu töten, egal welchen Glauben oder welche Gedanken der andere haben mag«, weist er den Gottesmann lächelnd zurecht und wirbt in der Folge eindringlich für Religions- und Glaubensfreiheit.

»In Wirklichkeit sind wir alle auf der Suche nach der Wahrheit, die ewig dieselbe ist, aber von jedem anders gesehen wird, je nach seiner geistigen Entwicklung. Jeder Mensch hat seine spirituelle Entwicklung und denkt und handelt danach. Selbst ein Atheist, der an die Kräfte der Natur glaubt. Es zeugt mehr von Einbildung als von aufrichtigem Glauben, wenn jemand es wagt zu behaupten, dass sein Glaube der einzig wahre sei. Deshalb muss der Mensch verstehen, dass es töricht ist, für Glauben oder Religion zu kämpfen. Jeder glaubt auf seine Weise.«

Andere Ausführungen sind ihrer Zeit ebenfalls weit voraus. Was uns Psychologen, Psychiater und Esoteriker bis heute versuchen näherzubringen, war für den Holländer nach dem Zweiten Weltkrieg eine Selbstverständlichkeit. »Wer geistige Kräfte erforschen will, muss sie in sich belauschen«, betonte er. »Dort lassen sie sich fühlen, sehen und hören. Die Dinge rund um uns zeigen uns nur ihr Äußeres. Selbsterkenntnis ist daher der unerlässlichste Schritt für jeden, der sich den verborgenen geistigen Kräften nähern, sie erkennen und sich mit ihnen vereinigen will.

Der erste Schritt zur Selbsterkenntnis ist, dass wir die Gabe der Selbstbetrachtung erkennen und ausbilden. Wir haben äußere und innere Sinne. Mit ersteren sehen, hören und fühlen wir nach außen. Mit letzteren blicken wir in beschaulichen Stunden nach innen. Wir spüren das Aufsteigen der Gedanken. Wir sehen innere Bilder, welche die Fantasie fast ununterbrochen erschafft. Wir nehmen Gefühle wahr, die uns durchströmen.

Während des Schlafes, im Traum, sind alle inneren Sinne in so lebhafter Tätigkeit begriffen, dass wir uns dort vollständig in einer geistigen Welt bewegen. Diese Gabe, nach innen zu sehen, zu hören und zu fühlen, gilt es nun bis zur Meisterschaft auszubilden, denn im Innern liegt die verborgene Quelle all unserer Gefühle, unserer Gedanken und unserer Handlungen. Sie bestimmt unser Leben. Sie formt unser Schicksal, und so, wie sie es gestaltet, so müssen wir es tragen.«

Und weiter: »Das Naheliegendste und Wichtigste für einen jeden Menschen sollte es, so will mir scheinen, daher sein, sich selbst kennenzulernen! Unsere Zeit richtet die Blicke einseitig nach außen. Es gibt kaum etwas, das sie nicht schon erforscht hätte. Aber wer wir selbst sind, und was wir selbst sind, darüber schmachten wir in Unwissenheit. Wir benutzen unsere Sinne und unsere Gefühle, um uns äußeres Wissen anzueignen – oft genug ein Scheinwissen, das heute besteht und morgen vergeht.

Wir reagieren ununterbrochen auf alles, was uns umgibt. Aber keiner forscht danach, wer in ihm sieht, hört und fühlt. Wer in ihm so und anders reagiert. Wer in ihm spricht, in ihm hasst und liebt, und welche Kraft es ist, die alle Glieder bewegt zum täglichen Werk. Das größte aller Wunder ist der Mensch selbst. Wer achtlos daran vorbeigeht, hat sich selbst verloren!«

»Werkzeug einer höheren Macht«

Zu den Gästen in der Villa gesellt sich in jenen Tagen auch Johannes Martin Sorge aus Zürich. »Einem Hinweis von Fräulein Baumann folgend, durfte ich gestern der Zusammenkunft mit Mirin Dajo in Ihrem Haus beiwohnen«, schreibt der Chemiker am 8. Dezember 1947 in einem Brief an Joseph Rogenmoser. »Obwohl Sie sich bescheiden als kleines Werkzeug einer höheren Macht bezeichneten, drängt es mich dennoch, Ihnen dafür zu danken, dass Sie es durch die Gastfreundschaft Ihres Hauses mir und vielen anderen Suchenden ermöglichten, mit diesem lebendigen Zeugnis geistiger Kraft in Verbindung zu treten und daraus neue Impulse für die eigene geistige Arbeit zu schöpfen.«

Auf ihn als Naturwissenschaftler habe »besonders die objektive Gründlichkeit überzeugend« gewirkt, mit der Dajo anhand des vorgeführten Films seine Fähigkeiten unter Beweis stellte, wie er ausführte. »Wenn auch die Registrierung des Ergebnisses geistiger Konzentration durch physikalische Apparaturen nicht verwunderlich ist, (...) erscheinen sie mir für die Überzeugung der großen Masse der Skeptiker äußerst wertvoll und verdienen, in weiten Kreisen bekannt gemacht zu werden.«

Rogenmosers Engagement kommt nicht von ungefähr. Seine Frau bewegt sich in den Kreisen der Spirituellen Loge um das bekannte Zürcher Medium Beatrice Brunner. Er selbst brach bereits in jungen Jahren mit dem Katholizismus und befand sich als religiöser Mensch zeitlebens auf der Suche. »Mirin Dajo war Teil davon«, wie mir seine Tochter Juno später erzählte. »Ich erinnere mich gerne an den Holländer zurück, auch wenn seither längst eine halbe Ewigkeit vergangen ist. Dieser außergewöhnliche Mensch war eine integre, wahrhaft außergewöhnliche Gestalt und seiner Zeit um viele Jahrzehnte voraus. Ganz im Gegensatz zu Johnan, bei dem er leider in falsche Hände geriet. Mein Vater

Weihnachtsfeier im Kreis der Familie Rogenmoser (Dezember 1947).

bot ihm und seinen Begleitern in unserer Villa damals kostenlos Unterkunft, damit sie in all dem Rummel etwas Ruhe fänden.«

Doch davon konnte leider kaum die Rede sein, wie mir Gertrud Hegetschweiler, Schwester von Junos Mutter, 2003 ergänzend schilderte: »Um innere Kraft zu tanken, zog sich Mirin Dajo hie und da an einsame Orte zurück, wo er stundenlang gedankenversunken in seiner Hängematte meditierte, nicht zuletzt auf dem Zürcher Uetliberg.« Oft habe er auch im Garten der Villa Rogenmoser genächtigt – lediglich mit einer Badehose bekleidet, wie andere seiner damaligen Freunde ergänzten. Und dies selbst bei Regen oder Schnee, im tiefsten Winter!

Hegetschweiler: »Ruhe war diesem überaus herzensguten Menschen leider auch bei uns nicht vergönnt. Unermüdlich diktierten ihm seine Begleiter Termin um Termin. Sie füllten seine Agenda, wo immer sie nur konnten, mit Auftritten, Interviews oder weiteren körperlichen Experimenten, um auf diese Weise etwas Geld zu verdienen. Sie waren es auch, die ihn dazu drängten, seine

Großherzige Gastgeberin: Frau Rogenmoser
im Garten ihres Anwesens.

Künste in Amerika vorzuführen. Der redliche Sekretär Edmund Lüscher opferte sich regelrecht auf, um den drei Holländern den Weg in die Vereinigten Staaten zu bahnen.«

Amerikatraum: Hilfe von Einstein?

Leider kommt auch Lüschers Engagement nicht von ungefähr. Schon lange liebäugelt der junge Mann damit, in die USA auszuwandern. Im Schlepptau der Holländer rechnet er sich bessere Chancen auf eine Einreisebewilligung aus. Also tut er alles, um ihre – und seine – Pläne in die Tat umzusetzen. Unermüdlich korrespondiert er mit der halben Welt. Und schreibt sich gegenüber Behörden und Amtsstellen ehrenamtlich die Finger wund.

Mirin Dajo nutzt die Wartezeit, um weitere Beziehungen zu knüpfen. Diesmal mit internationalen Persönlichkeiten. Im Dezember 1947 spricht er mit dem deutschen Schauspieler Hans Albers, der sich in jenen Wochen während einer Theatertournee in Basel aufhält. Der charismatische Hamburger klopft ihm aufmunternd auf die Schulter. Voller Elan lässt Dajo noch im gleichen Monat einen Brief an den indischen Friedensaktivisten Mahatma Gandhi aufsetzen. In Genf wiederum ergreift er die Gelegenheit, um ein paar Worte mit Eleanor Roosevelt zu wechseln. Die amerikanische Präsidentengattin weilt angesichts der neu gegründeten Menschenrechtskommission in der Friedensstadt und sichert ihm ihre persönliche Unterstützung zu.

Die netten Worte zeigen leider wenig Wirkung. Amerika will und will nicht näher rücken. Immer wieder gilt es, neue bürokratische Hürden zu überwinden. Für die Einreise benötige der Holländer ein Visum, teilt man ihm mit. Dieses aber erhalte er nur, wenn er einen Einladungsbrief aus den Vereinigten Staaten vorweisen könne. »Am besten von Albert Einstein«, sagt er sich und

Hans Albers in seiner Paraderolle als »Liliom«
in Basel (Ende 1947).

schöpft neue Hoffnung. Die öffentlichen Friedensappelle des Jahrhundertgenies und Atombombenkritikers waren Wasser auf seine Mühlen. Vielleicht könnte er den Naturwissenschaftler für seine Mission gewinnen? Unangemeldet macht er sich kurz vor Weihnachten nach Schaffhausen zu Einsteins Wissenschaftlerfreund Paul Habicht auf. Und rennt dort offene Türen ein.

Nach einem längeren Gespräch setzt sich Paul Habicht an die Schreibmaschine und bittet seinen weltberühmten Bekannten um Hilfe: »Persönlich lernte ich Mirin Dajo als einen gewaltlosen

Menschen kennen, der alles dafür einsetzen möchte, einen Krieg zu verhindern. Ich glaube, es wäre für Sie sehr wichtig, hier etwas zu tun, denn Dajo ist jemand, der, obwohl nur Volksschulbildung, doch mit Chinesen redet, jeden versteht. Er macht gar nicht den Eindruck eines Geldmachers, sondern vielmehr denjenigen eines Menschen, der sich ganz dem Göttlichen fügt.«

Der Holländer legt nach. Eifrig diktiert er Sekretär Lüscher am 27. Dezember 1947 ebenfalls einen vierseitigen Brief und versucht, Einstein sein Anliegen persönlich zu erläutern. »Waffen aller Art können mir nicht das Geringste zufügen«, betont er darin einmal mehr. Er erwähnt die Untersuchungen in Basel und Zürich und bietet dem Physiker seinen Körper für weitere Experimente an. Lüscher übersetzt Wort für Wort ins Englische.

Es ist leider nicht Mirin Dajos Stimme, die aus diesen Zeilen spricht. Auch wenn seine Unterschrift sie ziert. Zu unpersönlich abgefasst, wird der maschinelle Brief seinem vielschichtigen Wesen nur annähernd gerecht. Trotzdem setzt er alles auf eine Karte. Er spürt, dass seine Uhren zunehmend rascher ticken. Die Zeit rinnt ihm durch die Finger. Die Termine häufen sich. Drei Vorträge an Heiligabend. Zwei Vorträge an Weihnachten. Und je einer am 26., 27., 28., 30. und 31. Dezember 1947.

Liebesgrüße aus der Schweiz

»Endlich habe ich etwas Zeit für einen neuen Brief«, schreibt Mirin Dajo seiner Familie am 7. Januar 1948. »Tag für Tag bin ich sehr beschäftigt und spreche auf geschlossenen Veranstaltungen, die gut besucht sind. Es ist jetzt 18:10 Uhr, und ich habe eben die Möglichkeit, kurz mit euch zu plaudern, bevor die Arbeit von heute Abend mich wieder fordert. Ich wünschte mir sehr, dass ihr einmal mehrere Abende oder Mittage, an denen ich spreche, erleben könntet. Jan wird in seiner einfachen Sprache alle über die Geschehnisse informieren, sodass ihr die Entwicklung von Anfang bis Ende verfolgen könnt, soweit das möglich ist.

Bevor ich nach Amerika gehe, werden in allen Teilen der Schweiz noch kurz aufeinander geschlossene Veranstaltungen organisiert. In den letzten Monaten hat die Friedensbotschaft gewaltige Fortschritte gemacht. Um euch einen Eindruck zu vermitteln, werde ich euch erzählen, wo ich diese Woche auftrete. Heute: Zürich. Morgen: Winterthur. Freitag: Weinfelden. Samstag: Amriswil. Sonntag: Zürich. Wo ich nächste Woche überall bin, werdet ihr am Montag von mir zu hören bekommen! (…) Tut alle, was ich euch immer geraten habe und geht frühzeitig zu Bett! Hylke und ich sorgen aus der Ferne speziell für Muttis Augen. Euch allen einen dicken Kuss und einen besonders lieben Kuss für Mutti, von eurem euch liebenden Sohn und Bruder.«

Dajos Vorträge werden zunehmend leidenschaftlicher. Seine Angst um den Weltfrieden wächst. »Die Technologie ist der geistigen Entwicklung weit voraus!«, mahnt er seine Zuhörer eindringlicher denn je. »Dadurch entstehen Situationen, wie wir sie heute kennen. Das ist genau so, wie wenn kleine Kinder mit dem Feuer spielen. Auch ihr Verstand ist noch nicht so weit entwickelt. Deshalb beherrschen sie das Feuer noch nicht. Das Gleiche gilt in unserem Fall für die Atombombe.«

Ehrliche Absichten und verwegene Pläne

Unermüdlich gönnt sich der Holländer auch im neuen Jahr keine Pause und offenbart seinen Freunden im privaten Kreis seine Todesahnung: »1956 wird meine irdische Mission beendet sein. Bis dann wird der Menschheit der Frieden einigermaßen gesichert erscheinen. Dann werde ich mich auflösen und von dieser irdischen Welt verschwinden. Eines späteren Tages wird die ganze Welt dann vernehmen, wer Mirin Dajo wirklich war.«

Bereits am 21. Oktober 1947 hatte ihn die niederländische Zeitung *De Noord-Ooster* – weltweit unbeachtet – mit ähnlichen Worten zitiert: »Ich werde bald sterben, aber ich werde auf diese Welt zurückkehren.« Eine weitere prophetische Vorahnung? In jedem Fall ein gefundenes Fressen. Zumindest für die Journalisten der Schweizer Zeitung *Die Nation.*

In einem vernichtend kritischen Artikel nimmt sich besagte Postille am 21. Januar 1948 des Holländers an und löst damit lautstarke Proteste ihrer Leserschaft aus. Darunter etliche Studenten der Universität Zürich. Der Grund ihrer Empörung: Professor Alfred Brunner hatte in einem Gutachten verlauten lassen, dass Mirin Dajo medizinisch gesehen – nach entsprechenden Tierversuchen – wohl »nichts Besonderes« sei und auch andere Menschen ihren Körper vermutlich derart durchstechen lassen könnten, ohne lebensgefährlich verletzt zu werden.

Die Studenten fordern ihren Professor deshalb am 27. Januar 1948 schriftlich dazu auf, »den Beweis für diese Behauptung aufzubringen« und wenige Tage später in der Villa Rogenmoser vor 300 geladenen Gästen ohne Narkose seinen eigenen Körper entsprechend malträtieren zu lassen. »Nach bestandenem Experiment werden wir dann die Presse entsprechend auf dem Laufenden halten.« Brunner aber kneift – und leistet der Einladung keine Folge, was ihm am 3. Februar 1948 einen weiteren Schmähbrief seiner Studentenschaft einträgt.

An Brunners Stelle macht sich wenige Tage darauf der Chefredakteur der ebenso gescholtenen *Nation* in die Villa Rogenmoser auf, um sich ein eigenes Bild des »Sonderlings« zu machen. Überrascht nimmt er zur Kenntnis, dass »der sympathische Holländer mit den unschuldigen Kinderaugen und dem Christusbart« alles andere als ein neuer Sektengründer ist.

»Worin besteht dann Ihre Aufgabe?«, will der Chef der *Nation* wissen, während er Mirin Dajo im Salon – umringt von Otter, Johnan und Rogenmoser – durchaus fasziniert beäugt.

Dajo reicht dem Skeptiker freundlich seine Hand: »Sehen Sie, ich bin ein ganz normaler Mensch, der mit beiden Füßen auf der Erde steht. Die von Gott mir gegebene Aufgabe besteht darin, den Menschen zu zeigen, dass der weltweite Frieden erst dann Wirklichkeit werden kann, wenn die Menschen keine Angst mehr haben. Mit meinen körperlichen Darbietungen will ich keine unterhaltsamen oder sensationellen Schaustellungen geben. Ich will damit nur den Beweis erbringen, dass man Angst und Furcht überwinden kann. Weil ich jedes Angstgefühl überwinden kann, werde ich in meinen Experimenten noch weiter gehen ...«

Der Journalist beugt sich neugierig nach vorne. Er wittert schlagzeilenträchtige Sätze – und wird nicht enttäuscht.

»Wissen Sie«, meint Dajo ruhig, »man kann nicht nur mit allerlei Waffen über mich herfallen, mich erschießen, erstechen oder erdrosseln. Ich bin auch bereit, mich unter einen Schnellzug zu werfen. Es wird mir nichts tun, denn ich kann mich dematerialisieren und wieder materialisieren.«

Der Chefredakteur kommt ins Grübeln. Wer war dieser Typ, dass er Derartiges behaupten konnte, im Brustton tiefster Überzeugung?! Hatte er einen Geisteskranken vor sich? Auf keinen Fall! Das sagte ihm sein Menschenverstand. Wer aber war dieser Dajo wirklich? Der Mann passte in keine Schublade ...

»Warum bringen Sie Ihre Experimente und Ihre Mission ausgerechnet in einem Friedensland wie unserer Schweiz zum Ausdruck und nicht in einem vom Krieg weitaus schlimmer heimgesuchten Staat?«, will er von ihm wissen.

Mirin Dajo schweigt einen Moment und blickt ihn dann sanftmütig an. »Weil ich in einem Land, das den Krieg will, kein Gehör finden würde. Man würde mich nicht zu Wort kommen lassen.

Übrigens ist die Schweiz zwar ein Land, das nicht vom Krieg heimgesucht wurde, doch verstehe ich unter dem wahren Frieden etwas anderes als das Leben in der Schweiz. Hier lebt jeder in ständiger Angst, die Verhältnisse könnten sich ändern, die Bürger könnten plötzlich aus ihrem derzeitigen bequemen Leben herausgerissen werden. Der Friede ist aber erst dann gesichert, wenn die Angst gebannt ist. Auch die Angst vor Gott. Und mit Gott meine ich stets den Gott aller Religionen dieser Welt.

Leider hat man mir hier in der Schweiz hemmende Polizeischikanen auferlegt, die meine Weiterarbeit verunmöglichen. Deshalb gehe ich nun nach Amerika, wo ich ganz neue große Experimente durchführen will. Dabei werde ich mir alle modernen technischen Hilfsmittel, wie Film und Fernsehen, dienstbar machen. So hoffe ich, der Menschheit beweisen zu können, dass niemand arm und krank sein muss, denn auch das sind nur Folgen der Angst.«

Zurück in der Redaktion der *Nation* setzt sich der Chefredakteur an die Schreibmaschine und haut seine am 11. Februar 1948 publizierten Eindrücke nachdenklich in die Tasten. Mirin Dajo hat »ehrliche Absichten«, so viel ist ihm klar. Dennoch scheint ihm einiges nicht ganz geheuer, speziell Dajos Begleiter. »Man gewinnt leicht den Eindruck, als seien sie doch eher geschäftstüchtige Manager, die allen Grund haben, sich auf die bevorstehende Amerikatournee zu freuen ...«

Drei Spitzel auf der Lauer

»Siehst du etwas? Tut sich da draußen was?!« Übermüdet und zunehmend missmutiger kriecht der größere, etwas korpulentere Mann durchs nächtliche Dickicht nach vorne. Angestrengt kneift er die Augen zusammen. Seine Knie schmerzen. Er friert. Hat einen Bärenhunger. Will endlich nach Hause ins warme Bett. »Und? Etwas Neues?«, schnauzt er erneut nach hinten.

»Nein, Chef«, wispert sein kleiner gewachsener Kumpan, reibt sich ebenfalls geduckt die Augen und legt sein Fernglas ermattet beiseite. »Da draußen tut sich leider nicht das Geringste.«

»So ein verdammter Mist!«, flucht sein Vorgesetzter, atmet tief durch, zerrt an seinen Hosenträgern und richtet sich keuchend auf. »Mir stinkt's hier allmählich! Es ist saukalt. Und außerdem bereits weit nach Mitternacht. Lasst uns wieder ins Auto gehen. Dann können wir die Lage von dort aus besser beurteilen.«

Stundenlang lagen die städtischen Detektive in jener Winternacht im Garten der Villa Rogenmoser nun bereits auf der Lauer – samt einem Kollegen. Für nichts und wieder nichts. Fröstelnd ziehen sie sich in ihren Dienstwagen zurück, zünden sich eine Zigarette an und lassen ihre Beobachtungen bei einem wärmenden Schnaps Revue passieren. Ihr geheimer Auftrag? Mirin Dajo irgendwelche Verstöße oder andere illegale Machenschaften nachzuweisen, um den »Unruhestifter« endlich ausweisen zu können.

Bereits am Tag zuvor hatte sich Chefermittler »Köchli 2« vom städtischen Kriminalkommissariat ein eigenes Bild des Anwesens gemacht. Auf Weisung der Sittenpolizei mischt er sich am Nachmittag des 25. Januar 1948 als Spitzel unter die Besucher, die sich in Rogenmosers Villa versammelt haben. »Um die 200 bis 250 Personen« seien zusammengekommen, wie er später in einer vertraulichen Aktennotiz an die Stadtpolizei Zürich und die Eidgenössische Fremdenpolizei protokolliert. »Hylke Otter und Jan de Groot waren ebenfalls anwesend.«

Gegen 15:00 Uhr sei schließlich auch Mirin Dajo erschienen und hätte zur versammelten Menge gesprochen. »Es schwebt ihm laut eigener Aussage eine universale Bruderschaft vor, durch die der langersehnte Frieden zustande kommt.« Im Anschluss sei eine freiwillige Kollekte erfolgt. »Außer Silbergeld wurde von den Teilnehmern eine größere Anzahl Fünfer- und Zwanzigernoten gespendet. Das Publikum setzte sich aus den besten Gesellschaftskreisen zusammen.«

Misstrauisch sei er während einer Vortragspause mit anderen Besuchern inkognito in den Garten des Anwesens gepilgert, so »Köchli 2« in seinem Protokoll weiter. »Direkt am See war zwischen zwei Bäumen eine Hängematte befestigt.«

Gastgeber Rogenmoser habe beiläufig erzählt, dass Mirin Dajo »hier zur Nachtzeit – sofern er nicht allzu lange arbeite – seine Schlafstätte habe. Der Holländer lege sich dort oft nur mit einer Badehose bekleidet hin und schlafe bis zum Morgen. Kälte und andere Witterungseinflüsse könnten seinem Körper nichts antun, da er von einem göttlichen Mantel zugedeckt werde. Als Kopfkissen verwendet er den 30 Zentimeter langen Stamm eines Christbaumes von rund 10 Zentimetern Durchmesser. Jeweils am Vormittag, beim Betreten der Villa, sei Dajos Körper von normaler Temperatur.«

Höchst verdächtig! Zumindest für »Köchli 2«, der wohl zum ersten Mal in seinem Leben eine derart luxuriöse Villa inspizierte und das dortige Treiben entsprechend verstört beäugt.

Argwöhnisch legt er sich deshalb mit zwei Detektivwachtmeistern in der Winternacht vom 26. auf den 27. Januar 1948 im Garten des Anwesens erneut auf die Lauer. Um dabei »Unglaubliches« zu beobachten, wie er schriftlich festhalten sollte. »Die im Parterre gelegene Stube und andere Zimmer der Villa waren beleuchtet. Die im Garten befindliche Hängematte blieb unbenutzt. Um 2:30 Uhr morgens stellten Wachtmeister Syz und der Unterzeichnete fest, dass sich Mirin Dajo angekleidet in der beleuchteten Wohnstube aufhielt. Da angenommen werden musste, dass derselbe die Hängematte nicht als Schlafstätte nutzt, wurde die Überwachung der Villa nicht mehr fortgesetzt.« Aha!

Villa Rogenmoser: Hier lagen »Köchli 2« & Co.
nachts auf der Lauer.

Doch damit immer noch nicht genug. Wenige Tage später schleust die Obrigkeit weitere Schnüffler in Mirin Dajos Vorträge ein. Fassungslos meldet ein gewisser »A. Müller« der kantonalen Fremdenpolizei, dass der Holländer bei einer neuerlichen Rede am 1. Februar 1948 sogar die »Existenz des Fegefeuers zur Verbüßung unserer Sünden« ins Reich der Märchen verbannt hätte. »Gott kennt keine Strafe!«, zitiert er Dajo. Stattdessen lebe der Geist jedes Menschen »nach dessen irdischem Tod weiter im Jenseits. Dort hat er eine Aufgabe zu erfüllen und wird in höhere Stufen gelangen durch einen ewigen Entwicklungsgang.« Sapperlot!

Tagelang lassen die empörten Sittenwächter in der Folge selbst das Zürcher Café Capitol ausspähen, wo die drei Holländer mitunter kostenlos Wurst und Brot erhalten. Heilte man dort womöglich heimlich Kranke? Gesucht wird jedes kleinste Haar in der Suppe, um dem »Sonderling« – einer neuen Inquisition gleich – endlich den Garaus zu machen. Behördliche Spießrutenläufe der peinlichsten Sorte, die allesamt im Nirvana enden. »Eine unerlaubte Erwerbstätigkeit konnte nicht nachgewiesen werden«, lautet das polizeiinterne Fazit vom 11. März 1948.

Grund des Überwachungswahns: Entgegen aller Vorbehalte hatte man in der Berner Hauptstadt bereits im Januar entschieden, Dajos Aufenthaltsgenehmigung in der Schweiz aufgrund einflussreicher Unterstützer ein letztes Mal bis Mai 1948 – sowie dessen Verbleib in Zürich ein allerletztes Mal bis zum 15. März 1948 – zu verlängern. Ein Schlag ins Gesicht für die Behörden an der Limmat. Und ein letzter Pyrrhussieg für den Holländer.

Abschied – und eine Hiobsbotschaft

Wer ihm die Flugreise bezahlt hatte? Vermutlich seine Schweizer Freunde. Mirin Dajo bedankt sich, nutzt die Gelegenheit und düst Mitte Februar 1948 für einige Wochen zurück in die Heimat. Zu seinen geliebten Eltern und Brüdern. Dennoch nutzt er die spärliche Zeit für weitere Vorträge. Im Auditorium der »Freien Gemeinde Amsterdam« fordert er die Bevölkerung einmal mehr auf, sich dem Frieden »in Wort und Tat« zu widmen. Unabhängig ihrer Religion. Unabhängig ihres Gottesverständnisses.

Im März, beim Abschied von seiner Familie, überkommen den Holländer plötzlich Gänsehaut und innere Unruhe. Wie so oft zuvor, ahnt er seine Zukunft voraus. Samt allerlei Ungemach. Inniger denn je umarmt er seine Liebsten am Flughafen. Mehr als einmal fragt er sie: »Wie viel Zeit bleibt uns noch?« Verstört winken Vater und Mutter Henskes seiner Maschine nach. Was war bloß mit ihrem geliebten Sohn los?

Zurück in der Schweiz erwartet Mirin Dajo eine Hiobsbotschaft. Konsterniert zeigen ihm seine Freunde das persönliche Antwortschreiben von Albert Einstein vom 8. Januar 1948, das nach etlichen Wochen endlich aus Übersee in der Villa Rogenmoser eingetroffen war. Immer und immer wieder überfliegen Johnan und er die ernüchternden Sätze, als wollten sie Einsteins Antwort nicht wahrhaben. Eine Antwort, die ihren Plänen einen fetten Strich durch die Rechnung macht!

Statt der erhofften Einladung in die Vereinigten Staaten hatte das Universalgenie die beigelegten Fotos retourniert. Zusammen mit ein paar mahnenden Zeilen: »Ich hoffe sehr, dass Ihre Leistungen mehr auf dem Gebiet des Zauberkünstlers liegen, und dass Sie sich nicht an dem Leibe versündigen, den Sie Ihrer Mutter verdanken. Ich kann natürlich nichts tun, um Ihnen bei Ihren Bestrebungen behilflich zu sein, weil ich sehr vorsichtig sein muss mit jeder Äußerung, die andere beeinflussen können.«

Aus der Traum! Für Sekretär Edmund Lüscher bricht nach Einsteins Absage eine Welt zusammen. Die Holländer und er gehen fortan getrennte Wege. Lüscher bricht seine Zelte in der Schweiz ab, schnürt sein Bündel und wagt via Schiff die Überfahrt ins gelobte Land. Auf eigene Faust. Mit Erfolg.

Hylke Otter musste bereits im Februar 1948 Hals über Kopf seine Koffer packen. Eine heimliche Liaison hatte den Verheirateten in Teufels Küche gebracht. Zudem lasteten in der Schweiz längst mehrfache Verurteilungen auf ihm – wegen »Übertretungen des Medizinalgesetzes«. Begründung: Er hatte Hilfesuchenden seine Hände gegen Bezahlung aufgelegt. Im Gegensatz zu anderen Regionen war dies in Zürich strengstens verboten. Ein Eintrag im Gemeindearchiv von Mogelsberg (St. Gallen) zeugt bis heute davon, dass der »Masseur und Magnetiseur« kurzerhand aus der Schweiz ausgewiesen wurde.

Die Hoffnung stirbt zuletzt. Das Geld reichte sowieso nicht für drei. Also blicken Dajo und Johnan unverzagt nach vorne. Fristgerecht verabschieden sie sich aus Zürich von Freund Rogenmoser. Zumal ihnen in Mogelsberg einmal mehr eine befristete Aufenthaltsgenehmigung gewährt worden war. Zu verdanken hatten

Aus drei wurden zwei: 1948 musste Hylke Otter die Schweiz verlassen.

sie diese Nationalrat und Bio-Pionier Albert Spindler, der das Trio in Weinfelden kennen- und schätzen gelernt hatte. Unermüdlich reisen die Holländer weiterhin durch die Schweiz. Bis sich die Ereignisse unerwartet überschlagen.

Heilungen im malerischen Kurhaus

Besonders häufig und gerne hält sich Mirin Dajo in jenen Wochen einmal mehr im bekannten Kurhaus der Familie Beutler auf der Appenzeller Vögelinsegg auf, wo sich auch sein Mentor Nationalrat Gottlieb Duttweiler mitunter blicken lässt. Bereits im Spätsommer 1947 hatten Walter und Ruth Bührer den Holländer mit ihrem Auto erstmals in das alternativmedizinische Sanatorium nach Speicher chauffiert, wo ihn etliche Gleichgesinnte und »nach Hilfe Schmachtende« sehnsüchtig erwarteten.

In der idyllischen Umgebung der blühenden Hügellandschaft auf 924 Metern über dem Meer tankt der Pazifist vorübergehend neue Lebenskraft. Beeindruckt schweift sein Blick über den halben Bodensee – »bis nach Bayern und Baden-Württemberg«, wie er in Briefen und Postkarten begeistert nach Hause schreibt.

Der fruchtbare »Kraftort« betört seine Sinne. Umso mehr, als er im dortigen Kunstmaler und Hermann-Hesse-Freund Karl Beutler und der Naturärztin Frieda Beutler-Kauderer weitere Seelenverwandte kennengelernt hatte. Menschen aus Nah und Fern pilgerten in deren Kurhaus. Schauspieler, Dichter und medial veranlagte Zeitgenossen. Allesamt vertrauten sie auf Friedas alternativmedizinische Fähigkeiten. Bedrückt angereist. Und ebenso oft beglückt wieder abgereist.

Die weltoffene Geisteshaltung auf der Vögelinsegg lässt Mirin Dajos Augen 1948 ein letztes Mal aufleuchten. Faszinierter denn je lauschen Jung und Alt den Worten des asketischen, herzensguten Mannes, dessen Wesen vergessene Heilkräfte in ihnen weckt. Seine Wundertaten sprechen sich wie ein Lauffeuer herum. Oft platzt der Vortragssaal des Kurhauses aus allen Nähten, wenn der Holländer dort spricht, »wenngleich Nationalrat Albert Spindler mit seinen ellenlangen musikalischen Intros mitunter gerne etwas übertrieb«, wie sich Augenzeugen schmunzelnd erinnerten.

»Idyllischer Kraftort«: das Kurhaus Beutler mit Blick auf den Bodensee.

Dajos Botschaft an die Patienten ist für die damalige Zeit einmal mehr ebenso kontrovers wie fortschrittlich. »Wenn wir uns etwas Lustiges denken, dann müssen wir lachen. Ungewissheit und Sorgen furchen die Stirne, und Angst hat wiederum ihren besonderen Ausdruck. Wiederholen sich gleiche Vorstellungen oft, dann werden auch die Spuren bleibend. Nicht nur unsere Miene, sondern Gestalt und Haltung werden ihnen untertan. Kurz: Wir finden, sofern wir nur wollen, tausendmal am Tage Gelegenheit zur Feststellung, dass der Körper auf unsere Vorstellungen blitzschnell reagiert. Solche, die wir sehr oft wiederholen, werden wir am Ende selbst. Sie entschwinden dann dem Reiche der Denkbilder, weil sie in Fleisch und Blut auf der Erde herumwandeln. Entsetze sich daher niemand vor meinen Feststellungen, dass Krankheiten eine Schöpfung des Menschen und der Weg zur Heilung derjenige sei, sie als solche bis auf den Grund zu erkennen.«

Immer wieder wird Mirin Dajo in der Folge gebeten, mit seiner Geisteskraft zu heilen. Er tut es eher verlegen, heimlich, bescheiden, spontan und zurückhaltend. Wie immer ohne Geld zu nehmen. Der Erfolg ist überwältigend. »Als kleines Mädchen kämpfte ich damals mit einer furchtbaren Angina«, erinnerte sich Friedas Tochter Verena Müller-Beutler 2003 mir gegenüber. »Ich hatte grauenhafte Halsschmerzen, konnte kaum noch schlucken, so schlimm war meine Mandelentzündung. Wir wurden damals ja nur alternativmedizinisch behandelt. Mirin Dajo nahm mich dann auf seinen Schoß, legte mir die Hände auf – und die Schmerzen waren augenblicklich weg. Wie weggeblasen!«

Auch Johnan fühlt sich in der paradiesischen Umgebung pudelwohl. Nicht zuletzt, weil er sich mit den Beutlers ausnahmsweise bestens versteht. Ausgelassen treibt er mit den dortigen Kindern Allotria, gibt Späßchen zum Besten und flachst über seine Freunde. Im Gegensatz zu anderen Orten stößt seine flapsige Art hier auf Gegenliebe. Und so sollte es ihn selbst viele Jahre später noch einige Male ins dortige Kurhaus ziehen ...

Mirin Dajo schaut dem Treiben gutmütig zu. Da er neben Behörden und Akademikern längst auch von Kirchenvertretern zunehmend argwöhnisch beäugt wird, hält er seine Vorträge und Durchstechungen weiterhin hinter verschlossenen Türen ab.

Unterstützt und mitorganisiert werden die Auftritte von seinen nächsten Schweizer Vertrauten. Darunter Professor Robert Forster vom Technikum Winterthur mit Ehefrau Nelly, Fabrikdirektor Bernhard Zwicky sowie Walter und Ruth Bührer vom »Verein der Freunde Mirin Dajos«. Gemeinsam mit dem Bildhauer Conrad Gubler aus Weinfelden sowie dessen Gattin Martha bilden sie seit vielen Monaten Dajos engsten Bekanntenkreis.

Vor allem die Vorträge in Weinfelden geraten zu regelrechten Happenings. Die mystische Atmosphäre im Dachatelier von Gubler lockt Heilungsuchende und Pazifisten zu Hunderten an. Nicht zuletzt aus dem Raum Winterthur, woher Dajos Freunde oft in Bussen anreisen. Kaum einer ahnt, dass die Tage des kleinen Mannes mit der großen Ausstrahlung längst gezählt sind.

Dunkle Wolken am Horizont

Auf Regen folgt Sonnenschein. Auf Sonnenschein folgt Regen. Intensiver denn je »debattiert« Mirin Dajo in zunehmend häufigeren Trancezuständen mit seiner »geistigen Führung«. Die Trennung von seinem Mentor Hylke Otter scheint ihn zu verunsichern. Umso stärker hingezogen fühlt er sich in jenen Wochen zu Ruth Bührer, deren Mann Walter ihn als »Chauffeur« unterstützt. Ruths feinfühliges Wesen erinnert ihn an seine geliebte Mutter. In ihrer Nähe fühlt er sich geborgen. Die »liebe Ruth«, wie er sie zu nennen pflegt, schenkt ihm immer wieder wesensverwandte Momente, nach denen er sich so sehr sehnt.

Entsprechend groß ist seine Freude, als ihn die Bührers Ende März 1948 – zusammen mit Johnan – in ihr Heim in Winterthur aufnehmen. Die mittelständische Wohnung des Ehepaars entspricht seinem geliebten Elternhaus. »Weißt, liebe Ruth, ich bin viel lieber bei dir«, zwinkert ihr Mirin Dajo liebevoll zu. »Da bin ich zu Hause. Da gehöre ich hin. Das ist viel schöner als in der Villa oder im Hotel. Außerdem kochst du immer so fein.«

Die fröhliche Friseurin umsorgt den Holländer wie ihren eigenen Sohn. Sie erledigt seinen Haushalt, bügelt seine Wäsche, stutzt ihm den Bart und verwöhnt ihn nach allen Regeln der Kochkunst. Ihr Wohnzimmer mutiert zum Gästezimmer. Notgedrungen duldet sie dort auch Johnan, wenngleich ihr der hagere Begleiter wegen seiner derben Art ein Dorn im Auge bleibt.

»Ich halte viele Ansprachen und habe schon insgesamt sechs Mal in St. Gallen im Schützengarten gesprochen, das ist der größte Versammlungsraum, den es dort gibt«, schreibt Mirin Dajo in jenen Tagen Richtung Heimat. »Ohne Werbung, ohne Anzeigen war der Saal immer voll. Viele standen, sodass ich auf meine Weise gewiss Tausende habe erreichen können. Auch in Herisau habe ich mit Erfolg gesprochen. Kommenden Mittwoch bin ich mittags und abends wieder in Speicher (Appenzell), und am Freitag spreche ich dann öffentlich wieder in St. Gallen.«

Gerührt und erfreut nimmt er den Besuch von Fabrikdirektor Bernhard Zwicky und dessen Frau bei seinen Eltern um den 1. Mai 1948 in Haarlem zur Kenntnis und bedankt sich nach deren Rückkehr über eine Woche später herzlich – »und der lieben Mutti ganz besonders – für die guten Gaben für Johnan und mich, die Frau Zwicky von euch mitgebracht hat«.

Seine inneren Stimmen aber hadern mit ihm. Denn auch in Winterthur will der Ansturm kein Ende nehmen. Pausenlos klingelt das Telefon. Ebenso wie die Türglocke. Obwohl er vollkommen erschöpft ist, bleibt der Holländer die Freundlichkeit in Person. Kein ungehaltenes Wort kommt über seine Lippen. Wenn es ihm dennoch mal zu bunt wird, zieht er sich mit seiner Hängematte auf Bührers Hausdach zurück, um in aller Ruhe »aus dem Körper auszutreten« und neue Kraft zu tanken. Leider weitaus weniger häufig, als er es sich in jenen Tagen wünscht.

Die Wolken am Horizont verdichten sich derweil zum Sturm. Denn die Uhren laufen weiterhin rückwärts. Grund: Dajos Schweizer Aufenthaltsgenehmigung in Mogelsberg läuft Ende Mai 1948 unweigerlich ab. Vor allem Johnan wird zusehends nervöser. Dessen Existenzängste wachsen von Tag zu Tag: Wovon sollte er seine Frau und seine Kinder in der Ferne fortan ernähren? Welches karge Schicksal drohte ihm in seiner Heimat?

Ein neues medizinisches »Wunder« war gefragt! Ebenfalls wie weitere finanzielle Unterstützungsbeiträge, an denen sich bis zu seiner kurzfristigen Ausweisung vor allem Hylke Otter, aber auch

Johnan immer wieder gelabt hatten. »Beweise dein verdammtes Können ein für alle Mal – oder verlasse endlich unser Land!«, knurrt längst auch so mancher behördliche Papiertiger angesichts der wachsenden Aktenberge auf seinem Schreibtisch.

In Gedanken, aber auch öffentlich, kokettiert Mirin Dajo deshalb längst mit einer 80-tägigen Hungerkur, um den Behörden ein letztes Schnippchen zu schlagen. Unter Bewachung von Beobachtern will er ohne Speis und Trank fasten und erwägt, sich dazu die Lippen mit einem Golddraht zunähen zu lassen.

Intensiver denn je bemühen sich seine Freunde derweil um eine weitere Erneuerung seiner Aufenthaltsgenehmigung. Kurz zuvor hatte der Niederländer seinen Reisepass am 1. April 1948 um 2 weitere Jahre verlängern können – und ihn Ruth Bührer zur Verwahrung in die Hände gedrückt. »Liebe Ruth, bewahre ihn für mich auf!«, bittet er. Doch dann kommt alles ganz anders.

»Erschreckender Anblick«

Rückblickend lässt sich nur erahnen, wer ihm den Wahnsinn eingeredet hatte. Gut informierte Insider – unter ihnen der Dortmunder Parapsychologe Professor Alfred Stelter – munkelten Jahre später, dass ein »reicher Privatmann« Dajos Begleiter Johnan kurzfristig eine beträchtliche Geldsumme geboten haben soll, falls der Holländer ein keilförmiges Stilett samt einer daran befestigten Kugel von 2,5 Zentimetern Durchmesser herunterwürgen würde, um dieses einige Tage lang in seinem Körper zu behalten.

Andere berichteten, dass sich Arnold Henskes mit der über 30 Zentimeter langen und im Durchmesser bis zu 1,5 Zentimeter dicken Waffe im Bauch röntgen lassen wollte. Anschließend beabsichtigte er ihnen zufolge, die Waffe »verschwinden« zu lassen. Eine Untersuchung durch Professor Brunner sollte diesen Umstand bestätigen. Ein selbst für den Holländer mehr als gewagtes Unterfangen! Weshalb dieses ebenso kurzfristig anberaumte wie durchgeführte Experiment? Hatte Johnan das Geld vorab eingesackt, um seinen »Meister« gegen dessen Willen zu weiteren Höchstleistungen zu animieren, wie manche munkelten?

Arnold hin, Dajo her: Der Holländer wagte – offenbar notgedrungen, aber zögerlich – einmal mehr das Unmögliche! Und Johnan? Der bestritt später, seinem »Meister« bei der mörderischen Prozedur zur Hand gegangen zu sein. »Er hat es selbst getan!«, betonte er immer und immer wieder. Womöglich etwas zu laut. Jedenfalls beschwor er seinen Freund am 11. Mai 1948 regelrecht, das Instrument zu »dematerialisieren«. Vorerst mit Erfolg. Dajo vollführte in jener schicksalhaften Nacht nach vollendetem Experiment vor Johnans Augen Kniebeugen und Purzelbäume. Samt Stilett im Magen und in der Speiseröhre!

Schriftliche Notizen über das Unfassbare hinterließ in jenen Tagen einzig Dajos Schweizer Vertrauter Traugott Egloff. Detailliert schilderte er, was damals im ganzen Rummel völlig unterging. »Im Mai 1948 traf Mirin Dajo eines Mittags, blass und übermüdet, aber sonst bei guter Stimmung, wiederum bei mir ein und setzte sich noch in Gegenwart seiner beiden Begleiter, die ihn im Auto hergebracht hatten und abends wieder abholen wollten, zu Tisch. Sie erklärten mir, dass er soeben zum Zwecke der Auflösung und späteren Zurückbildung durch und nach seinem Willen einen Spieß verschluckt habe, das heißt ein etwa 35 Zentimeter langes dolchartiges, konisch in eine haarscharfe Spitze auslaufendes Instrument mit einer Kugel als Griff, das sich nur mit Anwendung erheblicher Gewalt – Griff voran! – ruckweise durch Schlund und Mageneingang hatte pressen lassen.«

Egloff wörtlich: »Unfassbar, dass der vor mir sitzende blasse und etwas verlegen lächelnde Mensch eine solch mörderische Waffe, welche normalerweise bei der ersten ungeschickten Bewegung die schwersten Verletzungen hervorrufen musste, in sich stecken hatte! Der Eindruck war umso unheimlicher, als sich Mirin Dajo völlig unberührt davon auf die gewohnte Art und Weise bewegte und gar keine Rücksicht auf eine Gefahr nahm.

Kaum schloss sich hinter den Begleitern die Türe, so legte Mirin Dajo, sichtlich mit Brechreiz kämpfend, den Löffel nieder, um sich flach auf einer nahen Chaiselongue auszustrecken. Er bat, ich möchte mich in keiner Weise um ihn kümmern und meinen geschäftlichen Obliegenheiten nachgehen. So kam es, dass ich ihn an diesem Nachmittage nur für wenige Augenblicke durch die halboffene Türe beobachten konnte.

Was ich jedoch erblickte, war so erschreckend, dass mich nur die Gewohnheit, Mirin Dajos Wünsche unbedingt zu achten, von einer Intervention abhielt. Da lag ein Mensch in tiefster Not, Schweißperlen auf der Stirne, schwer atmend und derart absorbiert, dass er nichts um sich herum bemerkte. Zeitweise machte er sogar, den Mund zur Hälfte geöffnet, die Lider über den nach oben gedrehten Augäpfeln halb geschlossen, das Antlitz blass und der Brustkorb unbewegt, den Eindruck eines Toten.«

Doch Dajo denkt noch nicht ans Sterben. Bereits am Abend unterhält er sich wieder mit Egloff, um ihm zu erklären, was ihn zu der fatalen Tat trieb. »Man verlangt von mir, dass ich sofort weitere, medizinische Beweise liefere. Da mein ferneres Wirken davon abhängt, muss ich nun alles auf eine Karte setzen!«

Unglaublich, aber wahr: Kurz darauf scheint es dem Holländer bereits wieder besser zu gehen. Einem Arzt, der ihn nachts aufsucht, steht er in gewohnter Weise Rede und Antwort. Auch mit Johnan unterhält er sich angeregt. Zwar muss er sich kurze Zeit später übergeben, doch seiner Stimmung scheint dies keinen Abbruch zu tun. Wie gewohnt setzt er sich in Gesellschaft zu Tisch, speist mit bestem Appetit und gibt dabei vergnügt auch einige Späßchen zum Besten.

Notfalltermin im Krankenhaus

Einen ganzen Tag lang bewegt sich Mirin Dajo mit der spitzen Waffe im Körper, als ob nichts geschehen wäre. Dann aber beginnt er erneut Blut zu erbrechen. Eilends begibt er sich mit Walter Bührer am 12. Mai 1948 ins zuständige Institut der Universitätsklinik Zürich von Professor Hans-Rudolf Schinz, wo mehrere Röntgenbilder angefertigt werden. Diagnose: Besagtes Stilett steckt tatsächlich in besagter Größe im unteren Teil der Speiseröhre und dessen dicker Knauf in seinem Magen!

Dazu Schinz in einem damals vertraulichen Brief an Professor Brunner: »Herr Henskes erzählte mir, dass er den ›Nagel‹ 8 Tage im Inneren tragen und später operativ extrahieren lassen wolle, um dann das Krankenhaus nach wenigen Stunden zu verlassen, um zu zeigen, dass auch eine Operation ihm nichts mache. Ich habe ihm eine Rechnung nach Normaltarif ausgestellt, die er sogleich bezahlt hat. Ich gab ihm zwei Diapositive mit, die er mitbringen wird. Zwei weitere Diapositive folgen für dich direkt nach. Die Originalfilme behalte ich vorläufig zurück, da ich sie eventuell für die neue Auflage des Lehrbuches verwenden möchte ...«

In Unkenntnis dieses doch eher unethischen Vorgehens erscheint Mirin Dajo am folgenden Tag, etwas blass, aber sonst wohlauf, bei Professor Alfred Brunner zur Visite. Der Chirurg erkundigt sich nach dessen Befindlichkeit. Vor den Augen des Arztes vollführt der Holländer willig Liegestützen und Kniebeugen, wie sich Bekannte erinnerten. 16000 Leukozyten werden von den medizinischen Assistenten in seinem Blut gezählt, was auf einen leichten Infekt hindeutet. Kein lebensbedrohlicher Befund – angesichts des Experiments aber dennoch ein klares Alarmzeichen.

Die Mediziner erwägen, das Stilett mit einer Fremdkörperzange aus seinem Rachen zu ziehen. Eine weitere Untersuchung vereitelt ihren Plan. Die nach oben ragende Klinge hatte die Speiseröhren-

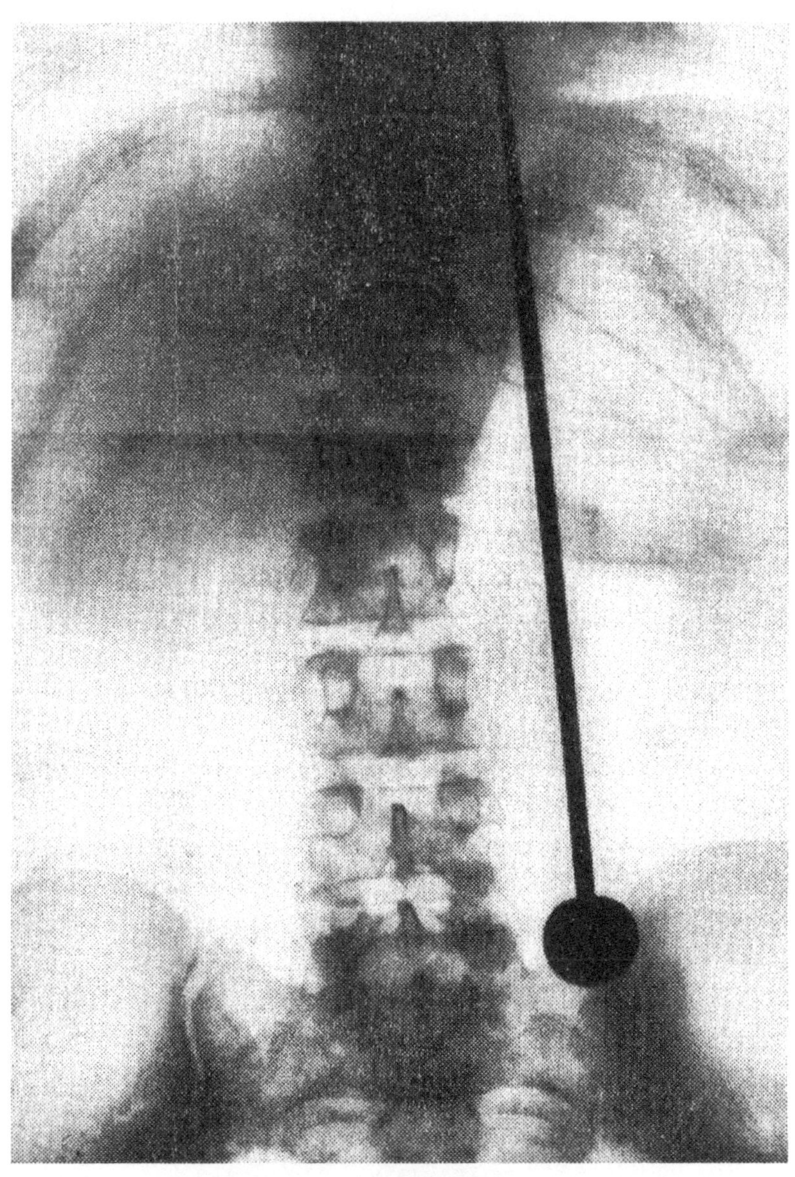

Röntgenaufnahme des todbringenden Stiletts
in Dajos Magen (1948).

wand bereits durchstoßen und war 10 Zentimeter tief ins umliegende Gewebe eingedrungen! Offenbar bis an die Halsschlagader, wo sie diese womöglich angestochen hatte.

Aus der Öffnung fließt ohne Unterlass Blut in die Speiseröhre, sodass sich Dajo erneut übergeben muss. Eine Operation scheint unumgänglich. Der Holländer willigt ein. Zum Erstaunen der Ärzte wünscht er so behandelt zu werden wie jeder andere Patient auch. Er lässt sich Morphium spritzen und stimmt einer intravenösen Narkose zu. In der *Schweizerischen Medizinischen Wochenschrift* wird die Operation später genau beschrieben: Mit einem kleinen Schnitt wird die Bauchhöhle geöffnet, das Stilett an der Griffkugel vorsichtig aus dem Magen herausgezogen.

»Wir waren uns sofort darüber klar, dass noch eine Verletzung der Speiseröhre vorhanden war«, protokolliert Professor Brunner. »Da klinisch zu jenem Zeitpunkt nicht die geringsten Zeichen einer Mediastinitis (Infektion) vorhanden waren, war man sicher berechtigt, konservativ vorzugehen.« Eine fatale Entscheidung. Immerhin hatte man vor der Operation bereits 16 000 Leukozyten in Mirin Dajos Blut gezählt!

Prophylaktisch wird nach der Operation eine intensive Behandlung mit Penicillin und Elkosin angeordnet. Mirin Dajo erhält zu diesem Zweck eine intravenöse Dauertropfinfusion. Für die kommenden Tage dürfe er keinerlei Nahrung zu sich nehmen, wird ihm eingeschärft. Bereits am nächsten Tag aber verlangt der Patient nach Wasser. Ohne Erfolg.

Der Holländer reagiert eigenwillig. Er schnappt sich den Infusionsbeutel mit der medikamentösen Kochsalzlösung und trinkt diesen in einem Zug aus. Danach unterschreibt er eine Verzichtserklärung und löscht seinen Durst fortan mit normalem Wasser. Einen weiteren Tag später geht es ihm bereits wieder derart gut, dass er entlassen werden kann. Gut gelaunt spaziert er mit Johnan durch Zürich und geht mit ihm ausgiebig speisen.

Eilends sucht er danach den Zürcher Psychiater Hans Naegeli-Osjord auf, der seinen kuriosen Fähigkeiten offen gegenübersteht. Wie Naegeli-Osjord Jahre später dem Psi-Experten Professor Alfred Stelter erzählte, wollte ihn Dajo dafür gewinnen, seine weiteren Experimente ärztlich kontrollieren zu lassen: »Dr. Naegeli-Osjord untersuchte Dajo zunächst – insbesondere dessen Operationsstelle. Die Wunde war zweieinhalb Tage nach der Operation in dem Maße verheilt wie eine entsprechende Operationswunde normalerweise nach 3 Wochen!«

Eine Woche später findet sich Dajo am 20. Mai 1948 wieder im Krankenhaus ein. Zwecks Entfernung der Operationsfäden. »Im Allgemeinbefinden ist uns nichts Besonderes aufgefallen«, notiert Professor Brunner. Von einer erneuten Blutuntersuchung zur Abklärung einer möglichen Infektion ist im offiziellen Bericht seltsamerweise keine Rede. Eine solche aber wäre bereits bei der Entlassung notwendig gewesen! Umso mehr, als schon bei der Einlieferung, wie erwähnt, Hinweise auf eine leichte Infektion vorlagen und der Holländer seine Medikamente zudem eigenmächtig abgesetzt hatte. Ein fataler medizinischer Kunstfehler!

»Außergewöhnliches kündigt sich an!«

Mirin Dajo fühlt sich längst wieder pudelwohl und zieht sich in die Wohnung von Walter und Ruth Bührer nach Winterthur zurück. Dennoch wirkt er deutlich ernster als gewohnt. »Etwas Außergewöhnliches kündigt sich an«, mutmaßen seine Freunde. Nicht nur die Appenzeller Naturärztin Frieda Beutler-Kauderer macht sich in jenen Tagen ernsthafte Sorgen um ihn.

Auch die Journalisten der Schweizer Zeitung *Die Tat* ahnen Schlimmes, als ihnen Dajo einen kurzen Besuch abstattet, »die blauen Augen teils naiv und gutmütig, teils unnatürlich in ihrem

Spiel auf uns gerichtet«. Der Holländer berichtet ihnen über seine Operation und denkt bereits wieder in der Zukunft: »Als wir ihn mit einer rührenden Unerschütterlichkeit über seine kommenden Aufgaben und Pläne sprechen hörten, fürchteten wir, dass dieser Mann, so wie er durch seinen Glauben Unwahrscheinliches überlebte, durch seinen Glauben ums Leben kommen könnte.«

Zurück in Bührers Wohnung verlangt Mirin Dajo eine exakt beschriebene Diät bestimmter Säfte und Früchte. »Für die Demonstration in ein paar Tagen muss ich diese Nahrung zu mir nehmen«, orakelt er – während Ruth Bührer in ihrer Küche alles tut, um seinen Wünschen nachzukommen. Seinem Freund Johnan verbietet er gleichzeitig das Rauchen in seiner Nähe: »Bei meiner kommenden Demonstration werde ich von so viel Rauch umgeben sein, dass ich jetzt lieber keinen Rauch um mich habe. Das wirst du später schon begreifen.« Kurz darauf die unmissverständliche Botschaft an seinen Schüler: »In einer Weile werde ich nicht mehr ständig bei dir sein, und du wirst oft allein in meinem Namen arbeiten müssen. Aber du bist nun so weit, dass ich alles durchgeben kann, wie ich es gesagt haben will.«

In jenen Tagen trifft ihn sein Vertrauter Traugott Egloff zum letzten Mal. »Als er einige Tage später nochmals bei mir vorsprach, war Mirin Dajo lebhaft und fröhlich wie immer, aber von erschreckender Blässe«, notiert er. »Mitten im Gespräch über seine Zukunftspläne sackte er, wie vom Blitz getroffen, im Lehnstuhl zusammen. Der Kopf sank vornüber, die Arme fielen schlaff herunter. Indes sprach er, bevor jemand aufspringen und Hilfe holen konnte, weiter und entschuldigte die Störung damit, dass er für einen Augenblick seinen Körper verlassen habe. Nachdem er sich, angeblich zum selben Zwecke, für etwa eine halbe Stunde niedergelegt hatte, erschien er wieder im Zimmer, um Abschied zu nehmen. Ein fester Druck der Hand, ein freundliches Nicken noch, und ich hatte Mirin Dajo zum letzten Mal gesehen.«

Tragische Entdeckung im Wohnzimmer

Johnans Frau schwant im fernen Holland ebenfalls Ungemach. Auf Drängen ihres Mannes fliegt sie am 26. Mai 1948 kurzerhand in die Schweiz. Just vor ihrer Ankunft schwirrt selbst Mirin Dajo plötzlich der Kopf. Statt wie geplant mit Johnan und Walter Bührer im Auto zum Flughafen zu fahren, legt er sich wenige Stunden vor Fronleichnam um die Mittagszeit auf sein Bett, um wie so oft in derlei Situationen aus seinem Körper »auszutreten«.

»Ihr braucht keine Angst zu haben«, raunt er Johnan, der »lieben Ruth« und Walter Bührer zu. »Ich bin bald zurück.« Seine körperlichen Ekstasen und geistigen »Austritte« waren für seine Freunde längst Normalität. Kein Grund zur Beunruhigung also. »Nimm bitte mein Bett, das ist weicher«, flüstert ihm Johnan vor der Fahrt zum Flughafen auffallend fürsorglich zu.

Als ihn Ruth Bührer am nächsten Tag in seinem Schlafzimmer aufsucht, liegt der Holländer immer noch regungslos da. Wie so oft zuvor in Trance. Mit einem Lächeln im Gesicht. Ruth zuckt ratlos mit den Schultern. »Falls etwas geschieht, dürft ihr mich nicht vor 3 Tagen hergeben oder jemandem davon berichten«, hatte ihr Mirin Dajo immer und immer wieder eingebläut: »Der Geist ist noch 3 Tage an den Körper gebunden.«

Zögerlich berührt die Winterthurerin seinen Körper. Er fühlt sich immer noch warm und lebendig an. Die Arme lassen sich mühelos bewegen. Ruth tut wie ihr aufgetragen, wartet brav ab und zählt still die Stunden.

Doch auch am 3. Tag will die »Entrückung« kein Ende nehmen. Dajos Haut weist plötzlich dunkle Flecken auf. Johnan und seine Frau werden nervös. Und auch Ruth Bührer schwant Fürchterliches. Während sie mit den Tränen kämpft, alarmiert ihr Mann Professor Robert Forster und Bernhard Zwicky. Man informiert einen Doktor. Der Arzt betastet den leblosen Körper des

35-Jährigen. Vergeblich fühlt er nach dessen Puls – und senkt seine Augen. »Meine lieben Freunde, Mirin Dajo ist tot!«

Abschiedszeremonie in Winterthur

Die Kunde vom Tod ihres Sohnes erreicht Dajos Eltern in Holland. Überstürzt brechen sie in die Schweiz auf. Der Regen will auf ihrer Reise kein Ende nehmen. In Basel werden sie von Freunden abgeholt. Mit dem Zug geht es über Zürich nach Winterthur. Je näher der Ankunftsort rückt, desto mehr klart sich das Wetter auf – in einem Land, »das wie ein Paradies an Schönheit, Wohlfahrt und Sauberkeit ist«, wie Vater Henskes am 31. Mai 1948 in einem Brief an seine Familie aufgewühlt schreibt.

Am Bahnhof in Winterthur haben sich Dajos engste Bekannte versammelt. Die Sonne schiebt sich durch die Wolken. Die Regenschirme werden verstaut. Der Empfang ist herzlich. Tapfer spricht man sich Mut zu. Ein stummes Lächeln hier, ein paar tröstende Worte dort. »Johnan ist in dieser Woche mager geworden, gleichwohl guten Mutes«, notiert Vater Henskes.

Nach einem kurzen Imbiss begibt er sich zum Krematorium, wo Mirin Dajos schwarzer Holzsarg in einem Kühlraum liegt. »Keiner ist betrübt, denn niemand glaubt, dass Mirin Dajo tot ist«, notiert er. »Wohl ist Arnold Henskes verstorben, was von hier auch amtlich an die Behörden in Haarlem gemeldet wurde. Also: Arnold Henskes ist weg, wie es Mirin Dajo wünschte.«

Nach reiflicher Überlegung einigen sich die Eltern auf eine Einäscherung, obwohl sich ihr Sohn gegenüber Ruth Bührer ausdrücklich eine Beerdigung gewünscht hatte. Die Urne wollen sie in ihre Heimat mitnehmen. Immerhin hatte Dajo vor seinem Ableben von Rauch gesprochen. Und im Gegensatz zu Holland wurde in Winterthur mit Feuer kremiert, wie Vater Henskes erstaunt zur Kenntnis nimmt und im Telegrammstil Richtung Heimat berichtet: »Also offenbar doch sein persönlicher Auftrag einzuäschern. Auch deshalb dazu entschieden.«

Die Trauerfeier findet am 1. Juni 1948 statt. Ausgerechnet an jenem Tag, als Mirin Dajos Aufenthaltsbewilligung in der Schweiz ihr unweigerliches Ende nimmt. Geplant war die Beerdigung im engsten Familienkreis. Doch aus allen Gegenden der Schweiz strömen weitere Bekannte nach Winterthur. Ein Auto nach dem anderen fährt vor dem Krematorium vor.

Die Menschenschlange wird länger und länger. Auf einer Art Podium liegt ein Holzsarg. Ein prächtiger Kranz aus Rosen schmückt ihn. Ein letzter Abschiedsgruß von Corso-Direktor Hans Hubert. Mirin Dajos Eltern legen drei weiße Rosen dazu.

Professor Robert Forster vom Technikum Winterthur ergreift das Wort. Ruhig und gefasst erinnert der Naturwissenschaftler die Trauergemeinschaft an die gesellschaftlichen und polizeilichen Widerstände, mit denen sich ihr gemeinsamer Freund zeitlebens konfrontiert sah: »Liebe Eltern und liebe Freunde. Arnold Henskes ist nicht mehr. Aber Mirin Dajo lebt weiter. Wir sind hier versammelt, um uns von den sterblichen Überresten unseres lieben Freundes zu verabschieden. Wir müssen uns mit der Tatsache abfinden, dass wir Mirin Dajo nicht mehr in unserer Mitte haben werden. Deshalb wollen wir uns bei unserem letzten Zusammentreffen mit seinem materiellen Körper ernsthaft daran erinnern, was Mirin Dajo für uns war und immer sein wird! Wir lernten ihn als einen Menschen mit unerschöpflicher Liebe und Geduld für seine Mitmenschen kennen.«

Professor Forster würdigt dessen selbstlose Mission für einen ewigen Frieden. Und kritisiert die menschliche Sturheit der ewig Gestrigen. »Es war ein Kampf gegen das Beamtentum. Es war ein Kampf gegen behördliche Vorschriften – ein Kampf gegen Vorurteile und andere menschliche Schwächen. Aber vor allem ein

Kampf gegen die Angst vor dem Unbekannten. Je größer die Aufgabe, desto größer ist der Widerstand einer Reihe von Kräften, die immer gegen das Gute arbeiten werden. Der eine offen, der andere verdeckt. Heute so. Und morgen anders. Heute sind sie überzeugt, dass sie auf dem richtigen Weg sind. Aber morgen wird ein Windstoß sie wieder zweifeln lassen.«

Es sei so, wie Mirin Dajo oft zu sagen pflegte: »›Wo Gott einen Tempel baut, baut der Teufel eine Kapelle.‹ Ich bin fast versucht zu sagen: ›Wo Gott eine Kapelle baut, baut der Teufel einen Tempel!‹ Welch wunderbarer, selbstloser und gütiger Satz, den unser liebenswerter Freund stets zu sagen pflegte – ausgerechnet dann, wenn er die größten Steine zu bewältigen hatte, die man ihm in den Weg legen konnte: ›Es gibt keine Feinde. Nein – es gibt nur Freunde, die aus Unwissenheit Fehler machen!‹«

Nationalrat Albert Spindler rezitiert ein Gedicht. Danach schreitet Vater Henskes nach vorne. Er legt ein Foto seines Sohnes auf den Sarg und bedankt sich bei den Trauergästen und allen »Freunden aus der Schweiz« für die Liebe, Freundschaft, Hilfe und Gastfreundschaft, die man ihm und seiner Familie entgegengebracht hatte. »Schon als Kind, aber auch später war und blieb Arnold stets ein Sonnenstrahl für alle, die ihm begegneten, mit einem feinen und sanften Humor. Ernsthaft, pflichtbewusst und hilfsbereit, wo immer es nötig war. Und dennoch stets mild und gutmütig in seinem Urteil über andere. Voller rührender Bescheidenheit und Liebe zu unserer über alles geliebten Mutter. Sein Wesen bleibt ein Beispiel dafür, wie wir uns im Leben gegenüber unseren Mitmenschen verhalten sollten.«

Als sich Vater Henskes einen kurzen Moment vom Foto seines Sohnes abwendet, versagt seine Stimme. Er räuspert sich, hält inne und fährt dann ebenso leise wie tapfer fort. »Als unser lieber Sohn im März dieses Jahres ein letztes Mal von Haarlem in die Schweiz zurückflog, schaute er sich lange im Wohnzimmer unse-

Bewegende Worte im Krematorium
von Winterthur: Vater Henskes.

res und seines geliebten Elternhauses um und sagte wehmütig: ›Oh, liebe Mutter, ich komme nie wieder hierher!‹ Auf dem Weg zum Flughafen Schiphol war er auffällig still. Arnold spürte und wusste, dass er seine Heimat für immer verlassen würde. Trotzdem war er – zurück in der Schweiz – einmal mehr fröhlich und gut gelaunt. So müssen auch wir unser Bestes tun, um unseren Lebensweg mutig und im Vertrauen auf Gott fortzusetzen.«

Mirin Dajos Lied erklingt. Eine gewisse Nelly Dräger hatte ihm ihre Komposition gewidmet. Der eine und die andere summen Melodie und Text leise vor sich hin. Zwei große Schiebetüren öffnen sich und geben den Blick auf einen düsteren Raum frei. Feierlich bewegt sich der Sarg nach unten. Die Zeit scheint still zu stehen. Die Klappen schließen sich. Flammen und Rauch umschlingen den Körper. Die Musik schwillt zu voller Lautstärke an. Ende. Aus. Und vorbei.

Gefasst strömt die versammelte Menge ins Freie. Noch mag niemand an einen endgültigen Abschied glauben. Zu stark lebt die Erinnerung an Mirin Dajo weiter. Ebenso wie die Hoffnung, dass er lediglich Arnold Henskes' Körper verließ.

»Die Stimmung war sehr gut und voller Verständnis für den außergewöhnlichen Fall«, schreibt Papa Henskes seiner Verwandtschaft und spricht ihr neuen Lebensmut zu. »Keine Trauer oder Wehklagen. Nur das Bewusstsein eines großen Geschehnisses, zu dem man sich angesichts der noch in Gang befindlichen Prozession (wie Mirin Dajo dies genannt hat) und der Anwesenheit der Presse nicht zu offen äußern konnte. Überzeugt, dass man nun abwarten muss, was geschehen wird.«

Justizbehörden werden aktiv

Der Schock sitzt tief. Kaum einer von Mirin Dajos Freunden kann glauben, was geschah. Auch so mancher Behördenvertreter schüttelt verstört den Kopf. Wochenlang wollen die Fragen kein Ende nehmen. Woran war der Holländer gestorben? Hätte sein Tod verhindert werden können? Wer half ihm, das Stilett hinunterzuwürgen? War am Ende gar Professor Brunner am Unheil schuld? Hatte er bei der Notoperation tatsächlich gepatzt?

Die Bezirksanwaltschaft Winterthur leitet am 2. Juni 1948 ein Verfahren ein, um die näheren Umstände von Dajos Ableben auszuleuchten. Noch vor der Verbrennung hatte sie die Leiche beschlagnahmt und ins Krematorium überführt. Dort wurde im Beisein von sechs Ärzten eine gerichtsmedizinische Obduktion durchgeführt – zwecks Abklärung, ob Drittpersonen am Tod des Holländers mitschuldig waren.

Dies gelingt nur bedingt: Eine amtliche Verfügung vom 28. September 1948 (»betreffend außergewöhnlicher Todesfall«) spricht nach Abschluss der Untersuchung zwar vieles an – aber längst nicht alles aus. »Die Bekannten des Verstorbenen erklärten, er sei um die Mittagszeit des 26. Mai 1948 ›mit dem Geist aus dem Körper getreten‹, nachdem er sich auf seinem Lager niedergelegt habe. Beim Verblichenen hätten sie oft solche Erscheinungen beobachtet. Er sei jeweils wie leblos gewesen, und dieser Zustand habe mehrmals bis zu 24 Stunden gedauert.

Aus diesem Grunde hätten sie sich vorläufig nicht veranlasst gefühlt, einen Arzt beizuziehen. Erst am Morgen des 28. Mai 1948 seien ihnen am Körper des Verstorbenen ungewöhnliche Veränderungen aufgefallen. Sie hätten festgestellt, dass sich die Umgebung einer alten Operationsnarbe aus dem Jahr 1937 schwarz verfärbt habe. Trotzdem hätten sie noch an die ›Rückkehr des Geistes in den Körper‹ geglaubt und einstweilen zugewartet, um erst am

Abend des 28. Mai 1948 Privatarzt Dr. med. Hauser beizuziehen. Dieser habe den Eintritt des Todes festgestellt.«

Wie die Gerichtsmediziner ergänzend protokollieren, dürfte Mirin Dajos Tod bereits am Mittag des 26. Mai eingetreten sein. »Todesursache ist eine innere Blutung in die linke Brustfellhöhle, ausgehend von einer Arrosion der großen absteigenden Körperschlagader durch einen Abszess, der im Anschluss an mehrfache Durchstechungen der Speiseröhre eingetreten war.« Zusammengefasst: Ein bei oder nach der Operation übersehener Entzündungsherd an der durchstochenen Speiseröhrenwand breitete sich allmählich bis zur ebenfalls angestochenen Aorta aus, ließ diese bersten – und Dajo innerlich verbluten.

Ausdrücklich wird im Gutachten darauf hingewiesen, dass der Tod des Holländers in keinem Zusammenhang mit seinen Durchstechungen stehe. Vielmehr sei sein Ableben endgültig zurückführbar »auf das letzte Experiment des Verstorbenen, das er offenbar allein ausführte«. Gleichzeitig wird auch Professor Brunner im Bericht entlastet. Mit einem merkwürdig kurzen Statement: »Irgendein Zusammenhang zwischen der vorgenommenen Operation und der Todesursache besteht nicht.«

Selbst Dajos engste Mitstreiter werden am 28. September 1948 überraschend von jeglicher Schuld freigesprochen. »Da keinerlei Anhaltspunkte dafür bestehen, dass Drittpersonen beim letzten zum Tode führenden Experiment mitwirkten (auch nicht im Sinne einer Suggestion), und somit ein Delikt nicht angenommen werden kann, ist das Verfahren unter Übernahme der Kosten durch die Staatskasse einzustellen.«

Verletzungen und Narben ohne Ende

Für die pathologisch-anatomische Untersuchung zeichnet Professor Brunners Oberarztkollege Ernst Hardmeier verantwortlich. Jeden kleinsten Winkel von Dajos Leichnam, jede noch so kleine versteckte Körperstelle sucht der prominente Zürcher Gerichtsmediziner nach Verletzungsspuren und Narben ab.

Immer wieder schüttelt er während der Untersuchung ungläubig den Kopf. So etwas war ihm noch nie unter die Augen gekommen! Narben an den Oberarmen und an den Händen, Narben an Unter- und Oberschenkeln. Zahlreiche ältere Durchstechungsnarben in der Leber, in beiden Nieren, im Zwerchfell und im sogenannten Perikard (Herzbeutel). Eine Durchstechungsnarbe an der Herzspitze – ohne Eintritt in die Herzkammer. »Hautsubstanzdefekte« an beiden Waden. Flächenhafte Verwachsungen des rechten Lungenunterlappens mit der Brustkorbwand und dem Zwerchfell. Und so weiter. Und so fort. Lediglich Magen, Darm, Zunge und Schädel waren bei den körperlichen Experimenten augenscheinlich verschont geblieben.

Der Pathologe macht aus seinem Unverständnis kein Hehl – im Gegensatz zu Professor Brunner, den der Holländer im Laufe der Zeit zunehmend zu faszinieren vermochte. Teilweise fast schon zynisch berichtet Hardmeier in der *Schweizerischen Medizinischen Wochenschrift* 1948 über den Verstorbenen, »der übrigens vom Psychiater Professor Alfred Glaus als ›verschrobener Fanatiker mit überwertigen Ideen‹ bezeichnet wurde«.

Seine Häme kommt nicht von ungefähr. Monatelang hatte der Holländer die Schulmediziner in Atem gehalten. Ihr Weltbild drohte ins Wanken zu geraten. Nun war er seiner eigenen Experimentierfreudigkeit zum Opfer gefallen. Allen gelehrten Warnungen zum Trotz. Und so gab es natürlich auch Ärzte, die ihrer

Schadenfreude freien Lauf ließen. Auch wenn viele Fragen offenblieben und schnell in Vergessenheit gerieten.

Anders so manche Journalisten. Beruflich durchaus kritisch, mögen manche von ihnen ihre Sympathie für Mirin Dajo auch nach dessen tragischem Tod nicht verhehlen. So spricht die *Neue Zürcher Zeitung* in ihrem Nachruf vom 31. Mai 1948 etlichen Lesern aus der Seele: »Der Mann, der aus Holland in die Schweiz gekommen war, wo er erst im Corso – einen ›Tempel Gottes‹ hat er das Varietétheater getauft – auftrat, dann durch Vorträge und Experimente am eigenen Körper die Menschheit darüber zu belehren versuchte, dass der Geist den Körper beherrschen könne, hat hier einen Kreis von Anhängern gefunden, die in ihm einen Propheten und Friedensapostel verehrten. Als ›Fakir‹ von vielen bewundert, aber auch belächelt, ist ihm eine schöne Seite nicht abzusprechen: Eben dieser feste Glaube an höhere Werte, die er mit einer gewissen hypnotischen Kraft den Varieté- und Vortragsbesuchern aufzudrängen versuchte. Die gerichtsmedizinische Untersuchung hat die Umstände, die seinen Tod herbeiführten, an den Tag gebracht. Das ›Rätsel Mirin Dajo‹ aber wird wohl kaum je gelöst werden können.«

Ähnlich klingt es im Nachruf der *Basler National-Zeitung*: »Unsere Zeit ist um eine ungewöhnliche Persönlichkeit ärmer geworden«, notieren deren Reporter am 31. Mai 1948. »Seit seinem ersten Auftreten auf Schweizer Boden vor Jahresfrist in Zürich hat er die Öffentlichkeit unseres Landes immer wieder beschäftigt. Wer Mirin Dajo nach dem Sinn seiner Experimente fragte, erhielt in der Antwort Zeugnis von einem unerschütterlichen Glauben an die Macht des Geistes, der über den Schmerz des Leibes und über die Materie triumphiere. Er war erfüllt vom Gedanken, aus vielen Millionen Menschen zu Großem auserkoren zu sein, er fühlte sich als von Gott gesandt, und der religiöse Gedanke, der ihn erfüllte, war, berufen zu sein, der Menschheit den Frieden zu bringen.

In kleinen Zirkeln erläuterte er, von Anhängern als Gast geladen, seine Ideen und sprach auch von seinen Plänen. Nach Amerika beabsichtigte er zu reisen, um dort noch viel aufsehenerregendere, tollkühne Experimente zu wagen. In letzter Zeit spielte er mit dem Gedanken, sich unter eine Straßenwalze zu legen, um seine Unverletzbarkeit zu beweisen, oder sich vorübergehend in die Tiefe des Sees versenken zu lassen.«

Plädoyer mit Herz und Seele

Nationalrat Albert Spindler haut in jenen Tagen ebenso aufgewühlt in die Tasten seiner Schreibmaschine. Einmal mehr wendet er sich am 2. Juni 1948 an Professor Alfred Brunner: »Ich fühle mich verpflichtet, Ihnen wegen Ihrer Bemerkung zu schreiben, dass jene, die an Mirin Dajo geglaubt und ihn dadurch in seinem Glauben an seine Untötbarkeit bestärkt hätten, an seinem Scheiden eine gewisse Mitschuld hätten. Wenn dem so wäre, wäre die Mitschuld der Schweizer Regierung, die an ihre letzte Aufenthaltsverlängerung die Bedingung knüpfte, dass Mirin Dajo in dieser Zeit seine weiteren Demonstrationen ausführen solle, noch größer!«

Wie ihm Dajos Vater, »ein sehr schlichter, flotter Mitmensch, der Chefbuchhalter der Post in Haarlem war, gestern anlässlich der Kremation persönlich bezeugte«, habe dessen Sohn schon in jungen Jahren mehr als einmal auffallende Beweise seiner Hellsichtigkeit offenbart, betont Spindler. »Die Hellhörigkeit entwickelte sich erst später. Nach und nach hörte er Laute, dann Silben, dann Worte und nach längerer Zeit ganze Sätze und Lektionen. Dajo ließ sich immer mehr von dieser inneren Stimme leiten. Er befolgte und tat, was sie ihm gebot. Und er gab wieder, was er hörte.«

So habe der Holländer ihm vollkommen fremden Menschen mitunter deren gesamten Lebenslauf geschildert. Ebenso oft hätte

Der »Wundermann« – so wie ihn seine Freunde kannten und schätzten.

er Hilfesuchenden ausführliche Antworten auf ihre Fragen gegeben, noch bevor diese an ihn gestellt wurden. »Sein Vater hat mir von vielen weiteren körperlichen Experimenten erzählt, welche die Eltern damals in große Sorge brachten.«

Bemerkenswert seien zudem Dajos freiwillige und stets kostenlose Heilungen gewesen, wie Spindler ergänzt. »Viele Betroffene haben mir bezeugt, dass er ihnen selbstlos aus geistiger, seelischer und körperlicher Not geholfen habe. So hat er – ohne eine Diagnose zu stellen, ohne eine Medizin zu verschreiben oder zu verabreichen und ohne sie zu berühren – Mitmenschen geheilt, die jahrelang vergeblich Heilung gesucht haben. Immer sagte er jedoch: ›Nicht ich, sondern dein Glaube hat dir geholfen!‹«

Anstatt alles zu bezweifeln oder in Abrede zu stellen, sollten die Vertreter der medizinischen Wissenschaft auch solche Fälle objektiv abklären und weiterverfolgen, mahnte Spindler: »Dieser Mann hatte wirklich auffallende Erfolge! Ich habe Verschiedenes miterlebt und kann nicht anders, als einfach nur zu bezeugen, was ich persönlich erleben durfte.«

»Es hat einen gegeben, der es gewollt hat!«

Migros-Gründer und Nationalrat Gottlieb Duttweiler kann am 4. Juni 1948 ebenfalls nicht umhin, dem Verstorbenen auf der Frontseite seiner Zeitung *Brückenbauer* ein wortgewaltiges Denkmal zu setzen (»Es hat einen gegeben, der es gewollt hat ...«). Ein auffällig langer und persönlicher Nachruf, der zeigt, wie fest »Dutti« mit dem Andersdenker sympathisierte.

»Körper und Geist Mirin Dajos waren außergewöhnlich«, schreibt der damalige Meister aller Geister: »Der Mann, der bei Verletzungen nicht blutete, keine Schmerzen empfand, keinen Heilprozess durchmachte, bei dem sich die Reaktionen, wie Entzündung und Fieber, nicht einstellten, war ein unbequemer Gast auf Erden. Wohl wusste die Wissenschaft Erklärungen für alles, aber keine, die ganz zu überzeugen vermochte.

Die Frage bleibt offen, ob Mirin Dajo die Erkenntnisse der Wissenschaft vom menschlichen Körper erschütterte, oder ob diese Wissenschaft in ihren Erklärungen dem Phänomen Mirin Dajo Meister wurde. Aber auch den Predigern des Wortes war Mirin Dajo unerwünscht. Das greifbare Wunder erbaut nicht so sehr wie das mystische, das sehr fern und über dem Alltag steht.

Dass den Kantonsbehörden, insbesondere einer Fremdenpolizei, außergewöhnliche Phänomene unerwünscht vorkommen, ist ebenso verständlich, wie es klassisch ist, dass alles, was höheren Geistes ist, den hiesigen Bürokratius zum Verfolger hat.

Ich habe Mirin Dajo gekannt. Er war ein sauberer, klarer Mann.

Daran änderte die diskutable Umgebung nichts. Es gibt biblische Beispiele für eine ähnliche Mischung des Reinen mit dem Unreinen. Ich weiß auch, dass es Mirin Dajo selbst nicht um das Geld ging. Ich weiß es sicher.

Mirin Dajo folgte der Aufforderung der Schrift, mit seinem Talent zu wuchern – bis zum bitteren Ende. Immer wieder und in allen Formen trat der Wille zutage, die empfangenen außergewöhnlichen Gaben in den Dienst der Menschheit zu stellen, und zwar gleich in den ihres höchsten Anliegens: des Friedens. Er sah und beschritt den Weg zu diesem unerhörten Ziel in immer neuen Beweisen der absoluten Herrschaft des Geistes über die Materie und schlug dabei sein Leben immer verwegener in die Schanze. Der Beweis der Entmaterialisierung des Körpers schien ihm notwendig, um in der Menschheit den Glauben an seine Friedenssendung in solcher Stärke zu erwecken, dass er Gewalt gewänne gegen den Geist der Gewalt und der Zerstörung.

Ich sagte, der Glaube an seine Mission oder der Unglaube seiner Mitmenschen habe ihn in den Tod geführt. Es war für ihn unerklärlich, dass alle die unglaublichen Beweise der Herrschaft des Geistes über den Körper in weiten Kreisen verhöhnt wurden. Das reizte ihn, den Schritt von dem ihm Gegebenen und Möglichen zu dem zu tun, was Gott ihm versagte.

Armer Mirin Dajo! Du bist in eine Welt gekommen, der es bei Wundern unbehaglich ist. Dort, wo das ›Wunder‹ aufhört, nur Neugierde und Staunen an einer Schaustellung zu sein, und der tiefste Ernst anfängt, dort wendet sich der Sterbliche von heute ab. Es ist doch alles so wohl eingerichtet. Die wissenschaftlichen Erkenntnisse geben dem Ganzen Halt und Rahmen. Wie störend sind neue Erkenntnisse, die das Wohlgeordnete mit Umsturz bedrohen!

Armer Mirin Dajo! Du warst in unserer Welt ein unbequemer, unerwünschter Gast. Unsere Welt hat genug der Wunder. Unvor-

Einflussreicher Mentor und Förderer:
der Migros-Gründer Gottlieb Duttweiler.

stellbare Wunder – der Zerstörung! Wer weiß, ob wir nicht das einfachste Wunderding schon besitzen, jenes, das unseren Planeten zu vernichten droht? So weit sind unsere Wunder gediehen, dass die Wissenschaftler keine Gewähr mehr übernehmen, ob nicht bei einem ihrer wunderbaren Experimente durch Kettenreaktionen der ›Friede‹ werde – durch den Untergang. Es hat nicht sollen sein, dass ein Wunder geschehe für den Frieden, für den Sieg des Lebens. Aber, bei Gott, es hat einen gegeben, der es mit Leib und Seele gewollt hat – bis in den Tod.«

Positives Echo – und heftige Kritik

»Hier hat der Herr Duttweiler etwas Liebes geschrieben über Ihren Sohn!« Der Postbote schwenkt den *Brückenbauer* in der Hand und lässt ihn über eine Bekannte Vater und Mutter Henskes in die Hand drücken. Gerührt lesen die Eltern in Winterthur jede Zeile. Ob man davon noch ein paar weitere Exemplare erhalten könne, fragen sie ihre Schweizer Freunde bescheiden, bei denen sie gerade zum Essen weilen. »Wir möchten ein paar dieser Zeitungen gerne unseren Freunden in Holland mitbringen.«

Duttweilers Nachruf löst eine Flut von Zuschriften aus. Aus allen Landesteilen erreichen den Politiker positive Reaktionen – zu seiner eigenen Verblüffung. Doch es hagelt auch Kritik. Radikale Christen und Kirchenvertreter machen dem Nationalrat die Hölle heiß. Dajo war in ihren Augen ein Ketzer. Weil er den Leuten aus dem Herzen sprach und vorlebte, was er verkörperte. Ganz im Gegensatz zu manchem scheinheiligen Gottesmann.

Selbst radikale, atheistische Freidenker wittern Morgenluft. »Duttweiler teilt mit Mirin Dajo das Schicksal des Unverstandenen«, feixen sie und lästern über dessen »Dunkelgesellschaft mit leichtgläubigen Weibern als Hauptteilnehmern«. Hämisch überschütten sie den charismatischen Volkspolitiker, der ebenfalls vor Atomkriegen warnte und zu behördlich verordneten Notvorratslagern riet, wegen seines »unerschütterlichen Gottesglaubens« mit Hohn und Spott.

Völlig von gestern und komplett deplatziert wirken heute auch die klerikalen Floskeln des evangelischen Theologen Kurt Emil Koch (1913–1987) aus Baden-Württemberg. In etlichen Auflagen seiner Publikationen wurde sein Palaver über Mirin Dajo kreuzfalsch wiedergegeben: »Der Hypnotiseur stieß seinem Opfer in Zürich auf der Bühne ein Fechtblatt durch die Brust. Die beiden Niederländer hatten dieses Kunststück rund 500 Mal in verschiedenen Ländern vorgeführt. In Zürich gab es auch Christen, die in dieser Sache beteten. Was geschah? Beim 501. Versuch gelang das Experiment nicht mehr. Mirin Dajo starb. Die Gläubigen taten, was sie für richtig hielten. Sie wehrten sich dagegen, dass solche okkulten oder sogar dämonischen Experimente öffentlich gezeigt wurden. Soll man nun die Beter als Mörder schimpfen, weil sie um ein Eingreifen Gottes gebetet hatten? Nein, sie unterstellten sich dem Willen Gottes.« Halleluja?!

Gottlieb Duttweiler tobte, zürnte und schäumte! Angesichts der scheinheiligen Kontroverse sieht er sich genötigt, im *Brückenbauer* vom 13. August 1948 einmal mehr auf die Reaktionen einzugehen: »Noch immer kommen Zuschriften zu diesem Thema. Ein Beweis, dass es sehr viele Menschen beschäftigt.«

Neun von zehn Schreiben seien »erfüllt gewesen von wahrem Verständnis für jenen kleinen Mann«, hält er fest. »Man dankte mir für meinen ›Mut‹, nämlich, dass ich positiv Stellung zu nehmen wagte zum eben dahingegangenen Menschen! Viele entschuldigten ihn mit den Worten: ›Er hat es ja nur gut gemeint!‹ Viele verehren ihn inbrünstig, aber niemand so, dass es mit christlichem Denken unvereinbar wäre. Aus den vielen sympathisierenden Briefen ging eines deutlich hervor: Die Schreiber und Schreiberinnen waren dankbar für das durch Mirin Dajo angeregte geistige Erlebnis. Das allein scheint in unserer nüchternen Welt schon etwas, wofür man Grund hat, dankbar zu sein.«

So manche Beschimpfung reformierter Kreise dagegen lässt Duttweilers Blutdruck in die Höhe schnellen: »Wie soll uns ein Gläubiger, der an eine Friedensmission glaubt – und wenn es eine ›Irrlehre‹ wäre – und sie mit friedlichen Worten und mit Taten verfolgt, die nur das eigene Leben gefährden und nicht das anderer, nicht näher stehen als Fanatiker, die im Namen der christlichen Lehre in Blut denken? (...)

Es scheint mir irgendetwas wie die Furcht vor einer neuen Sekte zu sein, die allen kritischen Zuschriften zugrunde liegt. Sollen wir einen Gandhi verurteilen, statt ihn zu verehren, weil er durch lebensgefährlich langes Fasten vor allem dem Volk, ja der Weltöffentlichkeit zeigte, dass Gott ihn als mächtigen Zeugen des Geistes über der Materie am Leben erhielt und ihm vermehrte

Überzeugungskraft verlieh durch bewiesene Opferbereitschaft für seinen Glauben – bis in den Tod?«

Die Ehre, in der die aufgeklärte Christenheit den Friedensstifter Gandhi hielt, gereiche ihr selbst zu Ehre, betont »Dutti« abschließend. Und spannt den Bogen weiter: »Ehre insofern auch dem kleinen Mirin Dajo, dass er die außergewöhnlichen Gaben, die ihm verliehen waren, auf seine Art für das große Ziel einsetzen wollte! ›Wer unter euch ohne Sünde ist, werfe den ersten Stein.‹ Die Schriftgelehrten und Pharisäer warfen damals den ersten Stein NICHT. Auf den toten kleinen und dennoch großen Mirin Dajo aber SIND Steine geworfen worden.«

Duttweiler war außer sich. Purer Zufall, dass der Volkspolitiker wenige Monate später ebenfalls wutentbrannt zu Steinen griff? Als das Schweizer Parlament am 8. Oktober 1948 seinen politischen Antrag auf eine gesetzlich verankerte 1- bis 2-jährige »Vorratshaltung von Rohstoffen und Lebensmitteln« einmal mehr verschleppt, wirft der Nationalrat mit faustgroßen Brocken zwei Fensterscheiben im Berner Bundeshaus ein. Ein Skandal!

Die Steine hatte sich Duttweiler zuvor ausdrücklich bringen lassen. Über die inneren Beweggründe für seinen Vandalenakt rätselte er Tage später selber. Ebenso wie so mancher Historiker bis heute. Was dies alles mit Mirin Dajo zu tun hatte? Womöglich weitaus mehr, als heute in unseren Geschichtsbüchern steht.

Kapitel 2

Faszinierende Spurensuche (2003)

Mysteriöse Zufälle und überraschende Begegnungen

»Je mehr man sich in den Fall ›Mirin Dajo‹ vertieft, desto rätselhafter wird er.«

Fritz Flueler
1947

Assistent Johnan lebt noch!

Der entscheidende Tipp kam aus Holland. Nach monatelangen Recherchen verhalf er mir 2003 überraschend zu jenem Zeitzeugen, mit dem ich damals nie mehr gerechnet hätte. »Jan de Groot lebt vermutlich noch!«, erfuhr ich von einem holländischen Informanten und glaubte meinen Ohren nicht zu trauen. Konnte dies überhaupt möglich sein? Rund 55 Jahre waren seit dem Tod von Arnold Henskes damals bereits vergangen.

Ich begann zu rechnen. Johnan, wie ihn Dajo liebevoll genannt hatte, musste mittlerweile 89 Jahre alt sein! Etliche Fragen schossen mir durch den Kopf. Wie war es ihm in den letzten Jahrzehnten ergangen? Wie stand es um seine Gesundheit und sein Erinnerungsvermögen? Mochte er überhaupt mit mir sprechen? Und wo wohnte er? Immerhin gab es in Holland Dutzende von Jan de Groots, wie mir ein Blick ins elektronische Telefonbuch verriet.

Noch etwas ließ mich hellhörig werden: Laut meinem Informanten schrieb Jan de Groot an seiner Autobiografie. Welch ein bizarrer Zufall! Seit einer gefühlten Ewigkeit verstaubten in meinem Archiv uralte Zeitungsausschnitte über Mirin Dajo. Irgendwann, so sagte ich mir immer wieder, gehört diese Story sauber dokumentiert. Niemand hatte sich in all den Jahrzehnten die Mühe gemacht, die damaligen Ereignisse lückenlos aufzuarbeiten. Über all die Jahrzehnte schwieg Jan de Groot. Und nun recherchierte ich bereits seit Monaten, während er offenbar ebenfalls die Öffentlichkeit suchte!

Der nächste »Zufall« ließ nicht lange auf sich warten. Jahrelang fand sich im Internet außer ein paar mickrigen Sätzen kein Sterbenswörtchen über Mirin Dajo und seinen Gehilfen. Die spärlichen Links und Zeilen kannte ich längst auswendig. Doch wenige Wochen später stachen mir beim Surfen wie aus dem Nichts zwei nagelneue Hinweise in die Augen. Der eine Link kündigte einen

Vortrag von Johnan in Amsterdam an, am 9. November 2003. Und der andere enthielt im Zusammenhang mit Dajo den Forumseintrag eines gewissen Marc de Groot.

Ich haute in die Tasten. Und erhielt wenige Tage später eine Mail von Johnans Enkel. Mein Interviewwunsch war auf fruchtbaren Boden gefallen. Sein Großvater freue sich auf einen Anruf von mir, schrieb mir Marc. Ich zückte den Hörer, wählte die Nummer – und sprach mit dem Mann, der Arnold Henskes in seinen späteren Jahren wie kein anderer gekannt hatte.

Ich erwartete einen alten, gebrochenen Menschen. Stattdessen begrüßte mich am Telefon eine muntere freundliche Stimme. »Besuchen Sie mich doch einfach in Haarlem, und ich werde Ihnen alles persönlich erzählen!«, versprach Jan de Groot in bestem Deutsch. Das ließ ich mir nicht zweimal sagen. Ich buchte den nächstmöglichen Flug nach Amsterdam. Und dies ausgerechnet vor meinem Geburtstag, dem 19. August 2003.

Lokaltermin in Haarlem

Haarlem liegt rund 20 Kilometer entfernt von Amsterdam. Jede Viertelstunde fährt vom Flughafen ein Zug ins Zentrum der niederländischen Metropole. Von dort sind es mit der U-Bahn gerade mal 10 Minuten ins malerische Städtchen. Noch ticken die Uhren in Haarlem anders. Cafés aller Art und moderne Einkaufsläden wechseln sich ab mit alten Backsteinhäuschen, verwinkelten Kanälen und historischen Bauten. Die Umgebung riecht buchstäblich nach vergessenen Geschichten. Die Hotels sind an einer Hand abzuzählen. Dennoch haben in den letzten Jahren immer mehr Touristen den idyllischen Ort entdeckt.

»Mit der Gemütlichkeit ist es hier wohl bald vorbei«, murmle ich. »Zum Glück!«, entgegnet der Taxichauffeur, der mich Richtung Bloemveldlaan kutschiert, wo Jan de Groot seit vielen Jahrzehnten wohnt. »Diesen Sommer ist hier besonders viel los«, strahlt der Fahrer händereibend und setzt mich nach einigen zusätzlichen Umwegen vor einem hübsch bepflanzten niedrigen Reihenhäuschen ab – zum »Spezialtarif«, versteht sich.

Jan de Groot erwartet mich bereits im Türrahmen. Er lächelt. Wiederum wundere ich mich: Der 89-jährige Holländer sieht allenfalls aus wie 75. Das Leben scheint es gut mit ihm zu meinen. »Treten Sie doch bitte herein«, winkt er mit einer einladenden Handbewegung. »Wir haben sehr viel zu besprechen.« Sätze, die mir mehr als bekannt vorkommen.

Den gesamten Nachmittag verbringe ich bei ihm, löchere ihn mit Fragen, lausche seinen Erinnerungen. Und schon bald scheint es mir, als ob sich Mirin Dajo bereits im nächsten Moment zu uns gesellen würde – derart lebendig weiß Johnan von seinem verstorbenen Freund zu berichten. Seit 1942 wohne er mit seiner Familie in diesem Haus, erzählt er mir. »1946 zog auch die Familie Henskes vorübergehend hierher, ins Haus nebenan. Wir wohnten damals Tür an Tür. Eine wunderschöne Zeit.«

Ein paar Sekunden lang schweigt der Holländer. Und dann beginnen seine Augen wieder zu funkeln: »Mirin Dajo war etwas ganz Besonderes. Er hatte einfach eine unglaubliche Ausstrahlung. Ein Mensch, wie es ihn niemals wieder geben wird.«

De Groot erzählt mir von seiner Jugend in Stadskanaal. Der Metzgersohn half seiner Familie, so gut er konnte. Als in Haarlem eine entsprechende Stelle ausgeschrieben wurde, packte er seine Sachen. Sein Chef wurde nach dem Krieg verhaftet. Weil er Nationalsozialist war. De Groot konnte das Geschäft mit Billigung der Behörden übernehmen. Zu seinen Kunden zählte auch Dajo. »Hier sahen wir uns zum ersten Mal.«

Zur Klärung geschäftlicher Formalitäten begab sich de Groot 1946 eines Tages nach Amsterdam. Im Autobus saß auch Mirin

89 Jahre alt: Jan de Groot
bei meinem Besuch in Haarlem (2003).

Dajo. »Setz dich doch neben mich«, sagte er lächelnd, und die beiden begannen miteinander zu plaudern. Dajo erzählte ihm von seiner inneren Unruhe. Er hätte seinen Beruf als Reklamezeichner mittlerweile aufgegeben, um sich endlich mit seiner Unverletzbarkeit auseinanderzusetzen.

»Falls du jemanden brauchst, der dir hilft, kannst du auf mich zählen«, versprach de Groot. Und besiegelte damit den Beginn einer kuriosen Freundschaft. Kurz darauf fing er an, Dajo bei seinen Auftritten zu assistieren: »Er bekam schon damals intuitive ›Aufträge‹. Wenn es schwierig wurde, begann er mit sich zu hadern. ›Wenn das mit mir geschieht, dann sterbe ich doch!‹, meinte er. Ich blickte ihn herausfordernd an: ›Bist du unverletzbar, oder bist du es nicht?‹ ›Ach, das ist doch verrückt‹, sagte er dann und schüttelte verlegen den Kopf.«

So hätten sie gemeinsam allerlei verwegene Dinge ausprobiert und die Experimente kontinuierlich gesteigert – »bis wir eines Tages nicht mehr weiterwussten. Ich empfahl ihm, sich in einem meiner Räume im oberen Stock hinzulegen. ›Warte ab, welche Gedanken du bekommst‹, sagte ich. Und da lag er dann und begann zu sprechen. Ein ›Telefongespräch‹ – mit dem Unterschied, dass ich nur seine Stimme hörte. Das ging einige Zeit. Dann richtete er sich plötzlich auf: ›Jetzt weiß ich es! Ich habe mit meiner ›geistigen Leitung‹ gesprochen. Wenn wir in Zukunft nicht mehr weiterwissen, können wir weiterfragen.‹ So begann seine Kommunikation mit der ›obersten Instanz‹.«

Fasziniert lausche ich de Groots Worten. Es scheint mir, als ob all die Ereignisse erst wenige Jahre zurücklägen. Derart detailliert weiß er mir von den gemeinsamen Erlebnissen zu berichten. »Die Zeit mit ihm war die schönste meines Lebens«, meint er mit einem entwaffnenden Lächeln. »Das kann man nicht vergessen.« Allmählich wird mir klar, dass man Mirin Dajo ohne Jan de Groot nicht verstehen kann. Und umgekehrt.

Ob kochend heißes Wasser, Schläge auf den Kopf oder andere Torturen: Kaum ein noch so abstruses Experiment, das die beiden in jenen Monaten nicht gemeinsam ausprobierten, wie mir Johnan bestätigt. »Er musste sich bewusst machen, dass alles geschehen konnte. Ohne dass er dabei einen Schaden davontrug. Und ich half ihm dabei. Das war meine Aufgabe. Ihn zu fordern und dabei zu unterstützen. Einmal musste ich ihm mit einer Art Bunsenbrenner die Brusthaare entfernen. Seine Haut zeigte nicht die geringste Verbrennung. Oder ich musste ihm chemische Substanzen bringen, die er trank – ohne mit der Wimper zu zucken.

Ein anderes Mal wies er mich 1946 sogar an, ihn nachts zwischen zwei Bäume zu fesseln, splitternackt. Mitten im Winter. Hier, in einem Wald, ganz in Nähe der Dünen. ›Binde mich morgen früh wieder los‹, sagte er. 2 Stunden später aber, gegen Mitternacht, klingelte es an meiner Haustüre. Draußen stand Mirin Dajo. Ich berührte seine Schulter: Sie war wärmer als meine eigene.

›Was ist denn geschehen?‹, fragte ich. ›Nun‹, sagte er, ›ich gucke so und schaue die Wolken an, und da sehe ich plötzlich eine Gestalt aus den Wolken herniederschweben. Sie band mich los und hieß mich, durch die Dünen zu rennen. Also tat ich dies ...‹ Er war eben wieder einmal in einer anderen ›Welt‹.«

Ob Vorahnungen, Stimmen oder weitere Visionen: Paranormale Erlebnisse begleiteten Dajo auf Schritt und Tritt. Und er teilte sie mit Johnan, den er immer aufs Neue verblüffte. »Eines Tages saßen wir in der Schweiz in einem Zug«, erzählt er mir. »Und Mirin Dajo war geistig wieder einmal ›weggetreten‹. Längst hatte ich mich daran gewöhnt, dass er seinen Körper auf diese Weise verließ.

Plötzlich schreckte er auf. ›Wo bist du gewesen?‹, fragte ich ihn. ›In Amerika‹, antwortete er. ›Teile unserer Filmaufnahmen wurden dort in einem Kino gezeigt. Und jemand sprach 20 Minuten lang darüber – vor Publikum. Er machte das richtig gut ...‹ Kurz darauf erhielten wir einen Bericht aus den USA. Alles, was er mir erzählt hatte, stand dort in ähnlichen Worten drin.

Oft hatte Mirin Dajo in der Schweiz auch ›Kontakt‹ mit der Heimat. Er erzählte mir, wie es unseren Angehörigen und meiner Familie in Haarlem ging, was sie gerade taten oder warum sie nicht ans Telefon gingen. Einige Tage später berichtete mir dann meine Frau auf dem Briefweg jeweils, was ich bereits wusste. Er war einfach ein Meister. In jeglicher Hinsicht.«

»Wollen Sie den Film sehen?«

Wir machen eine kleine Pause. Während Jan de Groot in den oberen Stock geht, rauche ich nachdenklich eine Zigarette. Ich wusste von indischen Yogis, die ähnliche Fähigkeiten besessen haben sollen. Ebenso wie manche eingeweihte Mönche im alten Tibet. Viele dieser Überlieferungen krankten aber an der Kritiklosigkeit ihrer Beobachter, die oft nicht zwischen Zaubertricks, verblüffenden Fähigkeiten und tatsächlichen körperlichen »Wundern« zu unterscheiden wussten.

In Kreisen der Sufi/Derwisch-Bewegung wiederum – den »Mystikern des Islams« – konnten moderate »Piercings« zumindest sauber dokumentiert werden. Etwa durch den Wiener Parapsychologen Professor Peter Mulacz, mit dem ich seinerzeit ebenfalls in Kontakt stand. Aber Mirin Dajo war irgendwie anders. Er übertraf alles, was in der westlichen Welt möglich schien. Umso mehr, als er sich freiwillig allen medizinischen Untersuchungen unterzogen hatte. Die Fakten lagen auf dem Tisch. Und der definitive Beweis sollte nur wenige Momente später folgen.

»Wollen Sie den Film sehen?«

Ich schrecke aus meinen Gedanken auf. De Groot steht lächelnd neben mir und schwenkt eine Videokassette der verloren geglaubten Filmaufnahmen von 1947 durch die Luft. Natürlich hoffte ich, dass er mir sie zeigen würde. So viel hatte ich über die Experimente bereits gelesen und gehört. Ich kannte die Schilderungen. Ich kannte auch so manche Fotografie. Endlich aber würde ich nun Zeuge jahrzehntelang verschollener Bewegtbilder werden, die seinerzeit Abertausende verblüfft hatten.

Woher Jan de Groot besagtes Filmdokument bloß hatte? »Das ist eine äußerst komplizierte Geschichte, über die ich nicht gerne sprechen möchte«, murmelt er. Ich schweige. In der Hoffnung, endlich mit eigenen Augen zu sehen, was seit weit über 50 Jahren niemand mehr zu Gesicht bekommen hatte.

Schwarz-weiße Bilder flimmern vor meinen Augen. Ohne Ton. De Groot kommentiert die Aufnahmen. Ich erkenne den Basler Bahnhof meiner Heimatstadt, an dem Mirin Dajo, Hylke Otter und Johnan im Herbst 1947 aus einem Auto steigen. Sekretär Edmund Conradin Lüscher und ein Hoteldirektor bereiten ihnen dort einen herzlichen Empfang.

Dann sehen wir die Protagonisten in ihrem Hotelzimmer. Mirin Dajo diktiert Briefe. Lüscher malträtiert seine Schreibmaschine. Und Johnan notiert mit konzentrierter Miene manches handschriftlich in sein Tagebuch. Es folgen Aufnahmen von der Außenseite des Basler Bürgerspitals, wie es sich noch heute präsentiert. Und dann ist es endlich so weit. Zum ersten Mal werde auch ich Zeuge der damaligen Durchstechungen!

Ich bewundere die Akribie, mit der die damaligen Zeitungsreporter die groteske Prozedur ihren Leserinnen und Lesern vor Augen führten. Text und Bilder decken sich bis ins Detail. Dajo verzieht bei dem Akt nicht die geringste Miene, stolziert unter dem Blick der Ärzte seelenruhig mit der Waffe im Körper herum und dreht sich nach allen Seiten. Wie ein ungelenker Tänzer aus einer anderen Welt. Fast schon verlegen lässt er sich begutachten. Gespenstische Szenen.

Dann sehen wir den Holländer auf der Bühne des Basler Bernoullianums. Langsame, bedächtige Handgesten begleiten seine Ausführungen. Er zieht mich in seinen Bann – obwohl es sich um einen Stummfilm handelt. Da ist etwas, was ich nicht erklären kann. Ehe ich darüber nachdenken kann, folgt bereits die nächste »Demonstration«. Jetzt sehen wir Dajo auf dem Zürcher Uetliberg bei prächtigem Sommerwetter. Mit der Waffe im Bauch turnt er herum, vollführt Kniebeugen und beginnt zu joggen. Johnan macht sich sogar einen Spaß daraus, das im Körper steckende Florett mit beiden Händen im Kreis zu drehen. Unfassbar!

Es folgt der Höhepunkt in der Berner Schulwarte. Vor den Augen des Kamerateams durchbohrt Johnan seinen Freund mit einem zweischneidigen Schwert. Von vorne nach hinten. Quer durch die Brust. Kurz darauf sehen wir die beiden, wie sie das Gebäude verlassen. Die Kamera zieht sich zurück. Die Sonne strahlt frontal ins Objektiv. Die Bilder verklären sich zu einer unwirklichen Szene. Sie erinnert ans Ende des Humphrey-Bogart-Klassikers *Casablanca*. Die Filmbilder verblassen.

»Er hatte eine unglaublich liebe Ausstrahlung«, murmelt de Groot gedankenversunken. »Aber er war schnell verbraucht.«

Ich blicke ihn an. Noch immer hat er kein Wort über den Tod seines Freundes verloren. Es muss ihn hart getroffen und Vorwürfe gehagelt haben. Womöglich auch von nahestehenden Freunden, die ihn für Dajos Ableben mitverantwortlich machten. »In der Schweiz dürfte nach seinem Tod wohl der Teufel los gewesen sein«, höre ich mich sagen. »Das letzte Experiment mit dem Stilett war ja nicht unumstritten ...«

Doch Jan de Groot weicht aus. »Wissen Sie«, antwortet mir der alte Mann, »als wir zum letzten Mal von Holland in die Schweiz reisten, sagte Mirin Dajo vor dem Abflug: ›Johnan, hierher komme ich nicht zurück.‹ Schon bei unserer ersten Bekanntschaft prophezeite er mir, dass er nicht sehr alt werde. Er muss es gespürt haben. Und es ist auch verständlich. Wenn ein Mensch in einem Tag geistig so schnell wächst wie ein anderer in einem ganzen Jahr, geht es eben schneller. Da oben ist es nicht wichtig, wie man stirbt. Wenn es Zeit ist, dann wird eine Gelegenheit geschaffen, damit man geht. Das war auch bei Mirin Dajo so.«

Mehr mag er nicht erzählen. Wir schweigen erneut. Schließlich überwiegt meine Neugier: »Wie ging es mit Ihnen weiter?«, will ich nach einer kurzen Pause wissen.

Er habe noch einige Zeit in der Schweiz verbracht, erzählt mir de Groot. »Nach seinem Tod erhielt ich von der Fremdenpolizei einen Monat Zeit, um alles zu regeln. Ich ließ Fotos von Mirin Dajo vervielfältigen. Mit dem Verkauf konnte ich mich finanziell einigermaßen über Wasser halten. Und es gab viele Briefe, die beantwortet werden wollten. Auf Druck der Ärzte wurde ich dann für 10 Jahre aus der Schweiz ausgewiesen. Das war zwar unangenehm, aber ich bin niemandem böse. Eigentlich habe ich in meinem Leben doch immer Glück gehabt.«

Wieder in Holland, habe er sich Arbeit gesucht. In einer Plastikfabrik begann er mit der Herstellung von Flaschendeckeln und wechselte später in die Schallplattenfertigung – »mit meinem Metzgerdasein wollte ich nichts mehr zu tun haben«. Doch die Erinnerungen an Mirin Dajo hätten ihn ein Leben lang begleitet. Darum wolle er sie demnächst auch in schriftlicher Form veröffentlichen. »Ich habe viele seiner Visionen und Erlebnisse in meinem Tagebuch notiert. Manches davon ist nicht für die Öffentlichkeit bestimmt.« Dann schmunzelt er: »Wissen Sie, er war ein Meister. Und ich war nur ganz klein ...«

Beim Abschied drückt er mir eine handschriftliche Liste mit »Freunden aus der Schweiz« in die Hand, denen er rückblickend danken wolle. Warum er dies in seinem Manuskript, das er mithilfe einer Ghostwriterin verfassen ließ, nicht selbst tat? Ich frage nicht nach und nehme seine Notizen an mich.

Ein seltsamer Verdacht

Zurück in Basel lasse ich meine Eindrücke Revue passieren. Jan de Groot machte mir nicht den Eindruck des geldgierigen Heuchlers, wie ihn viele Schweizer in Erinnerung behielten. Im Gegenteil: Er klang mittlerweile so, wie es sich Mirin Dajo immer gewünscht hätte. Offenbar hatte er endlich sein Herz geöffnet. Mit dem Schlüssel, den ihm sein Freund hinterließ.

Ich erinnerte mich an einige bemerkenswerte Sätze unseres Gesprächs. »Das Geld übt immer großen Druck aus«, hatte der alte Mann mit gesenkten Augen beiläufig erwähnt. Oder: »Fehler sind menschlich.« Es klang versöhnlich – und ehrlich. Der alte Jan de Groot schien dem jungen Johnan verziehen zu haben. 55 Jahre sind eine lange Zeit, um nachzudenken.

Dennoch redete er um die Wahrheit herum. Mein Gefühl warnte mich. Da gab es eine dunkle Stelle, die er mir verschwieg. Bewusst oder unbewusst. Irgendetwas an Dajos Tod war anders gelaufen, als er mich glauben machen wollte. Irgendetwas hatte er mir verschwiegen. Weil er Zeit seines Lebens darunter litt?

»Man könnte in der Schweiz ein dunkles Bild von mir haben«, bemerkte er einmal mit leiser Stimme. Ohne näher darauf einzugehen. Wie ich später erfuhr, hatte Dajos Familie kurz nach der Beerdigung alle Kontakte zu Jan de Groot abrupt abgebrochen. Die Beziehung zwischen den beiden wurde in den Niederlanden ein Fall für die Juristen. De Groot spricht nicht gerne darüber – weil er sich diesbezüglich ungerecht behandelt fühlt.

Streitpunkt war unter anderem ein Modell aus Bausteinen, das Dajo einst angefertigt haben soll. Angeblich zeichnete sich die Konstruktion durch eine außergewöhnliche Standfestigkeit aus. Walter Bührer glaubte, de Groot habe das Prinzip seinerzeit in seinem Tagebuch festgehalten. Vermutlich lasse sich damit viel Geld verdienen, meldete er Dajos Eltern nach dessen Tod nach

Zeitzeugnis mit Seltenheitswert:
Jan de Groot um das Jahr 1970.

Holland – stets auf seinen eigenen Vorteil bedacht. Darauf wurde Johnan von der Polizei ins Verhör genommen. Doch dieser weigerte sich, seine privaten Notizen auszuhändigen. Eher würde er sein Tagebuch verbrennen, soll er gedroht haben. Der Weisheit letzter Schluss? War das alles? Oder war da noch mehr?

Erneute Spurensuche in der Schweiz

Johnans Geheimnis lässt mir keine Ruhe. Wochenlang wühle ich mich 2003 in Bibliotheken durch Zeitungen und Zeitschriften. Auf der Suche nach irgendeinem Hinweis tauche ich ab in die Nachkriegszeit, die Mirin Dajos Leben prägte. Ich lese mich durch Berichte über zerbombte Städte und hungerleidende Menschen und staune über jedes idyllische Bild aus der Schweiz. Jener »heilen und intakten Welt«, die Dajo so sehr faszinierte. Sie muss ihm seinerzeit wie das Paradies vorgekommen sein.

Immer stärker wird mir bewusst, wie weit der Holländer seiner Zeit damals voraus war. Die westliche Welt hatte visionäre Denker in jenen bitteren Tagen nötiger denn je. Ein neues Bewusstsein musste her. Kein Wunder, dass der »Friedensapostel« vielerorts mit offenen Armen empfangen wurde. Lichtgestalten wie er waren damals an einer Hand abzuzählen. War es Zufall, dass der indische Freiheitskämpfer Mahatma Gandhi nur wenige Monate vor Mirin Dajos Tod ebenfalls starb?

Parallel dazu führe ich Korrespondenzen mit den Staatsarchiven in Basel und Zürich, ebenso mit den Verantwortlichen der Universitätsspitäler. Wo liegt der Nachlass von Professor Alfred Brunner? Existieren noch amtliche Dokumente über Dajos Auftritte? Gibt es womöglich medizinische Untersuchungsberichte, die ich noch nicht kenne? Und was geschah mit den umstrittenen Aktenbergen der Schweizer Fremdenpolizei?

Die Antworten sind ernüchternd. Vieles scheint vernichtet und endgültig verloren. Röntgenaufnahmen, so erfahre ich, wurden 1947 von Hand entwickelt. Chemikalien und Filmmaterial befanden sich in den Anfängen. Sprich: Die entsprechenden Originalbilder dürften heute – falls überhaupt noch vorhanden – längst verblasst oder verrottet sein. Ähnlich klingt es beim Schweizer Radio: »Wir haben in unserem Archiv zwar noch Beiträge aus jener Zeit, leider aber keinen einzigen über Mirin Dajo.«

Viele von Dajos engsten Vertrauten und Freunden sind mir bekannt. Doch es sind zumeist Allerweltsnamen, wie sie zu Tausenden vorkommen. Zudem waren seit den damaligen Ereignissen über 55 Jahre verstrichen. Kaum einer von ihnen dürfte noch am Leben sein. Ich führe Dutzende von Telefonaten, in der Hoffnung, doch noch jemanden zu finden, der Dajo gekannt hat. Die Antworten der Nachkommen kenne ich bald auswendig: »Meine Eltern sind längst gestorben. Alle Unterlagen wurden bei der Wohnungsauflösung leider restlos vernichtet.«

Die Ereignisse überschlagen sich

Endlich gelingt es mir, die Nichte von Traugott Egloff ausfindig zu machen. Doch auch sie weiß nur wenig zu berichten: »Ich war damals kaum 6 Jahre alt. Mein Onkel ist schon lange tot, und den Haushalt meiner Tante haben wir kürzlich aufgelöst – leider.« Ähnlich tönt es von anderer Seite. Es ist wie verhext.

Dann aber wendet sich das Blatt. Ich habe überraschend Multimillionär Rogenmosers Tochter an der Strippe! Sie erzählt von ihren Erinnerungen, verweist auf eine Verwandte. Der Nebel lichtet sich, enthüllt Dajos längst verblasste Spuren. Bei prallem Sonnenschein folge ich ihnen 2003 ins idyllische Appenzellerland und pilgere weiter nach Weinfelden im Thurgau. Hier ein paar liebe Sätze, dort ein paar nette Erinnerungen. Mancherorts drückt man mir sogar private Fotografien zwecks Veröffentlichung in die Hand. Außergewöhnliche Begegnungen mit außergewöhnlichen Menschen, die den Holländer bis heute nicht vergessen können.

Allmählich formieren sich die Mosaiksteinchen zum größeren Gesamtbild. Doch immer noch klaffen darin Lücken. Und nun beginnt mir erneut der Zufall in die Hände zu spielen. Ehe ich mich versehe, durchziehen unverhofft allerlei seltsame Begebenheiten meine Nachforschungen. Als ob »jemand da oben« ein Interesse daran hätte, mich auf die richtige Fährte zu locken.

Aus heiterem Himmel rufen mich plötzlich wildfremde Menschen an. »Ich habe über Umwege erfahren, dass Sie über Mirin Dajo recherchieren«, sagt einer und verspricht weitere Informationen. Ein anderer: »Mein Name tut nichts zur Sache. Aber ich kann Ihnen vielleicht weiterhelfen.« Jeder weiß anderes zu berichten. Um mir damit ausgerechnet jene Puzzlestücke zu liefern, die noch fehlen. Als ob man sich heimlich abgesprochen hätte ...

Lediglich über das Scheitern von Dajos Amerikaplänen weiß niemand Genaueres. Schon will ich die Flinte ins Korn werfen, als ich im Internet zufällig auf der damaligen Homepage der Jewish National and University Library in Jerusalem lande. Die Unibibliothek verwaltet den Nachlass von Albert Einstein, dem Universalgenie, das mich seit jeher fasziniert. Offenbar ist der Bibliothekskatalog seiner noch erhaltenen – damals noch unveröffentlichten – Korrespondenz seit Kurzem endlich auch online abrufbar, wie ich erfreut zur Kenntnis nehme. Von seinem Briefwechsel mit Dajo hatte ich bis dahin keine Ahnung.

Ohne mir etwas zu denken, sehe ich meine Finger in jener Nacht seinen Namen im Suchfenster eintippen. Einfach so. Weil mir gerade nichts Besseres einfällt. Und da blitzen die stichwortartigen Einträge auch schon auf meinem Bildschirm auf:

- 27. Dezember 1947: Brief von Mirin Dajo an Albert Einstein.
- 8. Januar 1948: Brief von Albert Einstein an Mirin Dajo.

»Das kann doch nicht sein!«, durchfährt es mich. Ich korrespondiere mit den Verantwortlichen in Israel. Wenige Tage später flattern mir Kopien der Schreiben in den Briefkasten. Inhalt: Dajos US-Korrespondenz. Welch ein fantastischer Zufall!

Unermüdlich fahnde ich weiter. Im Visier habe ich nun mögliche Nachkommen der Familie Bührer, die Dajo in Winterthur beherbergte. Bührers gibt es im Raum Zürich Dutzende. Aber dann schlägt der unbekannte »Drahtzieher« erneut zu. Durch eine falsche Verknüpfung sticht mir bei der Suche im damaligen Internet-Telefonbuch plötzlich der Name »Ruth Bührer« in die Augen. Zögernd wähle ich ihre Nummer – und lande einen Volltreffer: Ich habe die Frau am Apparat, die Dajo in den Tod begleitete!

»Sie können sich meine Freude gar nicht vorstellen«, lacht die damals 84-Jährige quicklebendig. »Über all die Jahrzehnte hatte ich mich immer wieder gefragt, warum sich niemand mehr für diese außergewöhnliche Geschichte interessiert. Erst vor wenigen Tagen habe ich meinem Sohn mein Leid geklagt. Und nun rufen Sie aus heiterem Himmel an. Welch ein wunderbarer Zufall!«

Herzhafter Empfang in Winterthur

Im Frühherbst 2003 fahre ich mit dem Zug nach Winterthur zur »lieben Ruth«. Noch dazu auf derselben Bahnstrecke, die Dajos Eltern vor rund 55 Jahren zurücklegten, um sich mit ihr vor der Beerdigung ihres Sohnes zu treffen. Es regnet. Doch je näher ich meinem Ziel komme, desto mehr klart der Himmel auf.

Die Herzlichkeit der damals 84-jährigen Witwe ist überwältigend. Kein Wunder, dass sich Dajo in ihrer Gegenwart geborgen fühlte. Noch immer prangt sein Porträt in ihrer Wohnung. »Er war so ein feiner, netter Mensch«, erzählt sie mit strahlenden Augen. »Ich habe mich in den letzten Monaten seines Lebens regelrecht für ihn aufgeopfert. Oft arbeitete ich von 7:00 Uhr morgens bis abends in meinem Friseursalon, um ihn danach mit dem Bührer auf meine Kosten durch die halbe Schweiz zu chauffieren.«

»Mit dem Bührer«?! Bald wird klar, wie sehr die liebevolle Dame unter ihrem verstorbenen Ex-Mann gelitten hatte. »Er hat mich mitunter geschlagen. Ging manchmal fremd. Und verprasste unser halbes Geld im Casino von Konstanz. Insgesamt mehr als eine Million Schweizer Franken. Später, nach Mirin Dajos Tod, war er mit einer Deutschen liiert. Er ist längst von uns gegangen.« Sagt es leise, mit feuchten Augen, aber ohne jeglichen Groll, kramt in alten Fotoschachteln und breitet ihr Leben vor mir aus.

Ihr trotz allem herzensfrohes Wesen berührt mich. Ohne ihre Berufstätigkeit wäre vieles nicht möglich gewesen. Ruth Bührer finanzierte Mirin Dajo und Johnan – und obendrein auch noch ihren Mann. Schier unermüdlich half sie anderen, im Rampenlicht zu stehen, und vernachlässigte dabei oft sich selbst. Private Schicksalsschläge begleiteten sie ihr ganzes Leben lang. Doch ihre Großmütigkeit blieb stärker als alles Leid, mit dem sie regelmäßig konfrontiert wurde. Wo andere strauchelten, stand sie tapfer wieder auf. Immer. Und immer wieder.

Mirin Dajo bewunderte die feinfühlige Frau. Er schenkte ihr vor seinem Tod seinen beigen Anzug samt einer seiner lilafarbenen Schleifen und sprach ihr immer wieder Mut zu. »Liebe Ruth, du bist so ein wunderbarer Mensch«, sagte er. »Aber du musst dir den Himmel auf Erden verdienen. Du wirst es nie leicht haben. Aber ich werde dir einen Platz neben mir reservieren.«

Kennengelernt hatte die junge Friseurin Mirin Dajo durch eine Bekannte. Ruth erzählte ihren Kundinnen von ihm. »Diese wiederum schleppten ihre Ehemänner zu seinen Vorträgen.« So entstand um den Holländer ein immer größer werdender Freundes-

Liebenswert, gütig und unvergesslich:
Ruth Bührer (um 1947).

und Bekanntenkreis. »Er ließ keinen kalt«, erzählt mir Ruth Bührer, »das war sein Geheimnis«, während ihre Augen plötzlich wieder fröhlich zu strahlen beginnen. »Ich habe mein Leben lang keinen feinfühligeren und lieberen Menschen kennengelernt.«

Es ist die Güte einer Mutter, die aus ihren Worten spricht. Nicht die Liebe einer Frau. Viele Frauen verehrten den Holländer zwar,

Begeisterte Förderer:
Ruth und Walter Bührer (rechts neben Dajo).

aber sie blieben angesichts seiner asketischen Lebensweise auf Distanz. »Sexualität existierte für ihn nicht«, schmunzelt Ruth Bührer. »Er rauchte nicht, trank kaum Alkohol. Aber er liebte gutes Essen über alles. Er besaß einen feinen Humor – und er verstand es, das Innere jedes Menschen intuitiv zu verstehen.«

»Der Bührer und ich« hätten ihm seinerzeit die schönsten Flecken der Schweiz gezeigt, erzählt sie mir später. »Wir waren mit ihm auf der Luzerner Rigi. Oder beim Schaffhauser Rheinfall.« Eines Tages hätte ihr Mann am dortigen Ufer einen Stein gefunden, der wie ein Herz geformt war. »Er schenkte ihn mir. Er schenkte mir sonst kaum was. Im Gegenteil. Später flüsterte mir Mirin Dajo zu: ›Ja, liebe Ruth, ich weiß, du hast es schwer. Denn das Herz von Walter ist wirklich nur ein Stein für dich. Er liebt dich nicht.‹«

Während die charismatische Dame in ihren alten Fotoschachteln wühlt und die eine oder andere bildliche Erinnerung aus längst vergangenen Zeiten hervorkramt, um sie mit mir zu teilen, erzählt sie voller Herzensgüte von ihrer Enkelin. Ebenso von ihrem Sohn, der damals als kleiner Junge öfters an Bronchitis litt. »Meinem Bub ging es damals gesundheitlich miserabel, und ich machte mir große Sorgen. Niemand konnte und wollte mir weiterhelfen. Doch nachdem Mirin Dajo wieder einmal aus seinem Körper ›ausgetreten‹ war, sagte er mir nur: ›Liebe Ruth, du musst keine Ängste haben. Dein Sohn hat lediglich den Mumps. Alles wird gut.‹ Am nächsten Tag wurde mir seine Diagnose von den Ärzten telefonisch bestätigt – und alles wurde gut.«

Noch immer kann sie es kaum fassen, dass ich ihre Erinnerungen dokumentieren möchte. Und noch immer kann ich es kaum fassen, wie ehrlich, offen und vertrauensvoll sie diese mit mir teilt. »Dieser Mensch konnte sich in jeden hineinfühlen«, murmelt sie vor sich hin. »Einfach nur wunderbar, dass sich nach all den Jahrzehnten noch jemand für ihn interessiert!« Wir plaudern eifrig weiter. Die Zeiger unserer Uhren haben wir längst vergessen.

Nach einigen Stunden zaubert Ruth aus einer alten Schuhschachtel plötzlich ein kleines, blaues Dokument hervor – und drückt es mir vertrauensvoll in die Hand: »Das ist Mirin Dajos Reisepass. Er bat mich vor seinem Tod inständig, ihn aufzubewahren. Bitte nehmen Sie ihn an sich. Er gehört nun Ihnen. Ich bin mir sicher: Bei Ihnen ist er in sehr guten Händen!«

Ungläubig und ein wenig verlegen starre ich auf das blaue Dokument. Ich halte Dajos amtliche Identität in den Händen. Den abgegriffenen Pass, der ihn auf seinen letzten Reisen begleitete. Ein seltsames Gefühl. Vorsichtig blättere ich darin, entziffere die handschriftlichen Einträge. Unzählige Stempel zeugen von seinen Schweizer Aufenthaltsbewilligungen.

Ich bin gerührt. Sprachlos. Bedanke mich. Und schweige.

4

SIGNALEMENT — DESCRIPTION

		Echtgenoote - Frau - femme - wife
Plaats en datum van geboorte / Geburtsort / Lieu et date de naissance / Place and date of birth	Rotterdam 6 Augustus 1900 twaalf / le 6 août 1912	
Woonplaats / Wohnort / Domicile / Domicile	ZAANDAM	
Gelaatsvorm / Gesicht / Visage / Face	ovaal / ovale	
Kleur der oogen / Farbe der Augen / Couleur des yeux / Colour of eyes	blauw / bleue	
Kleur der haren / Haarfarbe / Couleur des cheveux / Colour of hair	~~donkerblond~~ gr. bruin / ~~blonde foncé~~ brune foncée	
Bijzondere kenteekenen / Besondere Kennzeichen / Signes particuliers / Special marks		

Stempel

Stempel

Handteekening van den houder / Unterschrift des Inhabers — Signature du titulaire / Signature of bearer

en van zijn echtgenoote / und seiner Frau — et de sa femme — and of his wife

Kinderen — Kinder — enfants — children

Naam — leeftijd — geslacht / Namen — Alter — Geschlecht / Nom — âge — sexe / Christian Name — age — sex

Historisches Dokument:
Arnold Henskes letzter Reisepass.

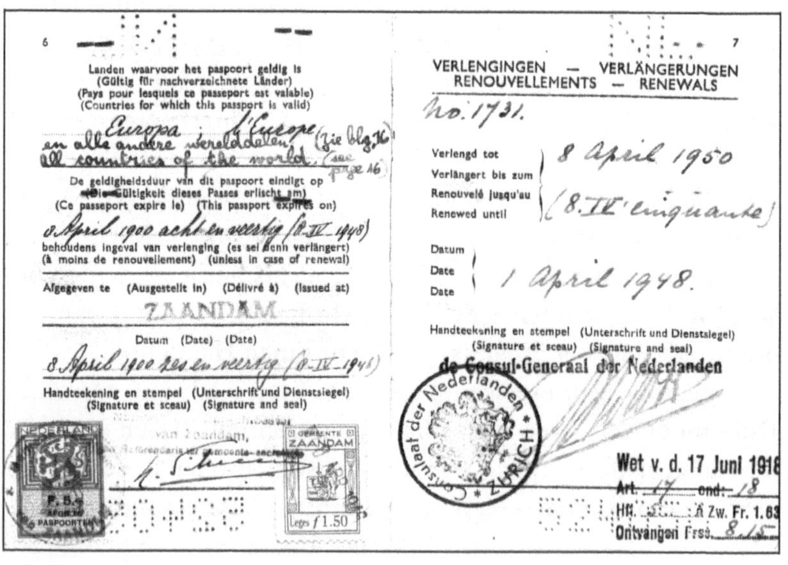

6

Landen waarvoor het paspoort geldig is
(Gültig für nachverzeichnete Länder)
(Pays pour lesquels ce passeport est valable)
(Countries for which this passport is valid)

Europa l'Europe (zie blz. 16)
en alle andere werelddelen
all countries of the world (see page 16)

De geldigheidsduur van dit paspoort eindigt op
(Die Gültigkeit dieses Passes erlischt am)
(Ce passeport expire le) (This passport expires on)

8 April 1900 acht en veertig (8-IV-1948)

behoudens ingeval van verlenging (es sei denn verlängert)
(à moins de renouvellement) (unless in case of renewal)

Afgegeven te (Ausgestellt in) (Délivré à) (Issued at)

ZAANDAM

Datum (Date) (Date)

8 April 1900 zes en veertig (8-IV-1946)

Handteekening en stempel (Unterschrift und Dienstsiegel)
(Signature et sceau) (Signature and seal)

van Zaandam,

NEDERLAND — P.B. — PASPOORTEN

GEMEENTE ZAANDAM — Leges f 1.50

7

VERLENGINGEN — VERLÄNGERUNGEN
RENOUVELLEMENTS — RENEWALS

no. 1731.

Verlengd tot / Verlängert bis zum / Renouvelé jusqu'au / Renewed until: 8 April 1950 (8.IV. cinquante)

Datum / Date / Date: 1 April 1948.

Handteekening en stempel (Unterschrift und Dienstsiegel)
(Signature et sceau) (Signature and seal)

de Consul-Generaal der Nederlanden

Consulaat der Nederlanden * ZÜRICH *

Wet v. d. 17 Juni 1918
Art. 17 ond. 18
Zw. Fr. 1.63
Ontvangen Frs. 8.15

Jedes Ein- und Ausreisedatum
ist im Dokument penibel aufgelistet.

Doch dann überwiegt meine Neugier einmal mehr. »Was geschah in jener verhängnisvollen Nacht, als er das Stilett in Ihrem Wohnzimmer verschluckte?«, frage ich vorsichtig.

Johnans schreckliches Geheimnis

In leisem Tonfall beginnt Ruth Bührer von den letzten Tagen des Holländers zu berichten. Ihre Stimme gerät ins Stocken. Tapfer versucht sie die Fassung zu bewahren: »Ich werde diese schrecklichen Augenblicke mein Leben lang nicht mehr vergessen. Die halbe Nacht lang rumorte es seinerzeit in unserer Wohnstube wie verrückt. Immer wieder wiederholte und insistierte Mirin Dajo laut und deutlich: ›Ich darf nicht mehr demonstrieren! Ich muss jetzt fasten. Mein geistiger Auftrag ist das Fasten!‹ Unruhig wälzte ich mich in jener Nacht in meinem Bett. Das Theater wollte kein Ende nehmen. Ich konnte kein Auge zutun.

Am nächsten Morgen war Mirin Dajo kreidebleich. ›Was ist denn bloß geschehen?‹, fragte ich ihn betroffen. Er blickte mir zögernd in die Augen. ›De Groot hat mir ein langes Stilett in die Speiseröhre gestoßen. Überall versuchte er es hineinzustoßen. Von hinten. Von vorne. Und in den Mund ...‹«

Also doch! Was ich mittlerweile längst ahnte, aber nie auszusprechen wagte, wurde Wirklichkeit. Ruth Bührer bestätigte erstmals in ihren eigenen Worten, was die Bezirksanwaltschaft Winterthur damals offiziell in Abrede gestellt hatte. Sie offenbarte mir Johnans schreckliches Geheimnis. Das Geheimnis, das er – und andere mit ihm – sein Leben lang verschwiegen hatte. Das Geheimnis vom Lehrling, der seinen geliebten Freund und Meister mit seiner Maßlosigkeit ins Elend trieb. Und erst später merkte, dass er sich damit jenes Menschen beraubt hatte, der ihn zu dem machte, was er später wurde.

Ruth Bührer kämpft einmal mehr mit den Tränen. »Ja, es ist leider wahr. De Groot hat ihn regelrecht dazu gezwungen! Mit seinen eigenen Händen. Obwohl Mirin Dajo ›von oben‹ doch ausdrücklich den Auftrag erhalten hatte, vorläufig keine weiteren körperlichen Experimente mehr vorzunehmen.«

Professor Brunner muss es geahnt haben, fällt es mir wie Schuppen von den Augen! In langen Gesprächen hatte er den Holländer kennen- und schätzen gelernt. Er wusste, dass Dajo alles mit Johnan teilte. Selbst seine körperlichen Experimente. Und dennoch schwieg der berühmte Mediziner gegenüber den Behörden. Weil er wusste, welche Folgen eine Aussage gegen Johnan nach sich gezogen hätte? Oder weil ihn Dajo sogar darum gebeten hatte? Möglich, dass sich Brunner irgendwie revanchieren wollte. Schließlich hätte er als Arzt von Anfang an wissen müssen, dass die damalige Wunde infiziert bleiben könnte.

Hatte sich der Professor diesbezüglich sogar mit seinen Kollegen abgesprochen? Merkwürdigerweise hielt selbst Ernst Hardmeier vom rechtsmedizinischen Institut der Universität Zürich in seinem Obduktionsbericht ausdrücklich fest, dass »Dajo das kritische Instrument selbst verschluckt haben muss. Eine Mithilfe einer Drittperson beim Verschlucken selbst ist nicht anzunehmen.« Ein auffällig kurzes Statement. Ohne nähere Begründung.

Hätte nicht auch Hardmeier stutzig werden müssen? Immerhin diagnostizierte er bei der Obduktion von Dajos Körper »frischere rundliche Hautsubstanzdefekte an beiden Waden« – obwohl der Holländer bereits Monate vor seinem Tod allen weiteren Durchstechungsexperimenten abgeschworen hatte. Verletzungen, die ebenfalls aus jener berüchtigten Nacht herrühren dürften, die Ruth Bührer das Blut in den Adern gefrieren ließ.

Ich blicke der liebenswerten Frau in ihre glänzenden Augen, halte für einen Moment ihre Hand. Sie schweigt. Ich schweige. Doch wenige Sekunden später ist es bereits wieder da: Jenes

Mirin Dajo beim Zeichnen
mit Gublers Kindern in Weinfelden.

gütige, verzeihende Lächeln, das ihre Gesichtszüge umspielt. Jene innere Kraft, die der »lieben Ruth« Zeit ihres Lebens immer wieder auf die Beine half. Voller Freude kramt sie weitere Fotos von Mirin Dajo hervor. »Sehen Sie nur, wie nett er mit Kindern umging und mit ihnen zeichnete. Kinder liebten ihn!«

Zögernd frage ich ein letztes Mal nach. »Warum drängte ihn Johnan überhaupt dazu, das Experiment mit dem Stilett zu wagen? Weshalb half er mit eigenen Händen tatkräftig nach?«

Doch Ruth Bührer mag nicht mehr darüber sprechen. »De Groot ist es wohl mulmig geworden«, entgegnet sie knapp, »weil die Aufenthaltsbewilligung ablief und er in Holland nach dem Kriegsende keinen Verdienst mehr sah. Er war ein Heuchler!«

Womöglich war im Vorfeld der Tragödie also tatsächlich Geld geflossen. Vielleicht hoffte Jan de Groot, die Behörden würden nach dem geglückten Experiment ihren Segen für einen weiteren Verbleib in der Schweiz erteilen. Die Kritik der Ärzte wäre damit ein für alle Mal vom Tisch gewesen. Möglich, dass die Fremdenpolizei ebenfalls ihre Meinung geändert hätte.

Ruth Bührer wechselt das Thema. Ich kann es ihr nicht verübeln. Sie erzählt mir von Dajos Vorträgen (»Oft zehrte man noch eine ganze Woche davon«). Von seinen erstaunlichen Vorahnungen, deren Bestätigung sie oft am eigenen Leib erfuhr. Oder von Nationalrat Gottlieb Duttweiler, der in ihrem Haus ebenfalls zu Gast war. Auch Dajos Eltern und seine drei Brüder habe man seinerzeit mit dem Auto in Haarlem besucht, fügt sie an. »Die waren ebenfalls die Liebe selbst, ebenso wie er. Leider war seine Mutter bereits damals zuckerkrank.«

Wenige Minuten später nimmt sie mich unverhofft an der Hand und delegiert mich ebenso energisch wie zielstrebig in den Keller ihrer Wohnung. Neben allerlei Krimskrams aus vergangener Zeit modert dort eine verstaubte schwarze Ledertasche vor sich hin. »Nehmen Sie diese Tasche bitte ebenso mit«, lächelt die 84-Jährige. »Sie gehört nun ebenfalls Ihnen, mitsamt dem Inhalt. Machen Sie das Beste daraus – bevor man nach meinem Tod hier vermutlich alles verramscht oder verbrennt.«

Ich öffne den Reißverschluss und blicke auf mehrere metallene Büchsen: die verschollenen Originalfilme von Mirin Dajo! Die 35-Millimeter-Aufzeichnungen, die vor oder nach seinen Vorträgen jeweils über die Leinwand flimmerten. Mitfinanziert von Ruth und Walter Bührer. Um der Nachwelt zu dokumentieren, was damals niemand glauben wollte. Ein weiteres Wunder?

Zurück in Basel spähe ich am späten Abend erwartungsfroh in die erste der fünf Blechdosen. Ein übler Geruch schlägt mir entgegen. Der Inhalt? Verrottet und verfault. Enttäuscht äuge ich in die zweite Büchse. Ebenfalls verschimmelt – und in noch schlimmerem Zustand. Wie gewonnen, so zerronnen?

Mit einem Stoßseufzer öffne ich die größte und schwerste Filmbüchse mit der Aufschrift »Masterkopie« – also der originale Rohschnitt aller späteren Kopien. Enttäuscht. Frustriert. Und ohne Erwartung. Dann aber schießt mir unverhofft das Blut in den Kopf: Beinahe blitzblank sauber funkelt mir das damalige Filmmaterial entgegnen! Seit 1948 unangetastet, unberührt und bestens konserviert. Als wäre es erst gestern gedreht worden. Als hätte es ein gütiger Engel über ein halbes Jahrhundert lang behütet, bewahrt und beschützt. Ein weiteres Wunder!

Eine Geschichte ohne Ende

Mirin Dajos Geschichte ist eine Geschichte voller Überraschungen. Und eine Geschichte ohne Ende. Selbst die Sterne sprechen eine spezielle Sprache. Der Holländer wurde am 6. August 1912 um 20:03 Uhr in Rotterdam geboren, im Zeichen des Löwen mit Aszendent Wassermann. Astrologen deuteten mir sein Wesen 2003 – ohne etwas von ihm zu wissen! – als »stolz, selbstbestimmt, selbstständig, zielstrebig und ehrgeizig«. Negative Charaktereigenschaften würden durch seine Großzügigkeit, Wärme und seine noblen Ansichten ausgeglichen. Weiter wirke er ruhiger, als er wirklich sei, er sei gesellig und verblüffe außerdem durch eine gute Konstitution.

Mirin Dajo beschäftige sich »mit absonderlichen Dingen«, heißt es in der mir vorliegenden Analyse weiter. Vermutlich heimlich, weil er sich seiner Abweichung von der Norm durchaus bewusst sei. Er könne sich mächtige Leute zu Gegnern machen. Seine finanzielle Situation sei alles andere als rosig, weshalb er dazu gezwungen würde, sich mehrere Erwerbstätigkeiten zu suchen.

Obgleich selbstbewusst auftretend, brauche er eine ihn unterstützende Person. Außerdem verfüge er – kein Witz! – »über die Kraft, sich von Erkrankungen auffällig rasch« zu erholen.

Die deutsche Astrologin Barbara Allgeier bestätigte mir 2022 diese Aussage. »Chiron in Haus 1 schenkt ihm ganz außergewöhnliche Heilkräfte«, präzisierte sie nach eigener Analyse. Auffallend sei zudem »die Stellung von Jupiter im Schützen in Haus 9, ›Glaube in Hochpotenz ‹, ein regelrechter Weisheits- oder Königsaspekt!« Mit Saturn in Haus 3 verfüge Mirin Dajo zudem über viel Tiefgang. »Und mit Uranus im Wassermann in Haus 12 hat er einen direkten Draht zum Himmel.«

Ähnlich verblüffend, was andere Astrologen für Jan de Groot (geboren am 17. März 1914 um 22:00 Uhr in Amsterdam) bereithielten – ohne Kenntnis seiner Person. Der geborene Fisch mit Aszendent Skorpion neige zu Extremen, sei sehr empfänglich für Zuneigung und sehne sich danach. Weiter tendiere er zum Okkulten, zu übersinnlichen Phänomenen und müsse in der einen oder anderen Form immer mit dem Dunklen, Zerstörerischen kämpfen. »Eine Seite will Harmonie, und die andere Seite will zerstören.« Irgendwann in seinem Leben, »nachdem ein wichtiges, dramatisches Ereignis ihn tief beeindruckt hat, kann sich sein Lebensziel und der Ausdruck seines Egos komplett ändern«.

Besser könnte man Johnans »Läuterung« nicht auf den Punkt bringen. Nach dem Drama in Winterthur fing er nochmals bei null an und begann ein neues Leben. Seit vielen Jahrzehnten glücklich verheiratet, war Jan de Groot bei meinem Besuch stolzer Großvater mehrerer Enkel. Dajos Botschaft war bei ihm offenbar auf fruchtbaren Boden gefallen – später als es vielen lieb war. In all den Jahren wuchs sie zu einem Bäumchen heran, dessen Wurzeln sich mit jedem Jahr tiefer in die Erde gruben.

Über 55 Jahre waren seit dem Tod des Holländers damals vergangen. Insofern konnte man de Groot sein Handeln nicht mehr vorwerfen. Der Verlust seines engsten Freundes und von dessen Freunden und Verwandten waren für ihn Bestrafung genug, die Ereignisse längst verjährt. Die übersehene Infektion ging aufs Konto der Ärzte. Doch die Erinnerung an seine damalige Lüge klebte an seinen Fersen – wie ein ständiger, lästiger Begleiter. Und sie schien ihm bis zu seinem Tod keine Ruhe zu lassen.

»Mirin Dajo hat es selbst getan!«, versicherte er mir Ende 2003 auf telefonische Nachfrage noch einmal eindringlich. Wohl auch aus Rücksicht auf seine Kinder und Enkel. »Ich war sehr froh, dass er es selbst getan hat, sonst wäre ich ja schuldig gewesen. Man hat mir denn auch niemals Fragen dazu gestellt.«

Und Dajo? Er scheint Johnans Vorgehen gebilligt zu haben. Gegenüber der Öffentlichkeit verlor er kein Wort darüber. Er nahm das Experiment auf seine Kappe und ließ in den letzten Briefen selbst seine Eltern in Unkenntnis über die Hintergründe.

Wie sagte er 1947 in geradezu prophetischer Voraussicht: »Man hat auch viel zu sagen über meine Freunde Otter und de Groot. Man denkt immer so von anderen Leuten, wie man selbst ist, aber man reagiert so, wie der Entwicklungsgang des Geistes ist. Also kann man nie sagen, er hat schlecht oder falsch gehandelt, oder er hat gut und richtig gehandelt. Im Leben gibt es niemals ein Gut und ein Schlecht. Wenn man dies erkennt, erschaut man, dass es auch keinen Feind gibt und somit ebenfalls keinen Freund. Einen Freund im menschlichen Sinne nicht. Dies, wenn man sich einstellt auf das Gute und sich ganz offen stellt zu Gott und sich auflöst in Gott. So kann man auch leben in Gott. Und weil Gott Liebe ist, lebt man also auch in Liebe, und so ist jeder ein Freund, auch der Mörder.«

Merkwürdige Ausführungen. Doch um Mirin Dajo geschahen nun mal die merkwürdigsten Dinge. Kranke wurden gesund, Depressive begannen wieder zu lächeln und Suchende wurden unerwartet fündig. Gegensätze zogen sich an und wurden eins.

Unwahrscheinliches wurde wahrscheinlich, Unverständliches verständlich. Die Logik schlug Purzelbäume.

Wie ein roter Faden zogen sich die unmöglichsten »Zufälle« durch meine Recherchen. Die Dinge nahmen ihren Lauf. Weil sie ihren Lauf nehmen wollten. Die Geschichte diktierte sich von selbst. Längst hatte ich mich daran gewöhnt. Nicht einmal die Tatsache, dass es mir kurz vor der damaligen Manuskriptabgabe in letzter Minute gelungen war, einen Teil von Mirin Dajos Briefen an seine Familie aus dem Jahr 1947 über Umwege zu erwerben, mochte mich mehr verwundern.

Bis zu jenem Herbsttag 2003, an dem mir einmal mehr die Luft wegblieb. Soeben hatte ich mir den ersten Teil der von Ruth Bührer geschenkten 35-Millimeter-Filme zu Hause als VHS-Kopie angeschaut. Wenige Sekunden nachdem die letzten Bilder über den Bildschirm meines Fernsehers flimmerten, klingelte meine Hausglocke. Aufgewühlt stand ich auf und ergriff den Hörer meiner Gegensprechanlage. »Hallo?«, fragte ich unwirsch.

»Guten Tag«, meldete sich eine freundliche ältere Stimme mit holländischem Akzent. »Entschuldigen Sie bitte die Störung. Mein Name ist Henskes aus Haarlem. Ich bin gerade auf Durchreise – und dachte, ich schaue mal bei Ihnen vorbei ...«

Unerwarteter Besuch aus Holland

Kurze Zeit später sitze ich mit Cornelis Henskes und seiner Frau in einem Basler Café. Wie sich herausstellt, ist er eine jener Personen aus Haarlem, die ich etliche Monate zuvor auf gut Glück angeschrieben hatte. In der Hoffnung, sie könnten mit Mirin Dajo irgendwie verwandt sein. »Das bin ich auch tatsächlich«, strahlt der 80-jährige Holländer. »Der Großvater von Mirin Dajo war der Bruder meines Großvaters.« Persönlich kennengelernt habe er

Kein Foto – sondern eine detaillierte Zeichnung aus Arnolds Jugendjahren, die mir Cornelis Henskes als Xerokopie schenkte.

seinen bekannten Verwandten zwar nie, »aber man hat natürlich viel von ihm gehört.« Und dann beginnt er in seinen Erinnerungen zu kramen, als ob es erst gestern gewesen wäre ...

Wir sprechen über die Kriegsjahre. Die Besetzung Hollands. Der Schatten der Vergangenheit entfaltet sich für einige Momente zu neuem Leben. Frau Henskes erzählt mir beim Kaffee, wie sie sich in jener entbehrungsreichen Zeit von Blumensamen ernähren mussten. »Wie Sie sehen, hat es uns nicht geschadet«, lächelt Cornelis Henskes. »65 Jahre lang habe ich gearbeitet – nun genießen wir den Ruhestand in vollen Zügen. So viel Frieden war uns in unserem gesamten Leben noch nie vergönnt.«

Im Gepäck hat das Pärchen allerlei Presseberichte über ihren Verwandten, die sie mir vertrauensvoll überlassen. Ich möchte sie im Gegenzug einladen. Doch sie winken freundlich ab. »Wir sind heute nicht hier, um zu nehmen – sondern um zu geben.« Ausführungen, die mir seltsam vertraut vorkommen.

Ich denke an Mirin Dajos Worte zurück: »Jeder von uns kann zum Mittelpunkt des Weltfriedens werden. Es kommt einzig darauf an, wie tief das Beet des Friedensgedankens ist, das er sich in seinem Herzen gräbt. Gleiches gesellt sich zu Gleichem. Wir sehen dieses Gesetz sowohl im Bösen als auch im Guten sich auswirken. Gemeinsame Bestrebungen führen zu Gruppenbildungen, Verbänden, und eines Tages umspannen sie die Welt, alles in ihren Bannkreis ziehend, was zu ihnen gehört.«

Intensiver denn je wird mir an jenem Nachmittag bewusst, dass das »Rendezvous« mit Cornelis Henskes das vorläufige Ende meiner Begegnung mit dem »Wundermann« markierte. Monatelang war ich 2003 seinen Spuren gefolgt. Um ihn schließlich dort zu finden, wo er zu Hause war – im Herzen der Menschen, die ihm nahestanden. Etliche Zeitzeugen konnte ich befragen. Und keiner verlor auch nur ein einziges schlechtes Wort über ihn.

Wie auch immer man seine Experimente interpretiert: Sicher scheint, dass es ihm sein universales Vertrauen ermöglichte, autohypnotische Trancezustände zu erreichen. Einzigartige Reisen in eine andere Welt, die sein Inneres über sein Äußeres triumphieren ließen, jeglichen Schmerz vergessen machten und heilende Kräfte aller Art weckten. »Was ich hier deutlich zu machen versuche, sind uralte, aber meist nur im Verborgenen verkündete Erkenntnisse«, betonte Mirin Dajo. »Ich spreche in aller Öffentlichkeit davon, weil ich den Augenblick dazu für gekommen erachte und die Wahrheit meiner Worte durch Taten beweisen kann. Taten, die neue Perspektiven eröffnen.«

Demütig zähmte der Holländer seinen Geist und damit auch seinen Körper. Er verfolgte dabei eine Vision, wie sie heute nicht aktueller sein könnte. Die Vision einer globalen Bruderschaft für

Letzte Ruhestätte: Friedhof und Krematorium Westerveld im niederländischen Driehuis. In dieser Nischengalerie ruhen bis heute die Urnen von Mirin Dajo, seiner Brüder und seiner Eltern.

den Frieden, die nicht nach Glauben, Reichtum, Hautfarbe oder Herkunft urteilt – sondern bescheiden nach höherem geistigem Bewusstsein strebt. Wie hatte er stets betont: »Im Reich Gottes kann jeder ein König sein, stehe er im täglichen Leben hinter dem Pflug oder am Küchentisch. Es ist eine verborgene geistige Größe, die jedem bewusst sein kann, ohne ihn jemals zur Überheblichkeit zu verleiten. Niemand, auch der Ärmste und Beschränkteste nicht, ist davon ausgeschlossen. Er braucht nur zuzugreifen!«

Kapitel 3

Eine unendliche Geschichte (2022)

Neue Entdeckungen und weitere Geheimnisse

»Wie störend sind
neue Erkenntnisse, die
das Wohlgeordnete
mit Umsturz bedrohen!«

Gottlieb Duttweiler
1948

Vergessen – und wieder auferstanden

»Dank der von Luc Bürgin 2003 entdeckten Filmaufnahmen und seiner Recherchen ist Mirin Dajo wieder ›auferstanden‹.« So notierte es der Philosoph Armin Risi sinngemäß in seinem Buch *Ihr seid Lichtwesen.* Risi zählt zu den wenigen geistreichen Autoren, die Dajos Wunder tiefsinnig aufgriffen und würdigten.

Knapp 20 Jahre sind seither verstrichen. Vieles ist geschehen. Und noch mehr hat sich verändert. Das Internet? Mutierte vom anarchistischen Traum zum kommerzialisierten und staatlich zensierten Alptraum. VHS-Videokassetten? Feierten seinerzeit Hochkonjunktur. Facebook? Gab es nicht. YouTube? Wurde erst 2005 lanciert. Das iPhone? Wurde erst 2007 präsentiert. Telefonie per Skype? Befand sich noch in der digitalen Entbindungsstation. Ebenso wie online durchsuchbare Pressearchive.

Stattdessen galt es damals, in Nationalbibliotheken mittels mikroskopartiger Lesegeräte unzählige Mikrofiches uralter Zeitungsbände zu durchforsten. Tagelang. Seite für Seite. Von A bis Z. In der Hoffnung, auf gut Glück vergessene Aufzeichnungen über Mirin Dajo aufzuspüren. Hand aufs Herz: Welcher Student weiß heute noch, was Mikrofiches sind?

Zugegeben, ich hatte in jener Zeit unendlich viel Glück. Und jede Menge Schutzengel. Noch während der Abfassung meiner ersten Notizen über den »Wundermann« war ich 2002 unerwartet erkrankt. Diagnose: Lymphdrüsenkrebs! Und dies im Alter von 32 Jahren. Abend für Abend zockte ich in jenen Monaten mit Gevatter Tod – um mich in hoffnungsfroheren Momenten erneut der Geschichte von Mirin Dajo zuzuwenden. »Sobald ich wieder auf den Beinen bin, muss dieses Büchlein aus mir raus!«, flüsterte ich damals einer seelenverwandten Freundin zu.

Gutartiges mutiert mitunter zu Bösartigem. Bösartiges wandelt sich mithin ebenso unverstanden zu Gutartigem. Und so erhielt ich 2003 dank »neuartiger« Chemotortur ein zweites Leben geschenkt. »Seien Sie trotz aller Skepsis gegenüber der Schulmedizin froh«, riet mein behandelnder Onkologe mit einem Augenzwinkern. »Sie hatten im Gegensatz zu anderen Patienten unendlich viel Glück. Noch vor wenigen Jahrzehnten wären Sie womöglich gestorben, weil es für diese Krankheit früher kaum Heilmittel gab – auch keine alternativmedizinischen.«

Warme Begegnung in einer kalten Nacht

Mirin Dajos Geschichte bleibt eine Geschichte voller Überraschungen. Und so hielten die Jahre nach meiner Genesung einmal mehr allerlei seltsame »Zufälle« bereit. Ende 2003 hatte Jan de Groot in den Niederlanden seine Aufzeichnungen parallel zu meinen publiziert. Leider widmeten sich seine Zeilen mehrheitlich Dajos Wirken in seiner Heimat. Konkretere Details über die turbulente Zeit in der Schweiz? Fehlanzeige.

Obwohl ich den betagten Mann längst der Mithilfe am Tod seines Freundes bezichtigt hatte, blieben seine letzten Briefe an mich herzlich. Auch ich wollte ihm im Gegenzug keine Vorwürfe mehr machen. Andere Zeiten, andere Gedanken. Wer mit dem Finger auf andere zeigt, sollte sich überlegen, warum er dies tut. Und wer anderen nicht vergeben kann, kann auch sich selbst nicht verzeihen. Hätte ich an Johnans Stelle 1948 in akuter Bedrängnis anders gehandelt? Hand aufs Herz: Ich weiß es nicht.

Kurz darauf begann die unendliche Geschichte von vorne. Am 1. Mai 2004 meldete sich mit Harmen Coster überraschend ein weiterer Kronzeuge zu Wort. »Mein Vater Cornelis hat Mirin Dajo persönlich kennengelernt«, schrieb er mir. »Mein Papa wird dieses Jahr stolze 76 Jahre alt, wohnt heute im deutschen Bad Neustadt an der Saale und könnte Ihnen einige interessante Er-

Geläutert, gealtert – und gereift:
Jan de Groot, Mitte August 2003.

fahrungen und besondere Ereignisse erzählen! Er war als Jugendlicher todkrank und wurde seinerzeit in Holland überraschend von Mirin Dajo aufgesucht. Diese Begegnungen haben ihn und unsere Familie sehr beschäftigt und sind bis heute aktuell.«

Ich ließ mich nicht zweimal bitten, korrespondierte und telefonierte. Kurze Zeit später erhielt ich »drei Seiten von Vaters Erinnerungen, die ich für Sie aus dem Niederländischen übersetzt habe und Ihnen gerne weitergebe«. Lebhaft könne er sich bis heute an den »unverletzbaren Propheten« und dessen paranormale Kräfte erinnern, betonte Cornelis Coster in seinen Aufzeichnungen.

Es war an einem kalten Winterabend Ende 1946. Einmal mehr im holländischen Städtchen Haarlem. Cornelis Coster saß mit seiner Mutter und seinem Bruder im Wohnzimmer am wärmenden Ofen. »Gegen 21:30 Uhr abends hörten wir plötzlich Schritte und Stimmen vor unserem Haus«, erinnerte er sich. »Nach einiger Zeit klingelte es an unserer Wohnung. Wir schreckten auf und gingen misstrauisch zum Eingang, um zu sehen, wer uns denn so spät am Abend und bei solcher Kälte noch besuchen wollte. Vorsichtig blickten wir durch das Türfensterchen und sahen einen jüngeren Mann. Neben ihm ein älterer Herr. Der jüngere Mann sagte: ›Ich bin Mirin Dajo. Ich komme zusammen mit meinem Vater. Man hat mir ein Lichtbild von Ihrem Sohn gegeben.‹«

Costers Mutter blickte die beiden Besucher ungläubig an. Tatsächlich hatte sie einem örtlichen Lehrer ein Foto ihres asthmakranken Sohnes in die Hand gedrückt. Der Pädagoge beabsichtigte, einen Auftritt des »Wundermanns« zu besuchen und ihn um Hilfe zu bitten. Denn die Kunde seiner heilerischen Fähigkeiten hatte sich längst herumgesprochen.

»Wir erblickten nun einen schlanken Mann mit Bärtchen und leuchtenden Augen freundlich lachend hereinkommen«, protokollierte Cornelis Coster. »Wir begrüßten uns, und mir fiel sogleich auf, dass Mirin Dajo sehr warme Hände hatte, obwohl er in jener eiskalten Winternacht nur eine dünne Jacke trug. Ganz im Gegensatz zu seinem Vater. Dieser war in einen dicken Mantel gehüllt, trug Handschuhe, Schal und auffallend große Ohrenschützer. Im Gegensatz zu seinem fröstelnden Vater zog Mirin Dajo bei der Begrüßung sofort das Jackett aus. Zu meinem Erstaunen war sein Oberkörper vollkommen nackt!«

Familie Coster bat die Besucher an den Wohnzimmertisch. Dabei stellte sich heraus, dass das Foto, welches besagter Lehrer

Mirin Dajo übergeben hatte, keinerlei Namen oder Anschrift trug. Das war Absicht, wie mir Cornelis Coster berichtete: »Mein Lehrer war ein sturer, etwas dickköpfiger Friesländer, der wegen seiner kritischen Haltung gegenüber Dajo und dessen Fähigkeiten mit Absicht meine Adresse und meinen Namen weggelassen hatte. Er glaubte nicht so recht an Wunder und dachte, wenn dieser seltsame Mann tatsächlich derart wundervolle Dinge vollbringen könne, wie ihm nachgesagt wurde, dann müsse es ihm wohl auch gelingen, ohne weitere Angaben herauszufinden, wo ich wohne.«

Exakt dies war dann auch der Fall. So war Mirin Dajo nach einer seiner öffentlichen Körperdurchstechungen eines Abends erschöpft nach Hause gekommen. Dort hatten ihm seine Eltern bereits etliche verschlossene Briefumschläge hingelegt. Allesamt stammten sie von Menschen, die den Holländer um Hilfe baten. Dajo setzte sich, nahm einen Umschlag nach dem anderen in die Hände, schloss dabei jeweils kurz seine Augen und konzentrierte sich.

Drei Zuschriften pflückte er auf diese Weise heraus. Die restlichen legte er ungeöffnet zur Seite. »Diesen Menschen kann ich helfen«, murmelte der Holländer. In einem der Umschläge befand sich auch Costers Foto. »Ihn müssen wir unbedingt noch heute Abend besuchen!«, erklärte er seinem Vater. »Es ist ein Auftrag. Diese Person hat eine starke Ausstrahlung, ich sehe jetzt schon ihr Licht. Der junge Mann wohnt im Südwesten von Haarlem. Fahren wir erst mal ein Stück mit der Straßenbahn und sehen wir dann weiter.« Sein Vater starrte ihn ungläubig an: »In dieser klirrenden Kälte? Von mir aus …«

Purer Intuition folgend gelangten die beiden zum Haus von Cornelis Coster, in dessen Wohnzimmer sie nun überraschend saßen. Sein Landsmann habe ihm mit seinen Händen »jede Menge Energie übertragen« und den Eltern über eine Stunde lang Tipps gegeben, wie sie der Krankheit ihres Sohnes ohne Medikamente begegnen sollten. Er werde die »Behandlung« auf seine eigene Weise aus der Ferne fortsetzen, versprach er ihm: »Ich kann viel für dich tun. Vergiss bitte nie: Ich werde dich in der Nacht besuchen, während du schläfst. In der Nacht habe ich viel Zeit, trete aus meinem Körper aus und reise überall hin.«

In der Tat habe sich sein gesundheitlicher Zustand in den folgenden Tagen rapide verbessert, so Coster. »Ich konnte danach viel besser atmen, mich besser bewegen. Und auch das Essen fiel mir wieder leichter. Dadurch nahm ich an Gewicht zu und wurde wieder kräftiger.« Er habe den »Wunderpropheten« in der Folge öfters besucht. »Er wohnte in einem kleinen Zimmer ohne Möbel an der Vorderseite seines Elternhauses. Da gab es eine Hängematte und eine dünne Schlafmatte auf dem Boden. Kein Bett also. Er schlief nackt. Nachts trat er aus seinem Körper, um seine geistige Arbeit zu tun. Er durfte dabei nicht geweckt werden.«

Coster löcherte ihn mit unzähligen Fragen. Und Mirin Dajo beantwortete sie ihm geduldig: »Als ich dein Foto im Umschlag verschlossen in meinen Händen hielt, bekam ich die Eingebung, dass ich dich noch am selben Abend besuchen muss. Ich finde jeden, an den ich denke oder den ich im Auftrag besuchen muss. Ich helfe immer dann und überall, wenn die Lebensumstände derart schlecht werden, dass man seine Aufgabe aus eigener Kraft nicht mehr ausführen kann. Dies ist bei dir so gewesen, obwohl du eine starke positive Willenskraft besitzt. Aus eigener Kraft konnte dein Körper sich von der Krankheit, die dich überfallen hat, nicht mehr befreien. Das will heißen: Ich kann dir nur so weit helfen, dass deine Krankheit beherrschbar bleibt.«

Beim letzten Zusammentreffen habe ihm der »Wundermann« schließlich prophezeit, dass sie sich in diesem Leben nie mehr sehen würden. Cornelis Coster: »Er kündete mir 1947 an, dass er in die Schweiz reisen und von dort nicht mehr zurückkommen werde! Leider sollte er damit einmal mehr recht behalten.«

Ein Film geht um die Welt

Mirin Dajos Geschichte diktierte sich längst wieder von selbst. Und so spazierte eines Tages Albert Grimm in mein Leben. Ende 2005 stellte der 1934 geborene und bis heute lebenslustige Lokalhistoriker in Wallisellen eine 9-monatige Ausstellung über den Holländer auf die Beine. Samt Vortragstagung, der auch die Tochter von Professor Massini beiwohnte. Ebenso wie Jean Berner, ein Allgemeinmediziner aus Dietlikon.

In bedachten Worten fasste Berner zusammen, was sich ihm als Arzt erschloss: »Offenbar gelingt es dem Menschen, unter bestimmten Bedingungen, schädigende Einflüsse bis zu seinem Zellaufbau kraft seiner geistigen Haltung abzuwehren oder zu vermindern. Die Wundheilung über den Magen nach dem Herausoperieren des geschluckten Stiletts erfolgte bei Mirin Dajo dreimal schneller als bei anderen Menschen!«

Es sei inzwischen bekannt, »dass medizinische Hypnose auf die Wundheilung einen erheblichen Einfluss« hat, wie Jean Berner weiter ausführte. »So kann man diese bei symmetrischen Verbrennungen auf der suggestiv beeinflussten Seite um Tage beschleunigen. Es gibt auch seltene Beobachtungen, wo ein das Bewusstsein stärkendes Ereignis wie etwa eine Wallfahrt, eine Schwangerschaft oder eine neue Partnerschaft das Krebswachstum hemmte – bis hin zur medizinisch unerklärbaren Heilung.«

Entsprechend habe Mirin Dajo schon früh erkannt, dass die meisten Krankheiten Folgen repetitiver negativer Gedanken seien und ein Mensch im Bewusstsein seiner inneren göttlichen Kräfte sehr schnell heile oder gar nicht erkranke. »Meine Erfahrung ist, dass die meisten Krankheiten auf der materiellen Ebene relativ weit weg vom Bewusstsein ablaufen und daher weitgehend eigengesetzlich sind. Dennoch halte ich es für möglich, dass gewisse Personen viele biologische Vorgänge geistig beeinflussen und, wenn auch sehr selten, gelegentlich umkehren können!«

Neben starkem Schwitzen und einer Pulsverlangsamung habe der Holländer bei seinen Experimenten keinerlei Schmerzreaktion gezeigt, wie er bestätigte. »Durch geistige Vorbereitung oder in bestimmten Situationen gelingt es dem Menschen mitunter, die Schmerzempfindung teilweise oder vollständig auszuschalten, wie eine Frau bei der Geburt zeigt oder Berichte von Soldaten dokumentieren, die nach einem Angriff feststellen, dass sie schwere Verletzungen erlitten haben und nichts davon merkten.« Auch in religiöser Verzückung würde die Schmerzempfindung gelegentlich unterdrückt. Vermutlich sei diese auch bei manchen Märtyrern während Folterungen regelrecht »ausgefallen«.

Berner: »Zusammenfassend handelte es sich bei Mirin Dajo um einen hochvergeistigten Menschen, der zur Verdeutlichung seiner Glaubens-, Friedens- und Aufbruchsbotschaft gewisse Körperempfindungen ausschalten sowie andere Funktionen wie Wundheilung und Infektionsabwehr extrem steigern konnte. Diesbezüglich gab es das ›Wunder Mirin Dajo‹ – wenn auch nicht durch Ausschaltung der Materie oder der Naturgesetze, wie es in der Parapsychologie und Esoterikszene gerne gesehen wurde.«

Die Ausstellung in Wallisellen gab 2006 auch Christoph Mörgeli zu denken – damals Leiter des medizinhistorischen Museums der Universität Zürich. Interessiert gab der Professor seinem Zahnmedizin-Absolventen Silvio Schütz eine Doktorarbeit zum Thema in Auftrag. Leider kontaktierten mich in der Folge weder Mörgeli noch Schütz. Resultat: Eine grandios verunglückte Dissertation, die zu 70 Prozent mehr oder minder wörtlich meine Recherchen zitierte. Jede fehlerfrei kolportierte Seite aus einem Telefonbuch wäre akademisch erleuchtender gewesen.

Kommt Zeit, kommt Rat. Kommt Rat, folgt Tat. Nachdem ich genügend Geld gespart hatte, ließ ich die 35-Millimeter-Filme, die mir Ruth Bührer als letzte Vertreterin des »Mirin Dajo Fonds«

vermacht hatte, professionell restaurieren und digitalisieren. Im April 2009 veröffentlichte ich sie in Kooperation mit dem Schweizer Fernsehen im Internet. Kurz danach baten 3SAT, VOX, BBC und ORF um das Filmmaterial. Ebenso wie amerikanische, australische und japanische Fernsehsender.

Mirin Dajos Friedensbotschaft? Sein selbstloses Wesen? All dies interessierte selbstverständlich keinen der TV-Produzenten. Hauptsache, man konnte die haarsträubenden Aufnahmen samt ebenso haarsträubender Kommentare zur besten Sendezeit um die Welt kabeln und damit Werbegeld einsacken! Wie bereits 1947 stand lediglich die medizinische Sensation im Vordergrund, über welche jeder »Experte« ohne genauere Kenntnis der Sachlage etwas zu schwurbeln wusste. »Erstaunlich!«, kommentierten einige. »Alles erklärbar!«, winkten andere ab. Und Dajos waghalsige Schwertdurchstechung in Bern? Wurde, weil völlig unerklärlich, bezeichnenderweise von keinem Arzt näher erläutert.

Umso mehr Gedankenblumen schenkte mir in jener Zeit einmal mehr Ruth Bührer. »Das ist ja wirklich unglaublich, was Sie mittlerweile alles herausgefunden haben«, schrieb sie mir. »Es freut mich, dass Sie mich nicht vergessen haben.« Und auch bei unserem letzten Telefonat blieb sie die Sonne an meinem Horizont. »Vielleicht entdecken Sie in Zukunft ja noch viel mehr. Ich wünsche es Ihnen so fest – von ganzem Herzen!«

»Ich bin die Nichte von Arnold!«

Ruth Bührers Wunschtraum sollte in Erfüllung gehen: 2009 bescherte mir das kosmische Drehbuch überraschend den Kontakt zu Ineke Henskes. »Ich bin die Tochter von Herman Henskes, einem der drei Brüder von Arnold – also seine Nichte«, schrieb mir die Holländerin. »Mirin Dajo war somit mein Onkel. Und mein

Großvater war sein Vater. Ihre Aufzeichnungen haben mich tief berührt. Ich habe sie wieder und wieder gelesen. Ich denke, dass auch Arnolds Bruder Gerrit, und natürlich auch mein Großpapa, diese außerordentlich geschätzt hätten!«

Inekes Vater Herman war bereits 1965 verstorben. Ihr zweiter Onkel Joop verließ unsere Welt 1993. Und ihr dritter Onkel Gerrit anno 2000. Nach seinem Tod hatte Ineke mit ihrer Schwester dessen Dachboden geräumt: »Dabei bin ich auch auf Mirin Dajos privates Album gestoßen, in dem er seinerzeit etliche Fotografien seiner Schweizer Freunde und Unterstützer eingeklebt und beschriftet hatte. Aufgrund Ihrer Bemühungen möchte ich Ihnen, lieber Luc, dieses Zeitdokument aus unserem Familienbesitz gerne vermachen. Ebenso wie einige weitere Briefkopien aus Onkel Arnolds letzten Lebensmonaten, die bislang noch kein Außenstehender zu Gesicht bekommen hat.«

Kurz darauf klingelte mein Postbote mit einem Paket aus den Niederlanden. Ein weiteres Geschenk aus heiterem Himmel! Ich schloss Ineke in Gedanken in meine Arme. Manches zusätzliche Foto oder Zitat in der Neufassung dieser Publikation verdankt die Nachwelt allein ihrem guten Willen – ebenso wie der Weitsicht ihres Onkels Gerrit, »ohne dessen Vermächtnis viele Erinnerungen an Arnold wohl für immer verloren« gegangen wären.

Inekes Präsent sollte nicht ihr letztes bleiben. »Kürzlich habe ich mit meinem Bruder über Mirin Dajo gesprochen«, notierte sie mir 2009 ergänzend. »Er erinnert sich an ihn als einen sehr netten Mann, der mit ihm auf seinem Schoß wunderbare Bilder malte. Außerdem wusste er zu berichten, dass unsere Oma – die Mutter von Mirin Dajo – Jan de Groot aus einem Foto der drei Männer später wortlos herausgeschnitten hat.«

Verständlicherweise sei es ihrem Großvater, also dem Vater von Dajo, in späteren Jahren schwergefallen, über die Ereignisse zu sprechen. »Er verließ unsere Welt 1979, im Alter von 94 Jahren.

Ein Geschenk des Himmels:
Blick ins private Fotoalbum von Mirin Dajo.

Enge Verbundenheit:
Mirin Dajo, zwei seiner Brüder und seine Eltern.

Meine Großmutter starb leider bereits 1958. 4 Jahre zuvor hatte sie ein Bein verloren. Wegen Diabetes. Für uns Kinder war das alles sehr schwer zu verstehen.«

Eine Überraschung kommt selten allein. Und so war Ineke im Jahr 2000 bei der Wohnungsräumung von Onkel Gerrit, wie sie mir am 11. Februar 2009 fast schon nebenbei mitteilte, auch ein verschollen geglaubtes Fotoalbum von Arnolds Lieblingscousine Hannie Schaft in die Hände geraten – der 1945 in Haarlem blutjung erschossenen niederländischen Widerstandsikone.

Ein unverhofftes Geschenk war bereits genug. Ich konnte und wollte diesen weiteren historischen »Schatz« von der liebenswerten Frau nicht erbitten. Im Bewusstsein, dass er lokalen Historikern und Kriegsüberlebenden von Haarlem vermutlich unendlich viel mehr bedeuten würde. Ineke spürte dies innerlich wohl ebenfalls. Einem Bauchgefühl folgend vermachte sie besagtes Album unlängst dem Noord-Hollands Archief (NHA) in Haarlem. Zur großen Freude von dessen Direktor Lieuwe Zoodsma.

»Ein einzigartiges Zeitdokument!«, schwärmte Lieuwe Zoodsma im November 2020. »Zwar besaßen wir einige Bilder von Hannie Schaft während ihrer Widerstandszeit, aber aus ihren frühen Lebensjahren gab es so gut wie gar nichts. Mit diesem faszinierenden Jugendalbum konnte diese historische Lücke glücklicherweise endlich geschlossen werden.«

Mirin Dajos letztes Geheimnis

Jedes persönliche Schriftstück und jedes noch so vergilbte Foto erwecken Verstorbene in uns zu neuem Leben. Insofern lassen mir die zwei schicksalsträchtigen Briefe von Mirin Dajo aus dem Jahr 1948, die mir Ineke Henskes überließ, bis heute keine Ruhe. Ausführlich schildert ihr Onkel seiner Familie darin wenige

Arnold und seine geliebte Mutter
(Fotografie aus den 1930er-Jahren).

Wochen vor seinem Tod, wie ihn die drohende Abschiebung aus der Schweiz beschäftigte und gegen seinen Willen offenbar zu immer waghalsigeren Experimenten zwang.

Handschriftlich schreibt er am 24. April 1948 aus Winterthur: »Anbei der lange versprochene Brief! Gestern und heute habe ich Post mit Fotos von euch erhalten, meinen liebsten Dank! Ich habe bereits zu vielen Kontakt. Auch zum Präsidenten von Borneo. Die Fotos von Patienten strömen mir in ständig wachsender Zahl zu. Aus Amerika erhielt ich eine ganze Menge Fotos gleichzeitig, kurz bevor ich von euch die Fotos aus Bulgarien erhalten hatte.

Meine Aufenthaltsbewilligung im Kanton Zürich ist leider immer noch nicht erteilt, doch dank der großartigen Hilfe vieler Freunde erwarte ich sie in den nächsten Tagen. Besonders Professor Robert Forster tut sein Möglichstes. Es gehen Listen ein mit den Unterschriften wichtiger Persönlichkeiten aus Regierungskreisen, Polizei, Medizin und Geschäftsleben etc. mit der

Bitte um eine Aufenthaltsbewilligung im Kanton Zürich oder anderswo, damit ich auch dort öffentlich sprechen kann und weitere Demonstrationen durchgeführt werden können.«

Dann aber spricht Mirin Dajo in seinen Zeilen – ohne die offiziell angekündigte Hungerkur zu erwähnen – völlig überraschend über die Planung eines ultimativen »Experiments«, über das er weder gegenüber seinen Freunden noch gegenüber der Presse jemals auch nur ein Sterbenswörtchen verlauten ließ. Demnach seien insgeheim längst »Vorbereitungen getroffen worden für weitere Demonstrationen, ohne dass zuvor bei den Behörden eine offizielle Genehmigung dafür eingeholt oder erteilt wurde«.

Wörtlich meldet er seiner Familie: »Vergangene Woche im April bin ich, um die optimale Lackart für die künftigen Demonstrationen zu finden, etwa 2 Tage nacheinander vollkommen von der Außenwelt isoliert gewesen, da ich vollständig – mit Ausnahme meines Kopfes – lackiert worden war. Für andere Menschen bedeutet das nach einer halben Stunde den sicheren Tod, doch auf mich hatte es einmal mehr keine Wirkung, und ich fühle mich inzwischen wieder vollkommen wohl. Als dieser Test vorüber war, wurde der Lack wieder entfernt.«

»Lack«?! Ich fragte bei einer professionellen Übersetzerin nach. Ihre Antwort: »Ja! Mirin Dajo schreibt in seiner holländischen Muttersprache tatsächlich ausdrücklich von ›Lak‹, was auf Deutsch eigentlich nur mit ›Lack‹ übersetzt werden kann.« Die Einträge in seinem Reisepass zeugen in den ersten Apriltagen von einem Kurzaufenthalt in Belgien. Nur ein Durchreisestempel? Vielleicht. Vielleicht aber auch nicht.

Seine weiteren Zeilen werfen diesbezüglich mehr Fragen auf, als sie Antworten liefern: »Morgen (Sonntagabend) hoffe ich, mit Johnan in Mogelsberg (St. Gallen) zu sein, um dort vertraulich mit einigen Mitgliedern des Gemeinderates zusammenzutreffen. So könnt ihr sehen, dass auch sonntags hart durchgearbeitet wird.

Am Montag gehen wir nach Bäch (am See), und mittags reisen wir dann weiter nach Bern zu einem kurzen Gespräch mit Armin Schlosser, der eifrig am Mirin-Dajo-Film arbeitet.«

Am 9. Mai 1948 wiederum, rund 2 Wochen später, wendet sich Mirin Dajo aus Winterthur ein allerletztes Mal an seine Verwandten: »Lieber Vater, liebe Mutter, lieber Bruder Joop, endlich wieder ein Lebenszeichen von mir! Dass so lange kein Brief von mir kam, werdet ihr gewiss verstehen, denn es fehlte mir einfach die Zeit dazu, doch ihr könnt sicher sein, dass ich trotzdem in Gedanken sehr wohl bei euch bin. (...) Bevor ich berichte, wie es uns geht, möchte ich zunächst erzählen, dass ich ständig von meiner Energie auch etwas an euch übertrage. (...) Dieselben Vertreter der Schweizer Behörden, die sich bei jeder Demonstration, Aufenthaltsbewilligung und jedem Vortrag querlegten, verlangen nun, dass ich weitere Demonstrationen durchführe, denn sonst würde mir die Aufenthaltsbewilligung verwehrt und ich könnte auch nicht mehr öffentlich auftreten.

Die Vorbereitungen der Überwachung meiner Person und auch die geplanten Filmaufnahmen sind fast fertig. Die Überwachung beginnt offiziell am 18. Mai, einem Dienstag, mittags um 15:00 Uhr. Die Reportage darüber wird in der ganzen Welt erscheinen. Ich finde es wunderbar, endlich zeigen zu können, wer ich bin. Vertraut alle auf Gottes Schutz und Geleit und macht euch keine Sorgen. Mein Kontakt zur Höchsten Ebene ist immer da, und jeden Moment erwarte ich von dort weiteren Rat. Empfangt meine herzlichen Grüße auch an die übrige Familie und einen Kuss – plus einen zusätzlichen Kuss für die liebe Mutti, von eurem euch liebenden Sohn und Bruder, Arnold.« Und weiter: »Wir freuen uns riesig darauf, dass Vater und Mutter in einigen Wochen auch die Schweiz bewundern können und wir uns endlich wieder treffen.«

Wie sehr der Holländer mit seinen Worten – auf tragische Weise – einmal mehr recht behalten sollte, war wohl nicht einmal ihm bewusst. Was mochte danach bloß geschehen sein? Was lief in jenen Tagen gnadenlos schief? Weshalb ließ sich Mirin Dajo am 11. Mai 1948, gerade mal 2 Tage nach den letzten Zeilen an seine Liebsten, auf Johnans Drängen hin ebenso überstürzt wie verzweifelt zum fatalen Experiment mit dem Stilett hinreißen? Es bleibt wohl auf ewig sein letztes Geheimnis.

Was mir Johnan verschwieg

Nachdenklich blättere ich einmal mehr durch den umfangreichen Autopsiebericht, »vorgenommen am 29. Mai 1948 um 14:30 Uhr im Sektionsraum des Friedhofes Rosenberg in Winterthur durch Dr. med. Ernst Hardmeier, Oberarzt am gerichtlich-medizinischen Institut der Universität Zürich«. Zugespielt worden war mir das 38-seitige Typoskript, samt ausdrücklicher »Vertraulichkeitsklausel«, durch einen wohlgesonnenen Informanten.

Die Vertraulichkeit kümmerte mich nicht im Geringsten. Denn die Fakten bestätigten meine Recherchen: Dajos toter Körper war von oben bis unten mit Verletzungsmalen übersät! Ebenso wie etliche innere Organe. Über 500 körperliche Durchstechungen hatten nachweislich ihre auch amtlich dokumentierten Spuren hinterlassen. »Noch nie« hätte er derart viele Narben bei einem Individuum gezählt, notierte Pathologe Hardmeier erstaunt.

Lediglich Magen, Darm und Schädel seien bei den Experimenten augenscheinlich verschont geblieben. Zumindest hätten sich dort keine »sichtbaren« Narben offenbart. Erstaunlicherweise werden Dajos Zunge, seine Lippen, sein Mund oder seine Gurgel nicht erwähnt, obwohl er sich diese bereits 1946 nachweislich mehrmals durchspießen ließ.

Weitere, noch intimere Details aus besagtem Report seien den Lesern an dieser Stelle aus Pietätsgründen erspart.

Viel wichtiger: Bei Dajos Durchstechungen handelte es sich »keinesfalls um Tricks«, wie auch Ernst Hardmeier angesichts des Leichnams bestätigen musste. Und neben der einmal mehr auffälligen Nichterwähnung der von Professor Brunner übersehenen Infektion wurde auch Jan de Groot fatalerweise entlastet: »Es bestehen keinerlei Anhaltspunkte, dass bei diesen Experimenten Drittpersonen mithalfen.« Ein kolossaler Irrtum!

Kein Wunder, dass Dajos Freund nach dessen Tod fluchtartig das Land verließ, »nach einer behördlichen Gnadenfrist von 4 Wochen und einer Ausweisung für 10 Jahre«. Von Förderern und Bekannten längst schief beäugt. »Ein Missverständnis, über das man nicht mehr sprechen sollte.« So diktierte es mir der Gescholtene 2003 auf mein Tonband – und schwieg.

Ehemals geheime Dokumente, die ich 2013, etliche Jahre später, im Schweizerischen Bundesarchiv entdeckte, offenbarten weiteres verschwiegenes Ungemach. Demnach erließ die Bezirksanwaltschaft Zürich am 1. März 1949 Haftbefehle gegen Jan de Groot und Hylke Otter, samt Auslieferungsgesuch. Grund: Die beiden hätten 1947/1948 »ihnen anvertraute Güter, namentlich Geld, unrechtmäßig zu ihrem eigenen Nutzen verwendet«.

Beträchtliche Summen aus Dajos Auftritten sowie »Zuwendungen von Privatpersonen« im Gesamtwert von 18 333 Schweizer Franken seien um 1947/1948 zu Ungunsten von Henskes und dessen Familie »abgezweigt worden«, monierten die Behörden. Ebenso habe Johnan »nach dem 28. Mai 1948«, also kurz nach Dajos Tod, neben der Spendenkasse auch Fotos und Broschüren sowie »dessen persönliches Tagebuch« im Gesamtwert von über 5000 Franken mitgehen lassen.

Den größten Vogel hatte Dajos Gehilfe den Akten zufolge am 16. Juli 1948 abgeschossen. Hinter dem Rücken von Ruth und Walter Bührer und ihrem »Mirin Dajo Fonds« wurde er nach dem Tod seines Freundes beim Berner Filmproduzenten Armin

Schlosser vorstellig. Dort bat er als vermeintlicher »Vertreter« des Fonds widerrechtlich um eine Vorführkopie der Filmaufnahmen, ehe er sich damit aus dem Staub machte, »um diese später zu seinem eigenen Nutzen zu verwenden«. Zurück nach Holland. Zurück nach Haarlem. Zurück ins Niemandsland.

Vernichtender Urteilsspruch der Bezirksanwaltschaft Winterthur: »Veruntreuung und Betrug« im Gesamtbetrag von knapp 24 000 Schweizer Franken. Nicht nur damals eine stolze Summe! Aktenzitat: »Der Hauptgeschädigte und die Angeschuldigten sind in Holland wohnhaft. Da nach dem erwähnten Auslieferungsvertrag die Angeschuldigten als holländische Staatsangehörige nicht ausgeliefert würden, sind die dortigen Behörden einzuladen, in Anwendung des Prinzips des stellvertretenden Strafrechts die Strafverfolgung zu übernehmen.«

In den Niederlanden aber beschwor man trotz der gestohlenen Filmkopie lieber den neugewonnenen Weltfrieden. »Kein Interesse«, winkten die Behörden in Amsterdam rund 2 Jahre später diplomatisch ab. Gar nichts sei klar. Und noch mehr unklar. Umso mehr, als »Dajos Tagebuch« offenbar mehrheitlich von Johnan niedergeschrieben worden war, wie er auch mir gegenüber stets versichert hatte. Also wurden die Ermittlungen – in enger Absprache mit dem Schweizer Justizapparat – am 8. Juni 1950 einvernehmlich eingestellt. Zu groß wog die staatsübergreifende Freude über das Kriegsende. Zu klein war der gemeinsame Wille nach weiterer Aufklärung.

Konsequenz: Mirin Dajos Familie blieb materiell arm, aber menschlich reich. Ruth Bührer wiederum musste sich nach der Trennung von ihrem Gatten und weiteren Schicksalsschlägen einmal mehr aufrappeln, blieb vom Universum aber weiterhin gütig beschützt. Und Jan de Groot? Der zeigte seinen geliebten Enkeln bis zum Tod stolz »seinen Film« – ohne sein umstrittenes Tun dabei auch nur mit einer einzigen Silbe zu erwähnen. Ob er in seinen letzten Lebensjahren inneren Frieden gefunden hat? Ich wünsche es ihm. Von ganzem Herzen.

Sonnenschein – und Granatenhagel

28. März 2022. Während Wladimir Wladimirowitsch Putin und Wolodymyr Oleksandrowytsch Selenskyj in der Ukraine überraschend ihre Kanonen donnern lassen und zunehmend irr- und wirrsinniger den Dritten Weltkrieg heraufbeschwören, wandle ich im hübschen Appenzellerland einem inneren Ruf folgend ein weiteres Mal auf Mirin Dajos Spuren.

Knapp 20 Jahre nach meinem letzten Besuch führt mich seine Fährte an jenem Frühlingstag erneut ins beschauliche Dorf Trogen auf über 900 Metern Höhe. Unweit des leider längst abgerissenen Kurhauses der Familie Beutler. Dorthin, wo sich für den Holländer 1948 ein letztes Mal alles zum Guten zu wenden schien. Dorthin, wo sich Fuchs und Hase bis heute friedvoll gute Nacht wünschen. Und die Welt nach wie vor noch in Ordnung scheint.

In der Kantonsbibliothek am historischen Landsgemeindeplatz blättere ich in aller Seelenruhe durch vergessene Notizen von Dajos Vortragsbesuchern. Akten, die erst seit Kurzem zugänglich sind. Später mache ich auf der Vögelinsegg in Speicher bei strahlendem Sonnenschein einen kurzen Halt und genieße bei einem Spaziergang die traumhafte Aussicht auf den Bodensee. Plötzlich segelt eine schneeweiße Taube im Tiefflug über mich hinweg. Nachdenklich blicke ich ihr hinterher.

Auf der Rückfahrt im roten »Trogen-Bähnchen« stöbere ich auf meinem Laptop durch die neuesten Mails von Dajos Nichte Ineke. Seit der Ukraine-Krise stehen wir intensiver in Kontakt denn je. Mit lieben Wünschen übermittelt sie mir eine Postkarte ihres Onkels, die er seinen Eltern seinerzeit vom Kurhaus Beutler gesandt

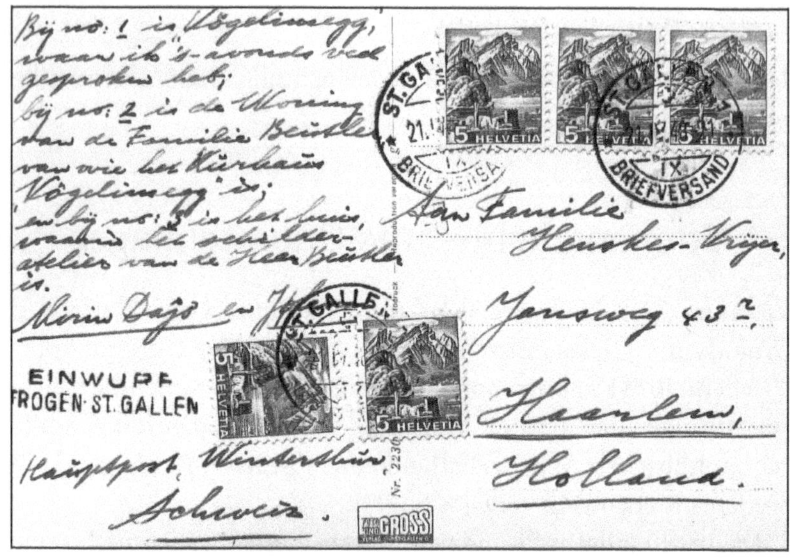

Bij no: 1 is Vögelinsegg, waar ik 's-avonds veel gesproken heb; bij no: 2 is de Woning van de Familie Beutler van wie het Kurhaus Vögelinsegg is; en bij no: 3 is het huis waarin het schilder-atelier van de Heer Beutler is.

EINWURF
TROGEN·ST.GALLEN

Hauptpost Winterthur Schweiz.

Aan Familie Henskes-Vrijer, Jansweg 43 r., Haarlem, Holland.

Handschriftlicher Postkartengruß
von der Vögelinsegg (um 1948).

hatte. Kurz darauf folgen Jugendfotos von Arnold sowie Abbildungen seiner wunderprächtigen Tierzeichnungen aus Familienbesitz. Farbenfroh koloriert und bis ins letzte Detail wie von Meisterhand verewigt. Darunter auch die imponierende Skizze eines Papageis, den er bereits im Alter von 8 Jahren verewigt hatte.

Er sei der kreativste der vier Brüder gewesen und hätte stets das »richtige Gespür« für dieses oder jenes gehabt, bestätigt mir Ineke. »Laut meinen Verwandten sah und spürte Onkel Arnold bereits in jungen Jahren allerlei Dinge voraus und wusste selbst Kompliziertes sehr gut zu erzählen und auszudrücken. Meine ältere Schwester erinnert sich noch gut daran, wie liebevoll er mit ihr umging. Sie durfte ihn in ihren jüngsten Jahren beim Hochheben sogar an seinem Bart zupfen. Ebenso entsinnt sie sich, wie er 1948 – für kurze Zeit aus der Schweiz nach Hause zurückgekehrt – getrocknete Aprikosen für unsere Mutter mitgebracht hatte. Damals eine kostbare und begehrte Leckerei.«

»1: Hier habe ich am Abend viel gesprochen. 2: Das Haus der Familie Beutler. 3: Und hier das Malatelier von Herrn Beutler.«

Nach dem frühen Tod ihrer Eltern habe ihr nicht zuletzt Onkel Gerrit in seinen letzten Lebensjahren mitunter von früher berichtet. »Gerrit wohnte bis zu seinem Ableben im Jahr 2000 in meiner Nähe und war oft bei mir. Als ich ihn nach seinen Erinnerungen an Arnold fragte, sagte er mir Folgendes: ›Zu Hause war es bei uns immer sehr gemütlich – vier Brüder, die frech, aber auch lieb miteinander waren. Die Bindung an die Mutter war äußerst stark.‹ Onkel Gerrit erzählte auch, dass die Weihnachtszeit im Elternhaus stets etwas Besonderes war, selbst in Kriegszeiten. 1946 wurde er schließlich Zeuge einer Durchstechung von Arnold und fand diese furchtbar und schrecklich. Es hat ihn sehr mitgenommen. Denn er liebte seinen ältesten Bruder über alles.«

Es seien »seltsame und schwierige Zeiten für uns alle« gewesen, so Ineke. »Die Traumata der Kriegszeit. Der frühe Tod von Hannie Schaft und der noch frühere Tod von deren Schwester. Und natürlich auch die Sache mit Arnold. Gerrit und der Rest der

Mirin Dajos Eltern in jungen Jahren, irgendwann nach ihrer Hochzeit.

Familie sprachen in späteren Jahren verständlicherweise nur noch selten darüber. Nicht zuletzt Journalisten und Medienschaffende wurden von ihnen bewusst auf Distanz gehalten.«

Noch während ich im Zug ihre Zeilen lese, heischen auf meinem Handy alle paar Minuten Pushnachrichten über die Ukraine um Aufmerksamkeit: »Kremlkritische Zeitung setzt ihr Erscheinen aus.« »Russland erklärt die Deutsche Welle zum ›ausländischen Agenten‹.« »Ukraine-Krieg: Zeigen des ›Z‹-Symbols kann strafbar sein.« »Russlands gnadenloser Angriffskrieg: Sechs Szenarien, wie es in der Ukraine weitergehen kann ...« »Rakete trifft Schule in Charkiw: ›Es ist alles grausam, unendlich sinnlos‹.«

Seltene Aufnahme: Arnold mitsamt seinen drei Brüdern (1930er-Jahre).

»Droht in Deutschland und Europa nun ein neuer atomarer Krieg?«

Ermattet lehne ich mich zurück, hoffe auf das Beste und befürchte das Schlimmste. Sind wir noch zu retten? Oder bleibt Dummheit eine menschliche Tugend? Auch Ineke lässt das globale Zetermordio keine Ruhe. Erst vor wenigen Jahren hatte sie vernommen, dass für Hannie Schaft in den Niederlanden nach wie vor Gedenkfeiern stattfinden, wie sie mir später schreibt. »Zweifellos eine wunderbare Sache! Hannie hat dies verdient. Dennoch wünsche ich mir, dass auch Arnold wieder mehr Aufmerksamkeit zuteilwird. Nicht weil er mein Onkel war. Nicht wegen seiner Sensationen. Sondern wegen seiner Friedensbotschaft, die mir wichtiger scheint denn je. Auch wenn seine Lebensgeschichte umstritten und schwer zu begreifen ist.«

Ich behaupte: Nicht nur Mirin Dajos Lebensgeschichte bleibt »umstritten und schwer zu begreifen«, sondern unsere gesamte

Weltgeschichte! Zur Erinnerung: Um 1950 lebten auf diesem Planeten rund 2,5 Milliarden Menschen. 2023 werden es bereits über 8 Milliarden sein. Kein Jahr seit der Steinzeit, in dem nicht irgendwo blutige Schlachten geschlagen wurden oder werden. Ein Fantast, wer dafür betet, nie mehr beten zu müssen? Ein Träumer, wer davon träumt, nie mehr träumen zu müssen?

Wie seufzte bereits der begnadete, deutsch-schweizerische Zyniker Curt Goetz (1888–1960) kurz nach Mirin Dajos Tod: »Wenn alle führenden Häupter der Völker und ihre Diplomaten in der vordersten Reihe kämpfen müssten, gäbe es auf dieser Erde keine Kriege mehr. Aber man kann nicht erwarten, dass die Menschheit auf eine so einfache Lösung kommt.«

»Ich helfe ewig!«

Rund 75 Jahre liegt Arnold Henskes' Ableben inzwischen zurück. Trotz seines frühen Todes schenkte der holländische Friedensprophet seinem engsten Freundeskreis einzigartige Erinnerungen, die auffällig viele von ihnen bis ins allerhöchste Alter begleiteten. Conrad Gubler wurde 93 Jahre alt. Seine Frau Martha verstarb 2005 im 113. Lebensjahr. Frieda Beutler-Kauderer wurde 89 Jahre, Kunstmaler Karl Beutler 92 Jahre alt, und Robert Forster, Professor am Technikum in Winterthur, verstarb 1995 im Alter von 94 Jahren. Jan de Groot segnete am 10. April 2007 mit 93 Jahren das Zeitliche. Und auch Ruth Bührer schloss am 17. März 2016 für immer ihre gütigen Augen – mit 97 Jahren.

Das fast schon biblisch anmutende Lebensalter von Mirin Dajos Liebsten lässt Platz für Spekulationen. Ebenso wie seine Wunderheilungen und »himmlisch« anmutenden Fähigkeiten. Sein asketisches Wesen, sein früher Tod um Fronleichnam, aber auch seine Predigten erinnerten manche an Jesus von Nazareth, mit dem er in etwa auch sein Lebensalter teilte. Er gab lieber, als er nahm. Und freute sich, wenn es anderen besser ging als ihm. Selbst die umstrittene Judas-Rolle war in seinem Leben besetzt.

»Jeder Aktion folgt unweigerlich die Reaktion auf dem Fuß, die in ihrer Qualität mit den auslösenden Kräften übereinstimmt«, hatte der Holländer in einem unveröffentlichten Vortragsmanuskript notiert, das mir 2022 kurz vor Abgabe dieser Zeilen überraschend in die Hände fällt. »Jedes Ausatmen hat ein Einatmen, jeder Ruf ein Echo und jede Frage eine Antwort zur Folge. Jede ausgelöste Kraft kehrt nach Erreichung ihres Kulminationspunktes unweigerlich dorthin zurück, von wo sie ihren Ausgang genommen. Die geringste unserer Handlungen, das unbedeutendste Wort zieht seine unsichtbaren Kreise in ungeahnte Fernen, um verstärkt durch tausendfache, unsichtbare Echos zu uns als ihrem Mittelpunkt, in Form einer Gegenwirkung, zurückzukehren.«

Lebhaft erinnere ich mich an das Jahr 2003 zurück, als mir das Schicksal unerwartet jede Menge Briefe aus Mirin Dajos Feder in die Hände gezaubert hatte. »Zufälligerweise« wiederholt sich jene ebenso beglückende wie verstörende Erfahrung knapp 20 Jahre später erneut: Je länger der Ukraine-Krieg dauert und je näher meine Manuskriptabgabe rückt, desto schneller und überraschender finden weitere verschollen geglaubte Aufzeichnungen über den »Wundermann« zu mir. Als hätte sie ein göttlicher Dramaturg irgendwo da oben ausgerechnet in jenem Moment verschmitzt in meine Realität flattern lassen.

Ein letztes Mal stehen die Synchronizitäten Spalier. Das Stadtarchiv von Amsterdam digitalisiert mir, buchstäblich in letzter Minute, überraschend über zwanzig bislang unter Verschluss gehaltene Schriftstücke über den »Unverletzbaren« in niederländischer Sprache. Und am 3. Mai 2022 wiederum, buchstäblich in allerletzter Minute, darf ich im Stadtarchiv von Zürich dank einer Sondergenehmigung als erster Journalist überhaupt Dutzende

Farbenfrohes Jugendgemälde von Arnold Henskes, das an dieser Stelle leider nur schwarz-weiß wiedergegeben werden kann.

Weitere, prächtig kolorierte Zeichnung aus seinen frühen Jahren.
Das Original befindet sich im Besitz der Familie Henskes.

»bis 2028 unter Verschluss stehende« Aktenstücke der Fremdenpolizei über Mirin Dajos Bespitzelung einsehen – ja sogar kostenlos kopieren. Ein weiteres Geschenk aus heiterem Himmel.

Auf Regen folgt Sonnenschein. Auf Sonnenschein folgt Regen. Die unendliche Geschichte wiederholt sich. Am Bahnhof von Zürich klatschen bereits die ersten Tropfen auf den heißen Asphalt. Ein heftiges Donnerwetter braut sich zusammen! Noch während es auf der Rückfahrt nach Basel zunehmend intensiver kracht und blitzt, verheißt mein Handy neues Ungemach: »Situation in der Ukraine eskaliert! Immer mehr tote Zivilisten. Darunter Kinder und ältere Frauen.« »Russland greift Stahlwerk mit Panzern an.« »Deutschland liefert endlich Waffen.« »Folgt nun die größte Eskalation seit dem Zweiten Weltkrieg?«

Als das mediale »Bombardement« vorübergehend ein Ende nimmt und der Himmel zaghaft aufklart, erhasche ich durchs beschlagene Zugfenster für wenige Sekunden den zarten Schein eines Regenbogens. Farbenfroh schillernd erstreckt er sich durch die Szenerie, die im Eiltempo an mir vorbeirauscht. Ausgerechnet in jenem Moment fällt mir aus meiner Aktenkladde eine von Mirin Dajo signierte Fotokarte auf den Schoß. »Ich helfe ewig!«, hatte der Friedensprophet mit blauer Tinte darauf verewigt. Ein gutes Omen? Ich wünsche es uns.

»Ich helfe ewig!«: handschriftlich signierte Autogrammkarte (1948).

Kapitel 4

Die Macht unseres Geistes

Mirin Dajos Botschaft (1948)

*»Wissenschaft ist notwendig,
aber sie vermag
unseren Durst nach Erkenntnis
nicht zu stillen.«*

Arnold Henskes
1947

Die folgenden sanft gekürzten Texte basieren auf unvollendeten Ausführungen, die Arnold Henskes alias Mirin Dajo seinen Freunden in der Schweiz um 1947/1948 diktierte. In diesen so wörtlich wie möglich wiedergegebenen Darlegungen erläutert er nicht zuletzt seinen liberalen Gottesbegriff sowie seine persönliche Definition »dämonischer Kräfte«.

Gibt es noch Wunder?

Gibt es noch Wunder? Gewiss! Wunder ohne Zahl. Eines der größten und unfasslichsten Wunder ist es, wenn einer sich morgens von seinem Lager erhebt und sein Tagewerk beginnt. Ein Gedanke nur, zart wie ein Hauch, den äußeren Sinnen verborgen, berührt den Schläfer – eine wie tot daliegende Masse von Knochen, Blut, Wasser, Fleisch und bis zu 100 Kilogramm Gewicht. Und siehe: Schon bewegt sie sich. Sie dehnt sich, reckt sich, stemmt die Füße der Erde entgegen und steht aufrecht da! Ja, von einem anderen Gedanken, einem Hauche, berührt, geht sie in irgendeine Richtung, getrieben und aufrecht gehalten von einem Wunsche, einer Absicht nur, die alle Glieder bewegt.

Dass einer sich erhebt, dass er geht, steht und spricht, dass er sich bückt, etwas aufhebt ... Wahrlich, das sind der Wunder übergenug für jeden – der zu sehen vermag! Wer sie enträtselt, dem ist weiter nichts mehr verschlossen.

Der Mensch von heute, mit Blindheit geschlagen, bedarf anderer »Wunder«, um aufzuhorchen. Sie gehören zwar in die gleiche Kategorie von Wundern, die sich täglich und stündlich um uns und in uns entfalten. Aber sie faszinieren dadurch, dass sie den Menschen gleichsam als Herrn dieser Wunder zeigen, als einen mit den Naturkräften Verschwisterten, dem sie aufs Wort gehorchen. Solche Wunder sind wie der Blitz in der Nacht. Überflüssig für die Sehenden, aber notwendiger für die anderen, welche die Mehrzahl bilden.

Immer aber fanden sich Menschen, welche die geistige Einheit der Schöpfung erkannten, sich vom Trug der Sinne zu befreien und die Verbindung mit dem Ganzen wiederherzustellen vermochten. Sie sind nicht mehr getrennte Glieder, die, aus der Reihe getreten, in ihrer Vereinzelung verkümmern. Sie befinden sich mitten in der Kette und haben als Einzelwesen an Bedeutung verloren. Aber – wenn sie sich bewegen, bewegt sich die ganze Kette mit. Die Wirkung ihrer Gedanken erstreckt sich nicht nur über den eigenen Körper und seine Glieder, sondern reicht unendlich viel weiter! Sie lösen Wirkungen aus, wo sie der in die Vielheit verstrickte Verstand am wenigsten vermutet. Wunder sind also keine Durchbrechungen von Naturgesetzen, sondern ihre Erfüllung.

Solche Wunder hat es seit Bestehen der Menschheit unzählige gegeben. Diese verborgenen Gesetze und Kräfte lassen sich erkennen und einmal erkannt auch anwenden. Nur – erklären lassen sie sich nicht. So wenig wie sich das Gedächtnis, die Elektrizität oder die Schwerkraft erklären lassen. Sie sind einfach da, und wir erkennen sie aus ihren Wirkungen. Wir können sie anwenden und aus ihrer Anwendung Nutzen ziehen.

Das Erste, was der Verstand Wundern gegenüber tut, ist, dass er sie »erklären« will. Gelingt ihm dies nicht, dann versucht er sie »einzureihen« in eine Kategorie von Erscheinungen, die ihm seit Langem bekannt, aber nicht weniger unverständlich sind – und legt sich daraufhin beruhigt schlafen. Das Kind hat einen Namen, einen bekannten sogar, und damit ist – alles in Ordnung?

Sind die Wunder solcher Art, dass sie sich gar nicht »einreihen« lassen und damit das Gefühl der Beunruhigung steigern, dann greift der Verstand zu Scheinerklärungen. Er versucht, das Wunder wegzuräsonieren. So entledigt er sich der Probleme, die anfangen,

Beklemmungen zu verursachen! Beklemmungen weshalb? Deshalb, weil man angesichts von sogenannten »Wundern« dem großen Unbekannten gegenübersteht, aus dem wir emportauchen, um darin wieder zu verschwinden! Was unbekannt ist und die Gefahr in sich birgt, dass man eine teuer erworbene Weltanschauung völlig revidieren müsste, das ängstigt und regt auf.

Instinktiv erfasst man, dass dies keine leichte Sache sei. Dass es sich nicht um die Berichtigung von Tagesmeinungen, sondern um eine schmerzhafte Erschütterung unseres ganzen Wesens handle, um einen Wandlungsprozess, der Dämme einreißt und Tiefen aufwühlt, deren Vorhandensein wir nur ahnen.

Es ist daher an sich begreiflich, dass der Verstand bei der Begegnung mit einem »Wunder« sich an Ausflüchte klammert oder, wenn sich diese als zu fade erweisen, das Ereignis zu bagatellisieren versucht, doch ist dieser Mangel an Aufgeschlossenheit sehr zu bedauern. Verbarrikadiert er doch die Wege zu einer Befreiung und Entfaltung des Geistes, ohne welche er sich niemals von der Erde zu erheben vermag. Wie ein Vogel mit gestutzten Flügeln bleibt er an den Staub gebunden. Unvermögend, sich ins Reich der Lüfte aufzuschwingen. Daher die leise Traurigkeit des Herzens auch bei den fröhlichsten Ereignissen. Daher die dumpfe Sehnsucht nach etwas Unbestimmtem, die weder durch Geld und Gut noch mit Erfolg und Ansehen zu betäuben ist.

Die Wunder der Bibel, die Krankenheilungen, das Wandeln auf dem Wasser, das Gebieten über Stürme und Unwetter, das Austreiben von »Dämonen«, ja auch die Totenerweckungen sind tatsächlich geschehen. Durch solche Werke rechtfertigte Jesus seine Worte, und wir tun gut daran, wenn wir uns die Sache nicht allzu leicht machen, indem wir derlei Geschehnisse ins Reich der Fabel verweisen, sondern uns bemühen, ihren Ursachen nachzuforschen. So nur ist es uns möglich, Christi Botschaft zu verstehen und in seinen erhabenen Geist einzudringen.

Es war immer so, dass das Volk solchen Geistesheroen näher stand als die Gelehrten, die mehr verstandesmäßige Bedenken zu überwinden hatten, um sich der Sache zu nähern. Das braucht aber nicht so zu bleiben. Die moderne Psychologie ist in Gebiete eingedrungen, die ihr vor Jahrzehnten noch völlig verschlossen waren. Sie hat Neuland betreten, wo ihrer weitere Entdeckungen harren. Der Einfache im Geiste und der Gelehrte werden sich eines Tages die Hände reichen. Der eine, sich von Vorurteilen lösend und die Tiefen der Seele erforschend, der andere seine innigsten Ahnungen bis zum Bewusstsein steigernd, werden Gott entdecken. Die Wissenschaft wird gläubig, der Glaube wissenschaftlich durch die Entdeckung geistiger Gesetze, die sich nicht mehr länger leugnen lassen. Dazu beizutragen gehört zu meiner Mission.

Jeder ein Pfeiler des Friedens

Die mächtigsten Ströme der Erde entspringen aus unscheinbaren Quellen, und die Quellen entstehen durch Sammlung der Bodenfeuchte, winzigster Tröpfchen, in einem Zentralpunkt. Diese Gesetze gelten auch für die geistigen Strömungen aller Zeiten. Aus Tröpfchen bilden sich Tropfen, aus diesen Wasser, aus Wasser die Quelle, aus Quellen die Bächlein, aus Bächlein Flüsse und aus Flüssen die Ströme, welche durch die Tiefe ihres Bettes die Wassermassen ganzer Gebiete in sich verschlingen und den Ozeanen entgegenführen.

Jeder kann praktisch zum Mittelpunkt des Weltfriedens werden. Es kommt einzig darauf an, wie tief das Beet des Friedensgedankens ist, das er in seinem Herzen gräbt. Gleiches gesellt sich zu Gleichem. Wir sehen dieses Gesetz sowohl im Bösen als auch im Guten alltäglich sich auswirken.

»In jedem Einzelnen von uns schlummern verborgene Kräfte!«
Mirin Dajo in Weinfelden (Thurgau).

Gemeinsame Bestrebungen führen zu Gruppenbildungen, Verbänden, und eines schönen Tages umspannen sie die Welt, alles in ihren Bannkreis ziehend, was zu ihnen gehört. Jeder unserer Gedanken ist ein Mittelpunkt, der seine Attraktionskraft augenblicklich beweist. Wir sprechen ihn aus und überzeugen damit andere. Das heißt, die Quelle fängt an, sich zu bilden.

Es liegt nun an jedem von uns, sie zum Strome werden zu lassen, der, da es sich um einen Strom der Wahrheit handelt, dämonische Kräfte, die uns seit Jahrtausenden umfangen halten, mit Macht hinwegspülen wird. (Dämonische Kräfte? Meine Leser werden diesem Ausdruck mehrmals begegnen, und es ist daher gut, wenn sie sich klar werden, was er besagen will. Nämlich einzig und allein in falscher und verkehrter Richtung wirkende Kräfte!)

Jeder weiß aus Erfahrung, wie ein Pessimist oder ein Optimist auf ihre Umgebungen wirken, und jeder kann daraus ermessen, wie die Wahrheit, die Urkraft selbst wirken muss, wenn wir ihr im Herzen einen Attraktionspunkt bereiten. Ströme geistiger Kräfte werden in uns einfließen, erst uns, dann unsere Umgebung wandeln, und diese, nach allen Seiten mit der Welt verknüpft, am Schluss die ganze Menschheit.

Dem Weltfrieden kann jeder dienen, der einsieht, dass er ein Geschöpf Gottes ist. Er braucht den Friedensgedanken durchaus nicht zu propagieren. Es genügt, wenn sein Herz diesem Gedanken so verbunden bleibt, dass er in seinem Tun und Lassen zum Ausdruck kommt. Ruhe, Furchtlosigkeit gegenüber allen dämonischen Schreckensbildern in uns und um uns, die absolute Gewissheit, dass uns nichts geschehen kann und mag, solange wir uns mit jeder Faser auf Gott verlassen, sind geistige Kräfte von solcher Gewalt, dass sie, ohne dass wir auch nur ein Wort darüber verlieren, auf unsere gesamte Umgebung ausstrahlen und jeden, der mit uns in Berührung kommt, glücklicher machen, ohne dass er sagen könnte, wieso und warum.

Wer so in Gott ruht, ist zu einer Quelle des Friedens geworden, ein machtvoller Magnet, der ununterbrochen Gleiches an sich zieht und sich davon nährt, indem er zugleich gibt. Kein Mensch mit hörbar frommem Augenaufschlag oder einer Leichenbittermiene, sondern vielleicht der einzige weit und breit, der noch aus frohem Herzen lachen mag, allen Freuden, die Gott ihm schenkt, voll aufgeschlossen und zugänglich, aber überall Maß haltend.

Wer die verborgenen, in uns wirkenden Kräfte bis zu einem gewissen Grade erschlossen hat, ist vermögend, Himmel und Erde in Bewegung zu setzen, weil er ein Teil des Ganzen geworden ist, dem – so gut wie uns das Zucken der Wimper oder die Bewegung des kleinen Fingers – nichts entgeht, was auch das geringste seiner Glieder empfindet und tut. Es kommt auf eines heraus, ob die Hausfrau am Herd, der Mann auf dem Felde, das Kind auf dem Heimwege, Gedanken des Friedens in ihren Herzen bewegen und nähren. Unausgesprochen strahlen sie in die Welt, berühren und mobilisieren ähnliche Kräfte und verstärken sie im Widerhall.

Vermöchte unser Auge die erdumspannende Auswirkung eines einzigen solchen Gedankens zu erblicken – uns würde schwindelig vor der geistigen Größe, die Gott dem Menschen geschenkt hat. Daher achte sich keiner gering. Gerade auf ihn kommt es an, befinde er sich, wo immer er wolle. Er und die anderen werden in aller Stille Kräfte und Mächte ins Leben rufen, die – still heranreifend – eines schönen Tages mit unbezwingbarer Gewalt hervorbrechen und wie ein Orkan daherbrausen, um die faulen Äste und dürren Blätter der Kriegsfurcht herabzuwirbeln.

Unser Gottesbegriff

Unser Gottesbegriff wechselt je nach Zeitalter, oft von Volk zu Volk – und mit ihm auch die Aktionen und Reaktionen. Der Laie empfindet diese Verschiedenheiten als Widersprüche. Wer die genannten Erscheinungen jedoch näher prüft, entdeckt darin die gesetzmäßige stufenweise Entwicklung ein und desselben Grundgedankens, dessen Wandlungen sich in den verschiedenen Religionen widerspiegeln. Kultstätten und Kulthandlungen bezwecken, dem Gläubigen den unsichtbaren Gott – so wie man ihn sich jeweils dachte – begreiflich zu machen.

Keine der großen Religionen widerspricht im Grunde den andern. Ihre Verschiedenheit besteht nicht im Zweck, sondern nur in den Mitteln, welche sich der Aufnahmefähigkeit der Völker anpassen mussten. Verschmäht es der von Zweifeln gepackte Mensch, sich dieser Straßen und Brücken zum Unsichtbaren zu bedienen, muss sein religiöses Empfinden verkümmern, sofern es ihm nicht gelingt, auf anderen Wegen heimzufinden.

Eines Weges, eines Mittels, eines Mittlers bedarf er immer, weil sich reine Kräfte wohl empfinden, aber sinnlich nie unmittelbar wahrnehmen lassen. Im Reiche der Sinne kennen wir sie nur aus ihren Wirkungen, so etwa wie die flatternde Rauchfahne uns dazu dient, die unsichtbaren Bewegungen der Luft wahrzunehmen, wenn unser Gefühl zu abgestumpft ist, um sie direkt empfinden zu können. Was sich nicht auf Wahrnehmungen gründet, seien es innere oder äußere, vermögen wir nicht zu erfassen.

Wir müssen uns daher, wenn uns die religiösen Symbole nicht mehr genügen, an die Schöpfung, an das lebendige Abbild Gottes und seines Wirkens halten, um ihn uns näherzubringen, und nach dem Gesetz der Analogien (Entsprechungen) die um uns und in uns tätigen geistigen Kräfte kennenlernen. Die Natur hat überall nur ein Gesetz, sie ist niemals müßig, uns dieses in Tausenden von Variationen vor Augen zu führen.

Wie weit es die Menschheit jeweils verstanden hat, aus dieser lebendigen Anschauung göttlichen Wirkens Nutzen zu ziehen, darüber belehren uns am besten die Wandlungen des religiösen Empfindens, wie sie in Religionen und ihren Gebräuchen ihren Niederschlag fanden. Dem Forscher öffnet sich hier ein weites Feld. Und nun interessiert wohl vor allem die Frage: Wie steht es mit unserem Gottesbegriff? Da ziemt uns – ohne langes Besinnen – Demut und Bescheidenheit. Für allzu viele unter uns sind Kirchen und religiöse Gebräuche Formen ohne Inhalt geworden. Die Leere des Herzens, und mit ihr eine Art geistiger Bankrott, lassen sich nicht mehr länger verbergen.

Wir glauben, den Zenit allen Wissens erreicht zu haben, und sind in Wahrheit geistig ärmer denn je. Wissenschaft ist notwendig, aber sie vermag unseren Durst nach Erkenntnis nicht zu stillen. Sie analysiert und zerlegt. Der Glaube jedoch strebt nach

Vereinigung. Wie käme der zeitliche Mensch dazu, das ganze Universum zu erforschen, um auf wissenschaftlichem Wege den Anblick der Einheit zu gewinnen? Wirklich erfassen und zu unserem geistigen Eigentum machen können wir doch wohl nur das, was wir uns noch klar vorstellen können. Etwa den Begriff »Kilometer«, wenn wir ihn zu geläufigeren Abmessungen, wie Schritten, in Beziehung bringen. Wir wissen dann, dass ein Kilometer 10 bis 15 Minuten Gehen bedeutet. Unter Zuhilfenahme einer Weltkarte vermögen wir uns allenfalls noch eine Vorstellung davon zu machen, was 1000 Kilometer zu bedeuten haben.

Aber versuche einer mal, sich 300 000 Kilometer, die Entfernung, welche das Licht in etwa einer Sekunde durcheilt, vorzustellen? Da versagt ganz einfach unsere Fantasie. Und noch unmöglicher wäre es, uns die Entfernung der Sonne von der Erde, welche das Licht in 8 Minuten durcheilt, auszudenken! Oder etwa Entfernungen, welche Lichtjahren, Lichtjahrhunderten, ja Lichtzeitaltern entsprechen? Einfach unmöglich!

Wir sehen ein, dass Hunderte von Menschenaltern niemals ausreichen würden, um auf wissenschaftlichen Wegen das gesamte Universum als solches zu erfassen, und dass alles so erworbene Wissen notwendig Stückwerk bleiben muss.

Wir befinden uns in der Lage eines Kunstbeflissenen, der, viel zu nahe über das Gemälde gebeugt, durch Studium der einzelnen Farbkörner dem Sinn des Ganzen näherzukommen hofft, der sich doch nur bei genügend Abstand erkennen lässt! Solange wir der Ansicht huldigen, alle Ozeane ausschöpfen zu müssen, um die Eigenschaften des Wassers zu studieren, kommen wir an kein Ende, und Gotteskenntnis wäre für uns eine Chimäre.

Es war zweifellos ein unerhört kühner Versuch Christi, einer in die Vielheit verstrickten Welt den simplen Rat zu erteilen, sich anstelle des Ozeans an den Tropfen zu halten und Gott statt außen – im eigenen Herz zu suchen! Denn Gott ist weder ein über den Wolken thronendes Wesen noch ein bloßer Begriff. Lebendig in allen seinen Werken, wunderbar in seinem Ebenbild, dem Menschen, steht er vor unseren Augen, und nirgendwo anders als hier müssen wir ihn erfassen!

Diese Erkenntnis setzt eine gewisse geistige Reife voraus, und wir verstehen nun, weshalb Hai-Ho-Nan im alten China und später auch Buddha sich niemals über die Grundursache aller Dinge ausgesprochen haben. Sie lehrten die Menschheit von damals in der schönen, bilderreichen Sprache des Ostens, so viel sie erfassen und zum geistigen Eigentum machen konnte.

Es waren weise Lehren darüber, wie sie leben und wonach sie streben solle, aber keine Darstellung eines allgegenwärtigen, allweisen und allgütigen Wesens. Dennoch hat man in Buddhas Lehre, ganz zu Unrecht, eine bestimmte Art von Atheismus, die eigentliche »Religion ohne Gott«, erblicken wollen. Weit gefehlt! Buddha, dem die im Universum wirkende Ordnung und Gesetzmäßigkeit nicht entging – wie hätte er sonst seine Lehre vom Karma entwickeln können? – war sich darüber klar, dass Ordnung ohne Absicht nicht möglich sei und dass Absicht notwendigerweise Bewusstsein in sich schließen müsse. Es blieb ihm also nicht verborgen, dass die Schöpfung das Werk einer bewusst wirkenden Kraft – eben Gottes – sei.

Es sei in diesem Zusammenhang insofern erlaubt, dem alten Vorurteil, dass der Atheist ein moralisch minderwertiger Mensch sein müsse, zu Leibe zu rücken. Auch er ist bestimmt, wie wir alle, ein Suchender. Zweifellos beeindruckt auch ihn die Harmonie der Schöpfung, wenn er auch dahinter vorläufig nichts anderes als blind wirkende Kräfte zu erblicken vermag. Es fehlt ihm die Einsicht, dass gerade die vollkommene Kraft keiner Überlegung bedarf, um zu wirken, so etwa wie der Vogel, als Inkarnation des Fliegens, auf alle aerodynamischen Studien verzichten kann. Doch fühlt, denkt und handelt auch der Atheist göttlich, und es spricht durchaus zu seinen Gunsten, dass er dort, wo er nicht mehr zu glauben vermag, auch nicht zu heucheln versucht.

So wie Buddha zögerte auch Lao Tse, einen bestimmten Gottesbegriff zu formulieren. Ähnlich wie früher Hai-Ho-Nan drückte er sich (im *Tao-Te-King*) aus: »Könnte TAO (das Absolute, Gott) mit Worten erfasst werden, dann würde das ewige, unendliche TAO nicht sein.« Und weiter: »Sie, die über TAO sprechen und es zu verstehen wähnen, kennen TAO nicht.« Auch spätere Lehrer umschrieben ihren Gottesbegriff nicht näher.

Selbst Jesus übte in einer weitaus aufgeschlosseneren Zeit eine gewisse Zurückhaltung. Er verkündete im Allgemeinen durch Worte und Werke einen Gott, aus welchem alles entstanden ist und zu welchem alles wiederum zurückkehrt. Er sprach von einem Gott in der Höhe, von einem Gott in der Tiefe, ja von einem Gott im eigenen Herzen. Er lehrte ihn auf eine Weise, wie es keiner vor ihm und nach ihm getan hat, und brachte so der Welt das Licht, das bis zu uns herüberleuchtet. Von ihm empfing die Welt wohl den entscheidendsten Anstoß zu einem geistigen Erwachen, welches sie befähigen sollte, Gott in sich selbst zu entdecken.

Mohammed schöpfte aus gleichen Quellen wie Christus. Die scheinbaren Verschiedenheiten sind auch hier die Folgen einer gewissen Gebundenheit an Zeit und Ort, der Rücksichtnahme auf die geistige Verfassung ihrer Zuhörer. So trat, aus fernen Zeiten, der Gottesbegriff – zuerst nur angedeutet, dann immer klarer – in Erscheinung, bis er nach mannigfachen Wandlungen die heutige Gestalt erreichte. Auch diese weist noch Unterschiede auf, die mancherorts zu Spaltungen führen. Vergeistigtere Gottesbegriffe lösten die primitiveren ab, immer noch lückenhaft und damit allerlei Wahnvorstellungen Raum lassend, die zu blutigen Kriegen, Widerständen, Feindschaften, Verfolgungen, Verketzerungen und Folterungen führten.

»Unglaubliche Ausstrahlung«:
der Holländer während eines Vortrags.

Wer einsieht, welche Rolle dabei den Gottesbegriffen zukam, wird noch besser verstehen, weshalb Jesus es vermied, einen solchen zu gestalten. Ein Begriff bedeutet Erstarrung, bedeutet eine Schranke. Er schafft ein Hüben und Drüben, ein Pro und Contra, eine Stauung, welche den geistigen Fortschritt unterbindet. Darum auch das biblische Gebot: »Du sollst dir kein Bildnis noch irgendein Gleichnis machen, weder von dem, was oben im Himmel, noch von dem, was unten auf Erden, noch von dem, was im Wasser unter der Erde ist ...«

Begriffsbildung bedeutet Abkehr von der unmittelbaren Anschauung und damit Trennung von den lebendigen Kräften. Sie hindert uns geradezu daran, Gott in uns selbst zu empfinden und uns mit ihm zu vereinigen. Entweder fühlen wir die Kraft in uns selbst – dann wissen wir Bescheid. Oder wir ersetzen sie durch einen Begriff – dann ist sie für uns entschwunden. Das scheint kompliziert, ist es aber nicht.

Wer Rad fährt, wahrt sein Gleichgewicht ohne die mindeste Überlegung. Die Kraft der Gleichgewichtserhaltung wirkt in ihm und durch ihn. Überlegt der Fahrer dagegen im Voraus, wie er diese oder jene Schwankung zu parieren, diesem oder jenem Hindernis zu begegnen habe, so stürzt er sicher. Wer sich darüber klar zu werden vermag, ist dem Göttlichen, was auch immer jeder Einzelne darunter verstehen mag, erheblich nähergekommen.

So wie die Kunst des Radfahrens nicht im Studium komplizierter Formeln über die Wahrung des Gleichgewichts, sondern in Hingabe an die Gleichgewicht erhaltende Kraft besteht, so besteht die Kunst des Lebens in der Hingabe an Gott, der um uns und in uns wirkt, wenn wir ihn gewähren lassen. Entschlagen wir uns also mutig unserer Sorgen und Grübeleien, und werfen wir uns in den Ozean seiner Güte, dessen Wellen uns sicher tragen!

Über Krankheiten

Einmal im Leben kommt für jeden der Augenblick, da er sich, hingestreckt auf ein Krankenlager, voller Verzweiflung fragt: »Warum?« Wohl ihm dann, wenn er nicht nachlässt, bis er die Antwort gefunden. Wohl ihm, wenn ihn das Gewissen davor bewahrt, seinen Schöpfer, Umstände oder Nebenmenschen anzuklagen, und ihn zwingt, darüber nachzudenken, ob nicht vielleicht er selbst zu seiner Krankheit beigetragen, ja sie auf irgendeine – vorerst noch völlig unerkannte – Art und Weise verursacht haben möge!

Solche Zweifel allein könnten ihm Anlass zu Entdeckungen von größter Tragweite sein. Offenbarungen nie geahnter Zusammenhänge und damit sicherer Wege zur Heilung oder Wahrheitserkenntnis. Nicht, dass uns Gott aus Willkür in solche Lage brächte, so wie wir ein mutwilliges Kind einsperren, um ihm Gelegenheit zur Selbstbesinnung zu geben. Meist manövrieren wir uns selbst – unwissentlich – in unsere Leiden hinein, und zwar aufgrund von Irrtümern, von Denkfehlern, die wir von Vorfahren und aus der Umwelt übernehmen und in uns großzüchten.

Es ist auch hier wie überall: Unkenntnis schützt nicht vor Strafe! Ein Kind, das in aller Unwissenheit sein Händchen ins Feuer hält, wird es verbrennen, so gut wie ein Erwachsener, der solches aus Mutwillen tut. Auch Krankheit ist Ausdruck der Persönlichkeit des Kranken selbst, sofern es sich um die Inkarnation von Vorstellungen handelt, die mit dem Kranken völlig eins geworden sind, sodass er ihre Gegenwart nur noch in Form des Leidens empfindet. Letzteres zeigt, was er kraft eines Glaubens aus sich selbst gemacht hat, und weist uns, sofern wir seine Herkunft und Gewalt erkennen, den Weg, die Dinge auf ähnliche Art von uns aus wieder zu ändern!

Um so weit zu kommen, bedarf es allerdings gründlichen Nachdenkens und scharfer Beobachtung, die wir an uns selbst anstellen

Fragen ohne Ende: Diskussionsrunde nach einem privaten Auftritt.

können, wenn wir uns auch nur einen Tag lang aufmerksam betrachten. Wir vermögen uns absolute Gewissheit davon zu verschaffen, dass jede unserer Vorstellungen körperliche Reaktionen auslöst, und wir werden nach und nach herausfinden, wieso wir schließlich von Krankheiten betroffen werden, die wir uns weder bewusst vorgestellt noch herbeigewünscht haben.

Wenn wir uns etwas Lustiges denken, dann müssen wir lachen. Ungewissheit und Sorgen furchen die Stirne, und Angst hat wiederum ihren besonderen Ausdruck. Wiederholen sich gleiche Vorstellungen oft, dann werden auch die Spuren bleibend. Nicht nur unsere Miene, sondern Gestalt und Haltung werden ihnen untertan. Kurz, wir finden, sofern wir nur wollen, tausendmal am Tage Gelegenheit zur Feststellung, dass der Körper auf unsere Vorstellungen blitzschnell reagiert. Solche, die wir sehr oft wiederholen, werden wir am Ende selbst. Sie entschwinden dann dem Reiche der Denkbilder, weil sie in Fleisch und Blut auf der Erde herumwandeln.

Wer jemals Gedichte, Melodien, Lieder usw. auswendig gelernt hat, der weiß, was ich meine. Er ist mit der Sache eins geworden und übt sie aus, ohne sich erst besinnen zu müssen. Je inniger die Verbindung, umso weniger bewusst, und je unbewusster, umso sicherer und ungestörter wirkt die einverleibte Kraft, sodass wir gerade von denjenigen Ideen, welche uns am vollständigsten beherrschen, am wenigsten mehr eine Ahnung haben!

Wir nennen dann das »Unbewusste« das, was wir selbst sind, ohne es mehr zu wissen! Geht es so zu mit Dingen, die wir uns bewusst aneignen, wie viel rascher wickelt sich der Prozess wohl ab mit Vorstellungen, die wir aus grauer Vorzeit von Geschlecht zu Geschlecht als sichere und unantastbare Größen übernehmen? Irrtümer, zu deren Aufnahme der Leib durch eine Art von Degeneration zum willigen Gefäß geworden ist, das nur darauf wartet, damit gefüllt zu werden?

Die Krankheitsvorstellungen sind, infolge eines Abfalls von Gott und daher entstandener Unwissenheit, in grauer Vorzeit geboren worden. Geschlecht um Geschlecht hat sie übernommen und sich zu eigen gemacht. Auch wir. Wir sind so sehr eins mit ihnen, dass wir die unumschränkte Herrschaft, welche sie in uns ausüben, nur noch indirekt, aus den Übeln, die uns auf allen Wegen und zu allen Zeiten befallen, zu erblicken vermögen.

Wir können sie jedoch auch daran erkennen, dass heute so viel über Gesundheit gesprochen wird. Der Begriff »Krankheit« ist heute eine solche Selbstverständlichkeit, dass darüber niemand mehr nachsinnt. Die gottgewollte Selbstverständlichkeit der Gesundheit jedoch ist uns so fern, dass sie in aller Munde ist. Keinem Kranken – es sei denn, er gäbe sich besondere Mühe – will es einleuchten, dass er selbst den Dämon nähre und in sich trage, der sein Leben bedroht. Es bedarf der größten Anstrengungen, ihm diese Tatsache zum Bewusstsein zu bringen. Gehen ihm jedoch die Augen dafür auf, dann erschrickt er maßlos. Gewohnt, im Leiden seinen gefährlichsten Feind zu erblicken, vor ihm zu flüchten und ihn mit allen Mitteln zu bekämpfen, soll er nun gleichsam stehenbleiben, in seinem furchteinflößenden Antlitz sich selbst sehen und sich mit sich selbst – mit ihm – vereinen?

Das geht über sein Fassungsvermögen, ebenso wie die geheimnisvollen Worte der Bibel: »Wehret dem Übel nicht! Durch Ruhigbleiben und Stillsein wird euch geholfen!« Krankheit ist wie ein auf uns losspringender Ball, den wir abzuwehren und zum Stillstand zu bringen hoffen, indem wir ihn immer heftiger und heftiger Zurückschlagen, weil wir das Gummiseil, das ihn mit uns verbindet, vollständig übersehen. Auffangen, auf uns zustreben lassen müssen wir ihn, bevor uns die Kräfte verlassen, denn auf andere Weise wird er immer zuletzt wirksam sein, so gut wie das Echo, wenn wir es mit Gegenrufen mundtot machen wollen!

Nicht Aktion ist die Krankheit, sondern Reaktion, und was wir als Reaktionen betrachten, sind bereits Folgen, Progressionen. Die auslösende Grundursache liegt in uns, und wie die Zahlen in der Eins, die Linie im Punkt, der Kreis im Zentrum, kommen sie nirgends anderswo wieder zur Ruhe als in uns, von wo sie ausgegangen sind. Selbst die ansteckenden Krankheiten sind auf die genannte Weise geboren worden. Die zeugenden Vorstellungen müssen solcher Art gewesen sein, dass sie auch den Dämon gleichsam mit Fortpflanzungsvermögen, den Erregern, ausstatten und ihm seinen weiteren Bestand auch nach Erlöschen der Urvorstellungen sicherten.

Man kann den Vorgang mit einem Blitzstrahl vergleichen, der ein Haus anzündet und ihm damit die Möglichkeit gibt, durch Funkenwurf noch weiteres Unheil anzurichten, nachdem das Gewitter längst abgezogen ist. Solange die Funken in Form der Erreger nicht restlos ausgetreten sind, vermögen sie immer wieder

Unheil anzurichten. Auch gegen Epidemien gibt es eine unfehlbar wirkende geistige Immunität. Sie ist zwar selten beobachtet worden, aber der Wissenschaft durchaus bekannt.

Unter Wissenschaftlern fanden sich Männer, welche die Gabe – absolute Furchtlosigkeit – besaßen und ihre Widerstandskraft durch drastische Experimente an sich selbst bewiesen. Bei allen Epidemien gab es Leute, die völlig ungeschützt im Morast aushielten und von der Krankheit verschont blieben. Es fehlte ihnen die Aufnahmebereitschaft. Interessanterweise sehen wir in der Schutzimpfung gegen ansteckende Krankheiten einen ähnlichen Vorgang wie bei der Heilung von Krankheiten auf geistigem Wege.

Die Krankheit selbst wird uns, in gemilderter Form, eingeimpft. Wir nehmen das an, dem wir aus dem Wege gehen möchten, und dieser Vorgang bewirkt Immunität oder sogar Heilung. Entsetze sich daher niemand vor meinen Feststellungen, dass die Krankheit eine Schöpfung des Menschen und der Weg zur Heilung der sei, sie als solche bis auf den Grund zu erkennen.

Der Mensch bricht mit solcher Erkenntnis ihre Gewalt und nimmt ihr die Bosheit, leistet sich einen Dienst und unterstützt die Kur des Arztes, der die bereits geschlagenen Wunden bald zu heilen vermag, wenn die unerkannte permanente Ursache der Schädigungen verschwunden ist.

Wer die hier verkündeten Wahrheiten zu erfassen vermag, der mache von ihnen Gebrauch und lasse sich nicht enttäuschen, wenn er nicht sofortige Heilung findet. Er halte sich vor Augen, dass eine Lokomotive, auch wenn der Dampf abgestellt ist, nicht sofort zum Stillstand kommt, sondern allmählich. Dasselbe ist bei Krankheiten der Fall. Aber die Heilung erfolgt sicher, wenn die geistigen Ursachen behoben sind. Was ich hier deutlich zu machen versuche, sind uralte, aber meist nur im Verborgenen verkündete Erkenntnisse. Ich spreche hier in aller Öffentlichkeit davon, weil ich den Augenblick dazu für gekommen erachte.

Die Erziehung unserer Kinder

Um die leider selten befolgte Weisheit vorwegzunehmen: Kindererziehung ist Selbsterziehung, denn wir können unseren Kindern beim besten Willen nicht mehr mitgeben, als wir selbst besitzen! Wir können ihnen auch keine Charaktereigenschaften »eintrichtern«, so wenig wir ihnen welche rauben können.

Ein Kind hat seine Eigentümlichkeiten wie eine Pflanze die ihrigen. Die Triebkraft steckt in ihm, und was wir wirklich tun können, liegt darin, dass wir Hindernisse beseitigen, die Wachstum und Entfaltung stören. Nicht einpfropfen, sondern wegräumen, nicht zurechtstutzen, sondern stützen sollen wir. Alles liegt am Klima, das will hier besagen: in der geistigen Atmosphäre des Elternhauses und der Umgebung. Das Übrige wirkt die Natur von selbst, und je ungestörter, umso sicherer. Die geistige Entwicklung des Kindes beginnt schon bei der Geburt, in Fortsetzung der Entwicklung vom Keim zur fertigen Gestalt im Mutterleibe.

Eine Entwicklung, welche wiederum der Gesamtentwicklung des Kosmos und derjenigen der gesamten Menschheit entspricht – unterschieden allein dadurch, dass sie sich in einem rascheren Ablauf vollzieht. Es sind die gleichen ewigen Gesetze, die überall – um uns, in uns und durch uns – sich auswirken, die vom Winter über Frühling und Sommer zur Reifezeit des Herbstes führen und alles beginnen und vollenden, handle es sich nun um das Leben des Universums, des Menschen oder der Eintagsfliege.

Man gibt sich von dieser Gesetzmäßigkeit auch des menschlichen Lebens viel zu wenig Rechenschaft, denn sonst würden nicht so viele Erziehungsfehler begangen, die sich für Erzogene, Erzieher und Umwelt bitter rächen.

Wir reagieren auf Sorgen und Nöte des Alltags automatisch, ohne zu prüfen, ob unsere Art, die Dinge zu sehen, die bessere oder vielleicht sogar wahrhaftigere sei. Wir geben uns keine Rechenschaft darüber, dass wir eigentlich überall dem Unbekannten gegenüberstehen, das zu erhellen wohl unsere erste Pflicht wäre, bevor wir zu Taten schreiten!

Dieses Unbekannte tritt schon mit dem ersten Tage unseres Lebens als Problem in Erscheinung und begleitet uns bis ans Lebensende. Die primitivste Form von Bewusstsein reagiert, dumpf zustimmend oder ablehnend, auf alle Reize aus der Umwelt, und so bleibt es dann auch trotz der höheren Form von Ichbewusstsein des Menschen. Wir haben eine größere Menge von Begriffen als das Kind, aber sonst hat sich die Sachlage nicht wesentlich geändert. Welche Probleme und Sorgen den Geist in einem bestimmten Entwicklungsstadium beschäftigen, ist nicht wichtig, weil kleine Schwierigkeiten im Frühstadium des Geistes genauso schwer sein können wie größere Schwierigkeiten in einem höheren.

Die Angst des Kindes vor dem Unbekannten ist gleich groß wie die des Erwachsenen. Beide sehen sich ihm unaufhörlich gegenübergestellt, weil beide unablässig vorwärtswandern und für jeden jeder Schritt Neues, Unerwartetes bringt – nur dass es dem Kinde zeitlich später begegnet, weil es später aufgebrochen ist.

Schwierigkeiten, die uns begegnen, sind Schulaufgaben, die wir nicht beiseitelegen können, ehe wir sie gelöst haben. Einmal bis auf den Grund durchschaut und erkannt, verschwinden sie. Wer daher stets mit den gleichen Schwierigkeiten zu kämpfen hat, versucht nur zu reagieren, statt zu erkennen. Er sinnt auf Mittel und Wege, sie beiseitezuschieben, statt die Aufgaben zu lösen. Da er jedoch ohne ihre Bewältigung nicht befördert werden kann, bekommt er sie unaufhörlich wieder vorgesetzt.

Solche Hindernisse sind oft nötig, weil der Schüler nicht verstehen will. Aber es sind mitunter auch Aufenthalte auf dem Wege zur Entwicklung, die man besser vermeidet. Aufgaben stellt das Leben immer. Auch auf höheren Entwicklungsstufen. Der Unterschied besteht jedoch darin, dass sie als solche erkannt werden – als Gelegenheiten, neue Erkenntnisse zu erwerben und die eigenen Kräfte zu üben.

In dieser Haltung liegt keine blinde Abwehr mehr. Im Gegenteil! Das Lernen macht Freude! Darin unterscheidet sich der Weise vom Unweisen, dass er alles ruhig auf sich zukommen lässt, begierig, sich zu bewähren. Seine Schwierigkeiten haben nur die Bedeutung verschlossener Türen, die augenblicklich aufspringen und den Weg freigeben, sobald der Schlüssel gefunden ist, die aber umgekehrt allen trotzigen Schlägen und Fußtritten widerstehen, mit welchen der Unsinnige sie einzuschlagen versucht.

Bemühungen, neben den Türen durchzukommen, bleiben also vergeblich. Noch schädlicher ist die Neigung, vor ihnen die Augen zu schließen oder sie, wenn auch das nicht hilft, einfach zu ignorieren, indem man ins Vergnügen flüchtet, in Trunkenheit, sexuelle Ausschweifungen, oder zu Rauschgiften greift.

Die großen Fragen des Lebens, Fragen über Geburt und Tod, Krieg und Frieden, Krankheiten und Heilung, Glück und Unglück, bedrängen uns unaufhörlich. Überall stoßen wir auf Unbekanntes, und wir können nicht vorwärts, ehe wir sie nicht gelöst haben.

Solange wir vor uns selbst flüchten, die Fehler weit von uns weg, am liebsten in anderen, in Umständen oder sonst wo suchen, stehen wir uns selbst im Wege und versäumen die Gelegenheit, Einfluss auf unser Leben zu gewinnen. Schwierigkeiten, die uns heimsuchen, schaffen wir selbst mittels unserer Gedankenkräfte. Sie sind, solange wir dies wirklich glauben, unerbittliche Tatsachen, auf die wir keinen Einfluss haben. Aber nur so lange, als wir dies wirklich glauben, und keine Stunde länger.

Es sind Irrtümer, die wir als solche nicht erkennen und daher für Wirklichkeit halten, bis sie uns gegenüber tatsächlich diese Rolle spielen. Ein harmloser Strick, den wir im Dunkeln für eine giftige Schlange halten, wird uns unbedingt daran hindern, mit bloßen Füßen über ihn hinwegzuschreiten. Solche Schlangen nun sind Schwierigkeiten und Prüfungen für uns, deren Wurzeln wir noch nicht im eigenen Innern entdeckt haben.

Leiden wir selbst unter falschen Vorstellungen, nach denen wir unser ganzes Verhalten richten, so können wir, gerade weil wir es gut meinen, nichts Besseres tun, als sie unseren Kindern möglichst frühzeitig beibringen. Die fixen Ideen, welche sich zahllose Kindergemüter damit aneignen, haben unvorstellbare Auswirkungen auf ihr gesamtes Leben und auch auf die Welt. Es bedarf großer Anstrengungen, solche Irrtümer, die zu einem Teil unserer Persönlichkeit geworden sind, wieder auszumerzen.

Nur wenn wir unsere eigenen Kräfte erkennen und richtig gebrauchen, werden wir die Schwierigkeiten unserer Kinder verstehen und – noch wichtiger – ihnen keine solchen schaffen. Das neugeborene Kind ist ein göttliches Wesen. Was es braucht, ist vornehmlich Schutz, um innerlich und äußerlich ungestört wachsen zu können, so wie die Pflanzen außer guter Erde nur der Luft, des Lichtes und des Wassers bedürfen, um sich zu entwickeln.

Die Grundlage aller Erziehung ist demnach das seelische Klima, die geistige Atmosphäre des Elternhauses. Je günstiger diese ist, umso weniger bedarf es im Grunde irgendeiner »Erziehung«. Die Kräfte sind gegeben. Sie liegen im Kinde selbst. Gelegenheit zu ihrer freien Entfaltung ist alles, was sie brauchen. Ein Kind fühlt das Wirken der Kräfte weitaus stärker und unmittelbarer als Erwachsene, die schon gelernt haben, eine Kraft gegen die andere auszuspielen, um die eine zu unterdrücken oder die andere zu fördern und so einen Wirrwarr anzurichten, aus dem sie am Ende selbst nicht mehr klug werden, sodass der Psychiater eingreifen muss, um wieder einigermaßen Ordnung zu schaffen.

Das Kind steht seinen Impulsen, Aktionen und Reaktionen völlig unbefangen gegenüber. Es ist das absichtslose Werkzeug ewiger Kräfte, die sich dauernd in ihm offenbaren und deren es sich noch nicht bewusst ist, ähnlich einem Tierchen, das die erstaunlichsten Fähigkeiten zeigt, ohne darum zu wissen, sodass die göttlichen Kräfte offensichtlich darin in Erscheinung treten. So ist auch das Kind ein Zentrum göttlicher Kräfte, die ununterbrochen einströmen und einen Reichtum sondergleichen entfalten.

Zerstreutheit und Unberechenbarkeit des Kindes sind nur scheinbar. Dass es nicht allzu lange bei einer Sache bleibt, ist nicht Mangel an »Konzentrationsfähigkeit«, sondern Ausdruck einer völlig unparteiischen Stellungnahme allen Dingen gegenüber. Schade, dass sich Erwachsene kaum mehr an diese selige Zeit einer völligen Gleichheit gegenüber allem und mit jedem erinnern. Das Kind besitzt eine unvorstellbar lebhafte Fantasie, eine Kraft der Vorstellung, welche die unsrige weit übersteigt. Es ist darum Unsinn, ihm Lügenhaftigkeit andichten zu wollen, wenn es Dinge behauptet, die mit äußeren Tatsachen im Widerspruch stehen.

Dem schöpferischen Willen des Kindes scheint Allmacht innezuwohnen. Es ernennt einen Holzprügel zum Pferd, und siehe – schon ist er es auch, wie wir am Ernst des Kindes sehen, wenn es die selbstgeschaffene Kreatur pflegt und mit ihr um die Wette läuft. Ein geschnitzter Pflock, ein geschnürter Lappen wird zum Puppenkind, mit dem es stundenlange Reden führt, das es herzt und küsst, das es sorgsam bettet und dessen Verlust es mit Tränen beweint.

Aus allen diesen Gründen ist das Kind dem Erwachsenen ein Rätsel. Unbegreifliche Wünsche, unerwartete Reaktionen, dazu ein unübersehbarer Reichtum an Eindrücken und Einfällen, Fragen ohne Zahl, die der kindlichen Wissbegier entspringen, stellen uns vor immer neue Aufgaben. Eine finstere Ecke, ein Tümpel, ein Kasten, eine Baumwurzel sind dem Kinde unerschöpfliche Fundgruben, erstaunliche Dinge, die mit Überraschungen ohne Zahl aufwarten und sein Gemüt beschäftigen.

Plötzlich wiederum befasst sich sein Geist mit sich selbst. Stundenlang lauscht es inneren Bildern und Worten, die fesselnder und schöner sind als die ganze übrige Welt, von der es überhaupt keine Notiz mehr nimmt. Oder dann einer Melodie, die es selbst vor sich hin summt und die ihm trotzdem aus unendlichen Fernen zu kommen scheint. Oder es wird zu einem eigentlichen Fragekasten, der einen geistigen Hunger ausdrückt, den niemand stillen kann. Alles möchte es erklärt haben, alles verstehen, was ihm seine kindliche Fantasie nicht selbst zu beantworten vermag.

Hier nun setzen die großen Gefahren ein. Fragen, die an Präzision und Folgerichtigkeit nichts zu wünschen übrig lassen und die im Grunde genommen auch jeden Erwachsenen lebhaft beschäftigen sollten, werden kurzerhand als Unsinn erklärt, abgewiesen, bespöttelt oder, was noch viel schlimmer ist, mit offenkundigen Lügen beantwortet, weil sie an die Denkkraft des Erwachsenen zu große Anforderungen stellen oder ausgerechnet zur Art jener Fragen gehören, denen er ohnehin ängstlich ausweicht. Ausweicht im Gefühl, ihre Verarbeitung könnte ihm selbst einige Schmerzen und Kämpfe verursachen.

Es sind gerade diejenigen Fragen, die, ewig unterdrückt und verdrängt, das ganze Leben des Erwachsenen belasten. Das Kind jedoch will Klarheit über sich selbst und alles, was es sieht. Wird es nun, statt Aufklärungen zu erhalten, mit Ausreden, Lügen, Verdrehungen abgespeist, so hat das fatale Werk einer durchaus negativen Erziehung begonnen. Es nimmt diese Widersprüche in sich auf, macht sie sich zu eigen und schafft sich so eine innere Welt, in der offensichtlich manches nicht mehr klappt und wo kein Ding mehr recht zum andern passen will.

Eine geistige Infektion, die Misstrauen gegen die eigenen Kräfte und somit gegen sich selbst, am Ende dann aber auch gegen seine Umgebung, ja gegen die ganze Welt züchtet. Die »Stimme in uns« verliert ihre überzeugende Leitkraft, und »Recht« und »Unrecht«,

Auch Kinder fühlten sich in der
Nähe des »Unverletzbaren« geborgen.

»Gut« und »Böse«, »Schicklich« und »Unschicklich« entstehen als Schranken, die aus seinem »Verstand« schließlich das machen, was er nicht sein soll, nicht ein Instrument des »Verstehens«, wohl aber eine überhebliche Instanz einer Zensur und Kritik, die sich gegen den eigenen Geist richtet.

Ursprünglich ein Wesen ohne dämonische Gedanken, ausgestattet mit einer Fantasie, die ihm alle Fragen so beantwortete, wie es seinem Zustande angemessen war, aber von allem Anfang an den großen Fragen des Lebens unbekümmert zu Leibe rückend, wird das Kind nun unsicher, stutzig, misstrauisch und verschlossen. Je mehr es irrige Vorstellungen der Erwachsenen aufnimmt, je mehr Dinge es sieht und hört, die einer geistigen Finsternis entspringen, je mehr es sich bemüht, sie zu verstehen, umso sicherer gerät es in die Schlingen dämonischer Besessenheit, weil das Nachempfinden solcher Gedankengänge der sicherste Weg dazu ist. Die reine Fantasie wird vergiftet und die Falschheit geboren, die ihre Nahrung dort sucht, wo es sie findet, in den Erwachsenen.

Das Kind verliert seinen Reiz der Unschuld und Unverdorbenheit. Es fängt an, uns zu irritieren. Wir entdecken in ihm höchst unsympathische Züge, die uns zu sehr an uns selbst erinnern, als dass wir nicht alles versuchten, den Hobel der »Erziehung« anzusetzen, um diese Schönheitsfehler auszumerzen. Ein aussichtsloses Bestreben übrigens, weil wir selbst ja diesen Trieben, die uns so sehr am Kinde missfallen, durch unser eigenes Betragen, unsere eigenen Worte und Handlungen dauernd Nahrung zuführen. Es ist, wie wenn wir dauernd uns bemühten, das entstellte Gesicht in einem Spiegel durch eifriges Putzen zum Verschwinden zu bringen, weil wir nicht merken, dass es unser eigenes ist, das ebenso lange herausschauen wird, als wir hineinblicken.

Die Fantasie des Kindes ist eine göttliche Kraft. Niemals soll sie unterdrückt und auch nicht durch uns auf ein falsches Geleise geschoben werden. Diese Fantasie, mit den Impulsen, die sie verleiht, ist die eigentliche Triebkraft des kleinen Menschen. Ohne sie kann er weder wachsen noch gedeihen. Entwickelt sich der Verstand als vom Erwachsenen beeinflussbare Kraft nicht als anmaßende Kritik, sondern als Verstehen, dann wird aus dem harmonischen Zusammenwirken von Fantasie, Impulsen und Verstehen das geboren, was wir Inspiration nennen. Eine Kraft, die den Menschen zu den wunderbarsten Werken befähigt.

Die größten Schöpfungen, seien es solche der Malerei, Bildhauerei, Musik, technische Meisterwerke, große Erfindungen oder geniale Entdeckungen, welche die Welt voranbrachten, sie alle sind Kinder einer reinen Inspiration. Was im Kinde liegt, wie der zukünftige Baum im Samenkorn, lässt sich auch auf die Dauer nicht unterdrücken. Versucht man es trotzdem, so erreicht man das genaue Gegenteil, weil jede Hemmung die Wirkung von Impulsen und Reaktionen verstärkt.

Flößen wir dem Kinde kein Misstrauen gegen seine eigene göttliche Natur ein, sondern gewährleisten und behüten wir sein freies Spiel dadurch, dass durch uns selbst oder andere Erwachsene nicht von außen Schädigendes hineingetragen wird. Das ist das A und O der Erziehung. Wir können mit unbeholfenem Zugreifen große Schäden anrichten oder aber dem Kinde durch das Beispiel unserer eigenen Wahrhaftigkeit die allerbesten Dienste leisten. Die Verantwortung von Erziehern, nicht allein dem Kinde, sondern der ganzen Welt gegenüber, ist ungeheuer groß.

Jeder kann seine Arbeit auf dieser Welt somit nur in dem Maße zum Segen aller ausführen, als er sich selbst kennengelernt hat. Ebenso können wir auch unseren Kindern nur insofern behilflich sein, als wir uns selbst erkennen. Wissen wir selbst nicht zwischen echt und unecht zu unterscheiden, so fehlt uns auch jeder Maßstab, um das Kind beurteilen zu können. Wir müssen es lehren, was wahr und unwahr ist, nicht aber, was einen »Vorteil« oder »Nachteil« einbringt, sonst stellen wir es von einem allgemeinen auf einen rein persönlichen Standpunkt, wo es bald auch glaubt, dass gut sei, was ihm Vorteile verschaffe, und böse, was es in Nachteil versetze.

Mit der Stimme der Wahrheit verliert es den sicheren Führer, dessen es für die Stürme des Lebens bedarf. Ohne ihn wird es sich selbst, dann auch die andern, aus dem Auge verlieren, wird es weder aus sich noch den andern mehr klug und sieht sich am Ende in selbst gelegte Schlingen verstrickt, aus denen es kein Entrinnen gibt. Es wird durch bittere Leiden zahlen müssen, was Eltern und Erzieher an ihm gesündigt haben. Wohl wird es schließlich durch Schaden klug. Aber wozu es durch die Fegefeuer der Schmerzen treiben, welche die geistige Entwicklung verzögern? Wozu ihm Höllen schaffen, wenn es ohne diese eher zum Ziel kommt?

Man fragt mich diesbezüglich auch oft über die Sexualität. Es gibt kaum ein Gebiet des täglichen Lebens, das völlig frei wäre von Impulsen und Inspirationen, die nicht ihre Wurzeln irgendwo im Sexuellen hätten. Wir müssen lernen, das sexuelle Leben, den Trieb zur Fortpflanzung, wie wir ihn bei Pflanzen, Tieren und Menschen erblicken, als etwas durchaus Göttliches und Reines zu betrachten.

Wir sehen beim Menschen verschiedene Stadien sexueller Reaktionen, so wie sie die verschiedenen Stufen geistiger Entwicklung mit sich bringen. Je primitiver der Mensch, je größer sein Unverstand, desto heftiger, unkontrollierbarer und vorherrschender ist sein Verlangen nach sexueller Befriedigung als der für ihn einzig möglichen Form von Vereinigung.

Was man nicht erkennt, mit dem vermag man sich nicht ins Gleichgewicht zu setzen, und wo kein Gleichgewicht besteht, da äußert sich auch der Geschlechtstrieb in verzerrten Formen, weil Unausgeglichenheit normale Reaktionen ausschließt. Diese Erscheinungen sind nicht zu vermeiden, weil auch der geistige Fortschritt ein natürliches Wachstum, keine sprunghafte Entwicklung ist. Es kann keine Stufe übergangen werden.

Aber mit wachsender Einsicht und aus geübterem Verständnis erwachsen dem ungeregelten Geschlechtstrieb im Laufe der Jahre Gegengewichte, die ihn normalisieren. Je unbefangener man daher der Geschlechtskraft gegenübersteht, je weniger man vor ihr die Augen verschließt, je mehr man sie zu begreifen und zu erkennen trachtet, umso sicherer äußert auch sie sich in geregelten Bahnen, weil sie sich auf solche Weise mit unserer Einsicht vereinigt und in Übereinstimmung damit wirkt.

Wie sehr gerade die früheste Erziehung unser ganzes Leben zu beeinflussen vermag, weiß jeder. Wer darum seine Kinder vor allen Verirrungen des Geschlechtslebens bewahren will, der scheue sich nicht, sie frühzeitig, aber in dem Kinde angepasster Form, auf das göttliche Wunder des Geschlechtes aufmerksam zu machen. Das Aufkommen unreiner Auffassungen, welche die Unbefangenheit des Kindes zerstören könnten, brauchen wir dabei in keiner Weise zu fürchten, sofern nur wir selbst uns jederzeit so viel Unbefangenheit zu wahren vermögen, dass wir im Geschlechtstrieb etwas durchaus Natürliches, durch und durch Reines zu erblicken vermögen.

Lernen wir insofern, in allen Schwierigkeiten, die uns begegnen, die eigenen Fehler, nicht die der andern zu sehen. Wem es gelingt, diese Teufelsfratzen aus sich zu entfernen und ein für alle Mal zu verbannen, der hat die Schlacht gewonnen. Kein Übel kann ihn ferner treffen. Und dann erst kann es ihm gelingen, seine Kinder wirklich zu »erziehen«. Vollstes Vertrauen – in Gott! Vollstes Vertrauen – in unsere Kinder! Das gibt vollstes Vertrauen der Kinder in die Eltern! Mehr braucht es nicht, um alle Erziehungsfragen mit einem Schlage zu lösen.

Die verborgenen geistigen Kräfte

Wer geistige Kräfte erforschen will, muss sie in sich belauschen. Dort lassen sie sich fühlen, sehen und hören. Die Dinge rund um uns zeigen uns nur ihr Äußeres. Selbsterkenntnis ist daher der unerlässlichste Schritt für jeden, der sich den verborgenen geistigen

Kräften nähern, sie erkennen und sich mit ihnen vereinigen will. Der erste Schritt zur Selbsterkenntnis jedoch ist, dass wir die Gabe der Selbstbetrachtung erkennen und ausbilden.

Wir haben äußere und innere Sinne. Mit den ersteren sehen, hören und fühlen wir nach außen. Mit den letzteren blicken wir in beschaulichen Stunden nach innen. Wir spüren das Aufsteigen der Gedanken. Wir sehen innere Bilder, welche die Fantasie fast ununterbrochen erschafft. Wir nehmen Gefühle wahr, die uns durchströmen. Während des Schlafes, im Traum, sind alle inneren Sinne in so lebhafter Tätigkeit begriffen, dass wir uns dort vollständig in einer geistigen Welt bewegen.

Diese Gabe, nach innen zu sehen, zu hören und zu fühlen, gilt es nun bis zur Meisterschaft auszubilden, denn im Innern liegt die verborgene Quelle all unserer Gefühle, unserer Gedanken und unserer Handlungen. Sie bestimmt unser Leben. Sie formt unser Schicksal, und so, wie sie es gestaltet, so müssen wir es tragen. Das Naheliegendste und Wichtigste für einen jeden Menschen sollte es daher sein, sich selbst kennenzulernen!

Unsere Zeit richtet die Blicke einseitig nach außen. Es gibt kaum etwas, das sie nicht schon erforscht hätte. Aber wer wir selbst sind und was wir selbst sind, darüber schmachten wir in Unwissenheit. Wir benutzen unsere Sinne und unsere Gefühle, um uns äußeres Wissen anzueignen, oft genug ein Scheinwissen, das heute besteht und morgen vergeht. Wir reagieren ununterbrochen auf die verschiedenste Art und Weise auf alles, was uns umgibt. Aber keiner forscht danach, wer in ihm sieht, hört und fühlt; wer in ihm so und anders reagiert; wer in ihm spricht, in ihm hasst und liebt, und welche Kraft es ist, die alle unsere Glieder bewegt.

Das größte aller Wunder ist der Mensch selbst! Wer achtlos daran vorbeigeht, hat sich selbst verloren! Welche äußeren Errungenschaften, Scheinehren, Erfolge, Ansehen vermöchten jemals diesen Verlust – den Verlust unseres Selbst – zu ersetzen?

Wer sein Inneres zu erforschen beginnt, steht anfangs einer unbekannten Welt gegenüber. Er ist in der Lage eines Kindes, das, in einem unbewachten Augenblick der mütterlichen Hand entschlüpft, zum ersten Mal auf die Straße gelangt. Geblendet von der Flut des Lichtes, von tausend unbekannten Dingen, verliert es seine Sicherheit. Motorenlärm, vorbeirasende Wagen – Dinge, die dem Erwachsenen geläufig sind – bringen es vollends aus der Fassung. Es erschrickt, fängt an zu weinen und hat nur den einen Wunsch: zu flüchten, zurück in die Stube, zurück an die Hand der Mutter. Später fängt es an zu begreifen. Sein Verstand wächst und übt sich. Es weiß zu unterscheiden und erkennt, was ihm zuvor dunkel und unheimlich war. Zum Schluss bewegt es sich sicher in eben jener Welt, die ihm früher maßlosen Schrecken einjagte.

Genau so geht es uns beim Übertritt in die uns völlig neue Welt des Innern. Auch wir sind in der Lage eines Kindes, das die Dinge anfänglich weder zu deuten noch zu erkennen vermag. Lassen wir uns aber weder einschüchtern noch entmutigen, bleiben wir beharrlich, dann gewinnen die neuartigen, verwirrenden Erscheinungen Gestalt und Zusammenhang. Sie werden uns vertrauter. Wir lernen zu begreifen, und am Schluss möchte keiner das neuerschlossene Reich der eigenen Seele jemals wieder vermissen.

Solange wir es nicht erkennen, sind wir in Tat und Wahrheit das Werkzeug blinder Kräfte. Wir lassen uns führen und schieben, ohne zu wissen von wem und noch weniger wohin! Die Folgen jedoch haben wir allein zu tragen. Wem könnte ein solcher Zustand auf die Dauer gefallen? Wer wäre im täglichen Leben bereit, jemandem, den er gar nicht kennt, eine Generalvollmacht nicht allein über sein gesamtes Hab und Gut, sondern auch über Leib und Leben, ja sogar dasjenige seiner Angehörigen, die auf ihn angewiesen sind, auszustellen? Kopfschüttelnd würde jeder einen solchen Menschen betrachten. Aber – halten wir es in geistigen Belangen anders?

Diese Erklärungen sind für jeden Menschen, stehe er wo er wolle, verständlich. Es ist von Wichtigkeit, sich über diese Zusammenhänge im Klaren zu sein. Die Wahrheit wird uns frei machen, und diese geistige Freiheit wird alle Menschen vereinen, die guten Willens sind. So wird die universelle Bruderschaft entstehen, eine Bruderschaft Sehendgewordener, einsichtig und stark, dem rasenden Gespann von Blindheit, Tod und Vernichtung in die Zügel zu fallen und es zum Stehen zu bringen!

Wer keine Umwege macht, seine Lebenszeit nicht leichthin vergeudet, wird noch in dieser Welt zu einer Reife gelangen, die dem Tod allen Schrecken nimmt. Verlieren wir daher keine Zeit. Jeder von uns kann sich für eine Stunde im Tage in sein Kämmerlein, in einen stillen Winkel zurückziehen, wo er nichts anderes zu tun braucht, als in sich hineinzuhorchen, um der Dinge gewahr zu werden, die in ihm vorgehen. Keiner vermesse sich, korrigierend dazwischenzufahren, wenn er Regungen und Gedanken wahrnimmt, die ihm aus irgendwelchen Gründen nicht passen. Ein Zuschauer nur, später ein Bewundernder, nicht aber ein Schulmeister und Besserwisser, stehe er seinem Innern gegenüber.

Erst in öfters verwirrenden Bildern, Gedanken und Gefühlen wird sich eine innere Welt kundtun. Später gewinnt sie Zusammenhang und Gestalt. Ehrfurcht ist am Platze – denn wir stehen an der Pforte unseres eigenen Tempels, und Ehrfurcht allein kann uns würdig machen, die Schlösser, eines ums andere, zu öffnen. Ausdauer ist nötig, denn nur dem Beharrlichen enthüllen sich die Geheimnisse seines Geistes. Auch im äußeren Leben sind Jahre erforderlich, um eine Kunst, ein Handwerk zu erlernen. Die Kunst des Lebens verlangt nicht weniger Hingabe!

Sobald der Mensch sich als ein Eigenes, etwas gänzlich auf sich selbst Stehendes, von allem und jedem Getrenntes denkt, ändern sich auch alle seine Reaktionen. Sucht nach Gewinn – für sich natürlich! –, Angst vor Verlust – durch andere natürlich! –, Streben nach Macht und Einfluss – über andere natürlich! – keimen auf und beherrschen ihn schließlich völlig, sodass ihn die Verluste anderer (die seinen Gewinn bilden!) erfreuen, die Gewinne anderer (weil sie nicht die seinen sind) aufrichtig betrüben und die gesellschaftlichen Erfolge anderer (weil sie die Aufmerksamkeit von ihm ablenken) mit dem Gift des Neides und der Eifersucht erfüllen.

Fern einer göttlichen Verbundenheit mit allem Leben denkt und handelt ein derart Irregeführter wie ein Geschöpf der Hölle. Falsche Handlungen lösen ununterbrochen falsche Rückwirkungen aus, bis es ihm endlich gelingt, sich von den Voraussetzungen, die all sein Tun bestimmen, zu befreien, oder bis er in seinem selbstgewobenen Netz hilflos wie ein Fisch zappelt, weil der Egoismus den Zustrom göttlicher Kräfte unterbindet.

Ein solcher Mensch zehrt von seinem Kapital an Lebenskräften, und es ist nur eine Frage der Zeit, wann er seinen geistigen Bankrott eingestehen muss. Er schwimmt dauernd gegen den Strom, bleibt trotz der Illusion einer Vorwärtsbewegung auf der gleichen Stelle, deren Behauptung ihm Tag und Nacht die größten Mühen macht. Schließlich fühlt er seine Kräfte schwinden. Der geistige Strom wird übermächtig – und mit Entsetzen sieht er sich fortgetragen, ein Ertrinkender, dessen letzter Schrei nach Erlösung ihn auf glitzernde Wellen, freundliche Ufer und den ruhig ziehenden Strom göttlichen Erbarmens blicken lässt, der ihn sicher und ruhig seinem Ziele entgegenträgt, der Befreiung von Sorgen und Ängsten, von Sünden und Verbrechen, die ihn ein Alptraum der Vereinzelung begehen ließ.

Eine solche von Grund auf falsche Einstellung, mit falschen Handlungen und Rückwirkungen, mit allen unrichtigen daran geknüpften Gedanken nenne ich dämonisch! Wie viel Leiden, Krankheiten, Unglück, das wir mitmachen, Kriege, welche die Welt erschüttern, stammen doch aus dieser Quelle. Sie zu versiegeln ist eine schwere, aber keineswegs unmögliche Arbeit. Unser Verstand muss bis in die tiefsten Tiefen unseres Inneren herabsteigen, bis sich die dort tätigen Kräfte mit ihm verbinden, so gleichsam sehend werden, und sich ihren geregelten wohltätigen Ablauf sichern. Die in den Tiefen unseres Inneren wirkenden geistigen Kräfte wiederum müssen sich bis in unseren Kopf, unseren Verstand erheben, um ihn mit göttlichen Impulsen und ihrer Vitalität zu speisen.

Eine Verbindung von Oberem und Unterem, innerer und äußerer Kräfte, die den Menschen erst vollkommen macht und deren Zusammenwirken und Ineinanderfließen das Ende innerer Zerrissenheit und die Wiederherstellung des Gleichgewichts, der Harmonie bedeutet. Dieses Ziel ist jedem Menschen vorgeschrieben. Wer nicht so viel Einsicht aufbringt, um mit allen Kräften aus eigenem Antrieb danach zu ringen, für den übernimmt das Schicksal diese Aufgabe.

Unter Schicksal verstehen wir den ungewollten, sich von selbst vollziehenden Ausgleich widerstrebender Kräfte, so etwa, wie sich die Behörden eines schlechten Haushalters annehmen und ihn mit Gewalt zur Ordnung seiner Angelegenheiten treiben, ohne dass er selbst noch viel dazu zu sagen hätte. Zerwürfnisse, Krankheiten, furchtbares Leid, Trauer und Verzweiflung, Missernten, Krieg und Hunger sind die harte Schule des Lebens, die uns immer deutlicher machen, dass keiner von uns nur für sich selbst hier steht.

Diese harte Schule ist notwendig für den, der anders nicht sehen lernt. Wer sich mit der Binde über den Augen auf die Straße wagt und sich darauf bewegt, der kann des schlimmen Ausgangs gewiss sein. Es wird nicht ohne Beulen, ohne Knochenbrüche abgehen. Aus diesem Grunde sind wir genötigt, Sehen, Einsehen zu lernen, wenn wir uns nicht alle Augenblicke den Kopf anstoßen wollen. Gewiss, diese Beulen dienen schließlich dazu, uns die allgemeine

Richtung zu weisen! Es sind Prüfungen, die uns läutern, und, nach Umwegen, doch auf den richtigen Pfad führen.

Aber wie viel Leid bedeuten sie für uns und andere! Leid, das wir uns und ihnen ersparen können, sobald wir uns überlegen, dass wir in erster Linie richtig sehen lernen müssen, bevor wir zum Gehen fähig sind. Der Weg der Beulen und Schrammen ist der Weg des Leidens, ist Karma, das wir uns mit unserer Weigerung, die Augen zu öffnen, unfehlbar auf den Hals ziehen. Die Augen zu öffnen ist der Weg der Erkenntnis, um vieles leichter und angenehmer als jener. Bei uns selbst müssen wir beginnen. Wie können wir andere begreifen, solange wir uns selbst fremd sind?

Gegenseitiges Verständnis ist die Brücke von Mensch zu Mensch, vom Mann zur Frau und umgekehrt, vom Unternehmer zum Arbeiter, vom Arbeiter zum Unternehmer, zwischen Eltern und Kindern. Zu dieser Brücke können wir nur raten. Missverständnisse auf allen Seiten, die Flut der Ehescheidungen, Entfremdung überall beweisen es. Werden die Reifen gegenseitigen Verständnisses, die wir zuerst für uns allein schmieden müssen, vom Rost des Unwissens zerfressen, fällt das ganze Fass auseinander.

Verlieren wir daher nie Zeit damit, die Ursachen unserer Leiden bei andern zu suchen. Begeben wir uns in die stille Kammer und forschen wir dort in uns selbst, wo wir bestimmt die Fäden des Schicksals zu entdecken und schließlich auch zu entwirren vermögen. Die Einstellung der Umwelt zu uns ist nichts weiter als ein Echo! Wir können, wenn es uns damit ernst ist, bei aufmerksamem Zuhören sehr gut herausfinden, was wir in den Wald gerufen haben. Versuche es ein jeder für sich, den Ton selbst anzugeben, den er im Widerhall gerne vernehmen möchte. Ein jeder wird zu seiner Überraschung entdecken, wie leicht es geht, und wie prompt sich die Rückwirkungen einstellen. Das Echo bringt jeden Ruf in vielfacher Auflage zurück. So kommt ein Unglück, das wir auslösen, selten allein!

»Bereits der Glaube an das Unmögliche kann wahre Wunder wirken.«

Aber wohl uns: Das Gute unterliegt demselben Gesetz. Auch ein Glück kehrt meistens mit Begleitung, die sich unterwegs gefunden, bei uns ein! Jeder Bauer weiß aus Erfahrung, dass, wer da ernten will, zuerst einmal säen muss. Je besser das Saatgut, umso vorzüglicher die Frucht. Darin liegt der Segen bäuerlicher Tätigkeit, dass diese, wenn auch unbewusst, in der Anwendung göttlicher Gesetze besteht, nach denen Wachstum und Reifen vor sich gehen. Trachten wir also fürs Erste den Boden zu erkennen, den wir bearbeiten wollen – uns selbst! Diese Arbeit befähigt uns zu verstehen, was in unseren Nächsten vor sich geht.

Dann aber wende sich unsere Aufmerksamkeit dem Saatgut und dem Säen zu, dem Geben und nicht dem Nehmen. Mit dem Wachstum befassen sich Himmel und Erde von selbst. Eines schönen Tages steht das herrliche Korn im Feld und vergilt uns tausendfach.

Wer es umgekehrt macht, treibt Raubbau an sich und den Mitmenschen und steht über kurz oder lang vor dem Nichts.

Gottes Gesetze sind überall dieselben. Wir erblicken sie im Ackerbau so gut wie in der Familie und allen anderen unseren Beziehungen. Wem alles missrät, der hat Fehler begangen. Er suche sie in sich. Die genannten Tatsachen müssen uns so geläufig werden, dass wir sie am Ende ganz von selbst und ohne jedes Besinnen, überall und immer, in Ausübung bringen. Unser Tun und Lassen muss davon durchdrungen sein. Nicht nur unser Verstand, nein, unser ganzes Wesen muss dieser Grundeinstellung teilhaftig werden, dann kann es nirgends fehlen.

Jeder Gedanke, den wir einmal wachgerufen und mehr oder weniger lang gehegt haben, gewinnt insofern eine Art von Eigenleben, sodass er sich schließlich auch ohne unser Zutun manifestiert. Auch wenn wir ihm keinerlei »Nahrung« mehr geben, vermag er sich noch eine Zeitlang zu behaupten, entsprechend der Aufmerksamkeit, die wir ihm früher widmeten.

Die Umstellung auf eine gänzlich entgegengesetzte Denkart kann daher zeitweise zu schweren Erschütterungen führen, weil sich auf dem Schauplatz unseres Innern alte und neue Kräfte begegnen und mit Erbitterung bekämpfen. Dieser – allerdings vorübergehende – Zustand gehört nicht zu den Annehmlichkeiten des Lebens. Er muss jedoch in Kauf genommen werden, wenn wir nicht auf immer falschen Gedanken versklavt bleiben wollen.

Was wir denken, das sind wir, weil jede Kraft nur sich selbst oder das, was mit ihr übereinstimmt, zu denken vermag, um die Worte eines deutschen Mystikers zu gebrauchen. Angst vor Krankheit ist mit einer Vorstellung des Unheils, das wir fürchten, verknüpft – und ebendiese Vorstellung ist die Krankheit selbst, nicht die körperlichen Symptome, die sich früher oder später zeigen.

Auch ein Gebet kann nicht die volle Wirkung haben, solange im Unterbewusstsein die Krankheitsvorstellung besteht, solange wir glauben, es gäbe so etwas wie »Krankheit« an sich. Solange wir nicht einsehen, dass wir selbst die Krankheit sind, und dass es nur von uns abhängt, ob wir sie noch länger füttern oder aber aushungern wollen.

So manche richtig angewendete Medizin muss versagen, wenn der Patient die eigentlichen Ursachen seines Leidens verkennt und der Krankheit, also ihrer Vorstellung, neue Nahrung gibt. Kein noch so tüchtiger und bemühter Arzt vermag auf die Dauer zu heilen, wenn ihm die geistigen Kräfte des Patienten entgegenwirken! Auch die Feuerwehr kann nichts ausrichten, wenn der Eigentümer, kaum dass der Brand gelöscht ist, sein Haus aufs Neue anzündet. Jeder Arzt weiß, dass Leib und Seele behandelt werden müssen – und dass Letztere oft viel wichtiger ist.

Wer Krankheiten und Unglück als eine Prüfung betrachtet, eigenen Fehlern nachforscht und dabei tiefere Einkehr pflegt, weiß selbst aus dem Negativen Nutzen zu ziehen, wodurch vielen Plagen ihr Stachel genommen wird. Unerkannte Kräfte dagegen, auch wenn sie in uns selbst vorhanden sind, haben für uns keinen positiven Wert. So wenig wie der vergrabene Schatz im Keller, von dessen Vorhandensein wir gar keine Ahnung haben. Wir würden, vielleicht über ihm liegend, verhungern, indessen er nur darauf wartet, von uns gehoben zu werden.

Unkenntnis der verborgenen geistigen Kräfte kann nicht nur gesundheitliche Störungen oder Hindernisse im täglichen Leben zur Folge haben. Sobald gewisse Vorurteile allgemein verbreitet sind und in den verschiedenen Individuen eine Art von Einheitlichkeit und Übereinstimmung aufweisen, vermögen sie im geeigneten Augenblick Massenreaktionen allergrößten Ausmaßes zur Folge zu haben. So entstehen Kriegspsychosen, Massenaufstände, Phantome, die gleichzeitig in allen Köpfen spuken und die Welt zu einem Irrenhaus machen, in dem keiner mehr seines Lebens sicher und fast keiner von der geistigen Infektion verschont bleibt.

Sage sich daher niemand, Gedanken seien »zollfrei« – sonst betrügt man sich selbst. Was immer wir denken, hat, nach den Gesetzen von Aktion und Reaktion, eine weitaus größere Bedeutung, als wir ahnen können. Bewache jeder sein Herz, damit er seine Unbekümmertheit in dieser Hinsicht nicht eines Tages teuer zu zahlen habe. Man mute auch Politikern, mögen sie noch so klug und gutgesinnt sein, nicht zu, die Knoten zu entwirren, welche die Menschheit geschlungen hat. Einer solchen Last wären auch die stärksten Schultern nicht gewachsen. Aber helfe ein jeder mit, indem er die Steine, die er zusammengetragen, aus dem Wege räumt. Dann wird auf einmal leicht, was unmöglich schien.

So ist es auch beim Einzelnen. Wer nur erst ein Weniges in der angedeuteten Richtung errungen, der kann leicht ein Mehrfaches erlangen. Ist der Geist sich seiner Kraft bis zu einem gewissen Grade bewusst geworden, dann gibt es für ihn kein Zögern mehr. Der Fortschritt kann dann ungeahnt rasch vor sich gehen, sodass die Finsternis und alles damit verbundene Dämonische weicht. Ein solcher Mensch sieht sich, fast wie durch Zauber, mit einem Male aller seiner Sorgen, Ängste und Leiden ledig und vermag darüber hinaus noch andern eine Stütze zu sein.

Wer mich diesbezüglich von einer »Auflösung« in Gott sprechen hört, bekommt es wohl mit der Angst zu tun! Womöglich stellt er sich eine Vernichtung seiner Existenz, seines Ichs vor, das er um jeden Preis behalten will. Solche Befürchtungen sind überflüssig. »Auflösung in Gott« will lediglich heißen, die selbstgemachten engen Grenzen unseres Bewusstseins zu sprengen, uns selbst zu verlieren, um uns umso größer und gewaltiger in Gott wiederzufinden, ja in gewissem Sinne Gott selbst zu sein, wodurch Christi Wort »Nicht mein Wille geschehe, sondern Dein Wille« einen gänzlich neuen und ungeahnten Sinn erhält.

Wir sind dann nicht mehr nur ein Teil der Schöpfung, als den wir uns anfänglich erkannten, sondern die ganze Schöpfung selbst!

Ein Gleichnis vermag vielleicht besser Aufschluss zu geben: Ein Stück Zucker, das vor uns liegt, ist die in die enge Form von zwölf Kanten gebannte Kraft der Süße, die sich, solange sie diese Form behält, nicht zu zeigen vermag. Legen wir es ins Wasser, löst es sich darin auf. Wir sehen es schwinden und vergehen und könnten uns nun nach dem irrigen Zeugnis unserer Augen einbilden, es hätte seine Existenz, seine Kraft und Wirksamkeit verloren.

Das genaue Gegenteil ist der Fall: Jetzt erst kommt die verborgene Kraft der Süße zum Vorschein und vermag weit über die früheren Grenzen hinaus zu wirken! Sie hat die ehernen Bande gesprengt und durchdringt nun das gesamte Wasser, um sich darin überallhin zu verbreiten und ihre Kräfte zu entfalten.

Auch die Auflösung eines vom Wind verwehten Samenkorns hat die Entfesselung aller in ihm ruhenden Energien, sein Wachstum zu einem gewaltigen Baum, der Stürmen und Wettern trotzt, zur Folge! War nun die »Auflösung« ein Verlust – oder ein Gewinn? Deshalb schrecke keiner zurück vor den Worten »Auflösung in Gott«. Wer den Mut hat, in diesen Abgrund zu springen, der wird sich wiederfinden auf eine Art und Weise, welche sich die kühnste Fantasie niemals hätte träumen lassen.

Alles kann gewinnen, wer den Mut in sich fühlt, alles – also sich selbst – einzusetzen! Das ist der Schlüssel, alle Pforten zu sprengen und die geistige Freiheit zu gewinnen. Wer ihn zu gebrauchen versteht, der weiß Bescheid. Für ihn haben wir keine Lehre mehr über verborgene Kräfte. Es gibt nichts, was ihm fernerhin verschlossen und verborgen sein könnte.

Vollständige Unwissenheit über diesen Kern aller Religionen hat die allseitige Unsicherheit auf der Welt zufolge. Angst vor dem Leben, Angst vor dem Tode, Angst vor allem und jedem ist es, was die Menschen treibt, Betäubung im Trunk, Betäubung in der Betriebsamkeit zu suchen, und sie manchmal zur Kugel greifen lässt. Blinde, bodenlose Angst, die zu Präventivkriegen führt und sich auch dann noch nicht beschwichtigen lässt, wenn alle »Feinde« erledigt sind, weil sie sofort von der Angst vor sich selbst, und damit der Angst vor dem Unbekannten, abgelöst wird. Die Quelle dieser schreienden und verzehrenden Angst ist im tiefsten Grunde nichts anderes als die Angst vor dem Unbekanntesten, was sich denken lässt – die Angst vor sich selbst.

Halten wir uns doch nicht mehr länger zum Narren! Lernen wir uns endlich selbst kennen! Wenn wir nicht das Schicksal der alten, versunkenen Kulturen teilen wollen, so müssen wir das Regiment dämonischer Kräfte brechen, indem wir an ihre Stelle höhere Einsichten setzen und ihnen durch wachsendes Vertrauen in Gott jede Nahrung entziehen. In den alten Königsgräbern Ägyptens gefundene Getreidekörner haben ihre Keimfähigkeit bis heute, also weit über 2000 Jahre, bewahrt. Es genügt, dass sie Erde finden, um neuerlich zu wachsen. Die Gedanken des alten Ägyptens, auf Papyri, Fels- oder Gräberinschriften vorgefunden, fanden Eingang in die Literatur, Zugang in die Köpfe und Nahrung in den Herzen, sodass sie sich heute in irgendeinem Menschen individualisieren und von dort ihren tatsächlichen Einfluss ausüben.

Genau gleich geht es mit dem Guten und dem Wahren, das uns auf irgendwelchen Wegen, von innen oder von außen, zuströmt. Wer ihm Einlass gewährt, in dem fängt es an zu wurzeln und zu wachsen. Da jeder mit dem Ganzen verbunden ist, Freunde, Bekannte oder Angehörige hat, färbt auch das durch ihn fließende Gute wiederum auf diese ab, sodass es sich in unglaublich kurzer Zeit verzehntausendfachen kann.

Wir sehen schon heute, dass die Gedanken großer Geister langsam, aber sicher an Boden gewinnen, dass geistige Strömungen entstanden sind, die noch keine Wellen werfen, aber doch schon ihren Zug in eine ganz bestimmte Richtung erkennen lassen. Nebenflüsse nähern sich, um sie zu verstärken. Diese vorerst nur dem geistigen Auge erkennbare allgemeine Richtung auf einen bedeutenden geistigen Fortschritt hin zeigt sich vielleicht am deutlichsten in der wütenden Reaktion der Gegenkräfte, die, mit einem feinen Ahnungsvermögen ausgestattet, irgendwie ihren Untergang wittern und daher eine wilde Geschäftigkeit an den Tag legen, um die ihnen bemessene Frist zu nützen.

Auch die vergangenen Kriegsjahre mit ihren entsetzlichen Gräueln waren notwendige Etappen auf dem Wege zu einer geistigen Läuterung. Das will nicht heißen, dass die in solchen Exzessen sich austobende Dämonie der Massen irgendeine Existenzberechtigung hätte und mit einer solchen Erklärung gerechtfertigt sei. Ihre Keime lagen weit in der Vorkriegszeit – aber nachdem sie von uns einmal ausgestreut und gepflegt wurden, war die schaurige Ernte unvermeidbar. Wer die Wirkungen nicht wünscht, darf die Ursachen nicht auslösen. Es gibt kein Mittel, das Ursachen daran hindern kann, Wirkungen zu zeitigen. Und aus den Wirkungen entspringen Folgen. Auch das ist ein Naturgesetz.

Es gibt also direkte und indirekte Wirkungen. Wir erinnern daran, dass von den einmal entfesselten dämonischen Mächten auch diejenigen mitgerissen wurden, denen eine Betätigung in dieser Richtung ihrem geistigen Zustande nach gar nicht lag. Die Strömung war so gewaltig, dass sie auch scheinbar feststehende Brocken mit sich riss. Eine Art von Massenseele und Herdengeist fegte das individuelle Bewusstsein einfach hinweg, sodass auch bisher harmlose Menschen ohne Bedenken Gräueltaten begingen, deren sie sich nie für fähig gehalten hätten.

Es bereitet dem Menschen eine gewisse Lust, in einer großen Bewegung aufzugehen, mitzumarschieren in einem gewaltigen Tross, von welchem er ein Teil ist. Er gehorcht dabei einem Ur-Instinkt, der mächtiger ist als alles Einreden. Einem Ur-Instinkt, der nur deshalb so verheerend wirkt, weil sein eigentliches Ziel nicht mehr erkannt wird. Wer in der Masse steht, darin gewissermaßen aufgeht und daher in seinem Tun und Lassen ihre Größe vertritt, gewinnt an Gewicht und nimmt an Bedeutung zu. Wir sehen diesen verborgenen Trieb wirksam sowohl in der Ämterjagd als auch in der Sucht nach dem Massenverband.

Im Reiche Gottes dagegen kann jeder ein König sein, stehe er im täglichen Leben hinter dem Pflug oder am Küchentisch. Es ist eine verborgene geistige Größe, die jedem voll bewusst sein kann, ohne ihn jemals zur Überheblichkeit zu verleiten. Niemand, auch der Ärmste und Beschränkteste nicht, ist davon ausgeschlossen. Er braucht nur zuzugreifen! Deshalb ist das einzige Mittel, uns vor furchtbaren Verirrungen und Entgleisungen zu bewahren – uns selbst kennenzulernen. Vollständig unparteiisch, so wie wir nun einmal sind, müssen wir uns betrachten, um die geheime Wurzel all unserer Kräfte, unserer Talente, unserer Triebe, Instinkte und Impulse zu erfühlen, zu gewahren und zu erkennen. Nur die erkannten Kräfte wirken vollkommen. Und nach Vollkommenheit und Unfehlbarkeit strebt doch ein jeder von uns.

Dokumente

den 8.Januar 1948

Herrn Mirin Dajo
Villa Seegut
Seestr.473
Zuerich,Schweiz

Sehr geehrter Herr Dajo:

Ich hoffe sehr,dass Ihre Leistungen mehr auf dem Gebiete des Zauberkünstlers liegen, und dass Sie sich nicht an dem Leibe versündigen, den Sie Ihrer Mutter verdanken.

Ich kann natürlich nichts tun, um Ihnen bei Ihren Bestrebungen behilflich zu sein, weil ich sehr vorsichtig sein muss mit jeder Aeusserung, die andere beeinflussen können.

Mit vorzüglicher Hochachtung

Albert Einstein.

Ihre Photos anbei zurück.

Brief von Albert Einstein an Mirin Dajo vom 8. Januar 1948.
(Abdruck mit freundlicher Genehmigung von: The Albert Einstein Archives, Jewish National and University Library, Jerusalem.)

T

Zürich, 16 Juni 1947.

Lieve Vader, Moeder, Gerrit en Joop,

Na een drukken dag kom ik er eindelijk aan toe jullie weer te schrijven. Gisteren heb ik 's-morgens om 10½ uur in de groote zaal van Corso in Zürich gesproken. Hoewel het regende was de zaal toch bijna uitverkocht, en dat nog wel op Zondag! Alles is een groot succes geworden en de uitwerking van mijn woorden op het publiek bleek zeer gunstig te zijn. De uitspraken der pers waren algemeen gunstig, uitgezonderd één krant, die niets anders deed, dan mij afbreken. Dat beteekent echter niets, actie en reactie zullen er eenmaal zijn. Gelukkig maar, want door de strijd, die hieruit ontstaat, is een ontwikkelingsgang hoogerop steeds mogelijk. De groote verantwoording, die op mijn schouders rust ben ik mij volkomen bewust, te meer als ik zie, hoezeer steeds meer menschen, die dringend geestelijke hulp noodig hebben, zich aan mij vastklampen. Velen zijn tot aanbidding geneigd, waardoor een vreemd gevoel in mij ontstaat. Gisteren tijdens mijn rede was het doodstil, zelfs het gebruikelijke kuchen en hoesten was afwezig. Na de rede werd ik bestormd door verschillende menschen en van een Hollandsche jongedame ontving ik een bouquet rozen. Van

Beginn eines handschriftlichen Schreibens von Mirin Dajo vom 16. Juni 1947. In Dutzenden, bis zu siebenseitigen Briefen und noch mehr Postkarten hielt er seine Familie über sein Wirken in der Schweiz informiert.

13 22007

Direktion der Polizei des Kantons Zürich

Fremdenpolizei

Telefon 32 73 80 / Postcheck-Konto VIII 864

Nr. 293.924 Bir/Gr.

(Bitte in der Antwort Nr. angeben)

FREMDENPOLIZEI DER STADT ZÜRICH 13. JAN. 1948

Herrn
Arnold Henskes,
genannt "Mirin Dajo",
Hotel Rothus,
Marktgasse 17,
Zürich 1.

Zürich, Kasper Escherhaus, den 10. Januar 1948.

Die eidg. Fremdenpolizei in Bern hat die Ihnen angesetzte Frist zur Ausreise aus der Schweiz mit Verfügung vom 5. Januar 1948 bis zum 1. Mai 1948 verlängert, zum vorübergehenden Aufenthalt bei Herrn Kantonsrat Spindler in Mogelsberg (St.G.), sowie zum Abhalten von Vorträgen religiös-philosophischer Natur nach kantonaler Bewilligung. Nachdem mündlich hierorts das Begehren um einen vorübergehenden Aufenthalt im Kanton Zürich eingereicht wurde, teilen wir Ihnen nunmehr mit, dass wir Ihr vorübergehendes Verbleiben in Zürich bis zum 15. März 1948 bewilligen. Bis zu diesem Zeitpunkte haben Sie unsern Kanton anstandslos zu verlassen. Weitere Verlängerungen für Zürich kommen nicht mehr in Frage. Es ist Ihnen gestattet, in geschlossenem Kreise Vorträge religiös-philosophischer Natur abzuhalten. Eine andere Erwerbstätigkeit bleibt Ihnen nach wie vor untersagt.

Wir fordern Sie auf, uns Ihren Ausländer-Ausweis zwecks Eintrag der Bewilligung postwendend zuzustellen.

Fremdenpolizei
des Kantons Zürich

Geht in Kopie:

a) An die städt. Fremdenpolizei, Zürich.

b) An die eidg. Fremdenpolizei, Bern, Ref.Nr.S 9/216 Sd.

c) An die Fremdenpolizei des Kantons St. Gallen, St.Gallen

d) An die Einwohnerkontrolle der Stadt Zürich, Zürich.

Einige von etlichen, kürzlich freigegebenen Akten der Zürcher Polizeibehörden über die Bespitzelung und Ausweisung der drei Holländer.

Abschrift.

Zürich, den 6. Febr. 1948.

An die Kantonale Fredmenpolizei
Werdmühlestr. 1o,
Zürich.

M i r i n D a j o spricht seit langer Zeit, jeden Sonntag, nachmittags 3-6 Uhr in der Villa "Seegut" des Herrn Rogenmoser, Seestr. 473 Zürich-Wollishofen. Jedesmal sind ca. 2oo Personen dort als Zuhörer anwesend, so auch letzten Sonntag, den 1. Februar, wo-bei Dajo unter anderem Folgendes sagte, das ich Ihnen nicht verenthalten möchte:

" Der Geist des Menschen lebt nach dessen irdischen Tode ewig weiters im Jenseits, aber er ist sich dessen noch lange nicht bewusst, dass er nicht mehr irdisch lebt, es kann millionen Jahre dauern, bis der Geist eines verstorbenen Menschen sich wirklich bewusst wird, dass er nicht mehr irdisch lebt, sondern überirdisch im Jenseits. Der Geist hat im Jenseits eine Aufgabe zu erfüllen und zwar ewig und wird dort nach und nach in höhere Stufen gelangen durch einen Entwicklungsgang."

" Viele Menschen haben Angst, dass Gott sie einmal noch auf Erden, oder dann im Jenseits für ihre Sünden bestrafen werde, doch diese Angst ist gar nicht nötig, denn bei Gott gibt es keine Strafe, Gott kennt keine Strafe für den Menschen, d.h. für deren Sünden."

" Viele Menschen glauben, dass sie einmal ins Fegfeuer kommen werden, zur Verbüssung von Sünden, doch es gibt aber gar kein Fegfeuer."

" Beim Tode am Kreuze erlitt Jesus Christus keine leiblichen, irdischen Schmerzen, sondern es waren nur geistige Schmerzen die er erlitt."

" Die S ü n d e ist n i c h t etwas gegen Gott gerichtetes, sondern einfach eine Dummheit in Unwissenheit getan. Ja, die Sünde, wie wir sie nennen, ist zur Erreichung einer höheren Stufe im Bildungsgang auf dem Wege zu Gott, nötig."

Hochachtungsvoll
sig. A. Müller.

Betrifft: Kt. Nr. 293.924 Bir.. H e n s k e s . Arnold gen."Mirin Dajo"

Geht an die
Fremdenpolizei des Kantons Z ü r i c h

unter Bezugnahme auf die telefonische Unterredung mit Ihrem Fräulein Birsinger, zur Kenntnisnahme und gutscheinenden Verwertung.

Zürich,den 9. ~~Januar~~ Februar 1948.

Fremdenpolizei der Stadt Zürich

ad acta

Stadtpolizei Zürich

4. März 1948.
14.00 Uhr.

auf der Stadtpolizei vorgeladen:
Heisch, Kreszentia, deutsche Staatsangehörige, geb. 21. März 1888, Heimarbeiterin, wohnhaft Rötelstr. 2, Zürich 6.

betr. Beziehungen zu Mirin Dajo, Otter und de Groot:

"Diese Leute kenne ich sehr gut, vor allem Mirin Dajo. Ich bin befreundet mit den Eheleuten Rogenmoser, Seestr. 473, welche Gönner dieser 3 Holländer sind. Dadurch lernte ich diese Männer kennen. Ich habe bei den Eheleuten Rogenmoser schon oft genächtigt"

Es wurde uns mitgeteilt, dass Sie den Holländern zwecks Konultationen, welche im "Café Capitol" stattfinden sollen, Patienten vermitteln. Was haben Sie dazu zu sagen?

"Meines Wissens hat Mirin Dajo nie Patienten behandelt. De Groot macht das schon gar nicht. Er ist lediglich der Begleiter von Mirin Dajo, abgesehen von seiner Tätigkeit bei Experimenten. Von Otter habe ich schon gehört, dass er in sich gewisse Heilkräfte haben soll. Es stimmt aber nicht, dass von diesen Männern im "Café Capitol" Patienten behandelt wurden. Diese Holländer konnten immer gratis essen im genannten Café, da sie Gäste der Eheleute Rogenmoser sind. Mit Otter hatte ich sozusagen keinen Kontakt, da er mir einfach nicht sympathisch ist. Er trinkt gern, was Mirin Dajo nicht gern sieht. Ich habe den Holländern nie Patienten vermittelt. Solche wurden, wie gesagt, weder im "Cafe Capitol" noch anderswo behandelt. Dagegen habe ich aus meinem Bekanntenkreis Leute zu den Vorträgen von Mirin Dajo, welche jeweils an Sonntag Nachmittagen in der Villa Rogenmoser stattfanden, eingeführt. Wie die Einnahmen aus den Kollekten verteilt wurden, weiss ich nicht. Seit etwa 4 Wochen wurden keine Vorträge mehr abgehalten, weil Mirin Dajo bei

Nr. 104 - IX. 47 - 200.000 - A4

- 2 -

seinen Eltern in Holland auf Besuch war. Er hat mir von dort eine Karte geschickt. Morgen Freitag Abend findet nun in der Villa Rogenmoser eine Abschieds-Zusammenkunft statt. Mirin Dajo will letztmals vor seinen Bekannten sprechen. Mir ist nicht bekannt, dass Mirin Dajo fortgehen muss. Otter habe ich schon seit vielen Wochen nicht mehr gesehen. Bei Mirin Dajo habe ich nie etwas Unrechtes gesehen. Wie hoch die Einnahmen durch die Kollekten waren, weiss ich nicht genau. Soviel ich weiss, sind einmal ca. Fr. 300.--, dann einmal ca. Fr. 150.--. und einmal nur Fr. 80.--. eingegangen"

i.f. Gwad, Ac.

Gelesen & bestätigt: Crezentia Heiss

Direktion der Polizei des Kantons Zürich

Fremdenpolizei

Nr. 293.926 Bir/EK.
293.924

Zürich, den 12. März 1948.

FREMDENPOLIZEI DER STADT ZÜRICH
13. MRZ 1948
1) B22007
2) B22244

An die Fremdenpolizei der Stadt

Zürich 10020/30.

Betr. Wir bitten Sie festzustellen, ob die holländischen Staatsangehörigen Arnold 1)H e n s k e s , gen. Mirin Dajo, und dessen 2) Begleiter De G r o o t , Jan Dick, geb.17. März 1914, wohnhaft z.Zt. in Zürich, b/Roggenmoser, Seestrasse, am 15. März 1948 den Kanton Zürich auch tatsächlich verlassen haben. Wir haben Ihnen das Verbleiben in unserm Kanton bis zu diesem Datum gestattet, mit der Weisung, alsdann anstandslos aus dessen Gebiet auszureisen. Es wurde den Genannten am 10.1.48 eröffnet, dass eine weitere Verlängerung hier nicht in Frage kommen kann.

Fremdenpolizei
des Kantons Zürich

Schmid

Beilagen:

B. S. XI. 47. 30 000

13 22007

Direktion der Polizei des Kantons Zürich

Fremdenpolizei

Telefon 32 73 80 / Postcheck-Konto VIII 864

293.924
N293.926 Bir/Gr.

(Bitte in der Antwort Nr. angeben)

FREMDENPOLIZEI DER STADT ZÜRICH 8. MAI 1948

An die
Fremdenpolizei des
Kantons St. Gallen,

S t . G a l l e n .

Zürich, Kasper Escherhaus, den 7. Mai 1948.

In der Beilage übermitteln wir Ihnen eine Zuschrift von Dr.med.dent. E. Hüni, Stadelhoferstrasse 42, Zürich, vom 24. April 1948, sowie den hier ergangenen Akten von Zürich und Winterthur betreffend die holländischen Staatsangehörigen

1 H e n s k e s , Arnold, genannt Mirin Dajo, geb.6.8.1912, Artist, und dessen Begleiter

2 D e G r o o t , Jan Dirk, geb.17.3.1914, beide wohnhaft zurzeit in Mogelsberg (St. Gallen).

Wie aus den Akten ersichtlich ist, sollen die Beiden wieder versuchen, eine neue Fristerstreckung zu erwerben. Henskes und De Groot haben nach wie vor die Absicht, auf Grund ihres Aufenthaltes im Kanton St.Gallen möglichst im Kanton Zürich zu wirken, obschon wir ihnen das ab 15. März 1948 untersagt haben. Wir gehen mit der eidg. Fremdenpolizei in Bern einig, dass der Aufenthaltszweck der Genannten nun wirklich als erfüllt betrachtet werden muss. Das oben erwähnte Schreiben von Dr. Hüni erhellt an und für sich ebenso den Zweck der Anwesenheit dieser Holländer. Wir sehen uns daher veranlasst, bei Ihnen Einsprache gegen ein allfällig weiteres Verbleiben von Henskes und De Groot in unserem Lande zu erheben. Die beiliegenden Akten nebst der Zuschrift der eidg. Fremdenpolizei in Bern vom 28. April 1948 erbitten wir nach Einsichtnahme zurück. Das Schreiben von Dr. Hüni dürfte den Holländern gegenüber vertraulich behandelt werden.

Fremdenpolizei
des Kantons Zürich

1 Dossier.

Kopien: Städt. Fremdenpolizei, Zürich,
Eidg. Fremdenpolizei, Bern, Ref.Nr.S 9/216 Sd.

ezirksanwaltschaft
WINTERTHUR
(Bureau IV)

GMW. -247-
Unters.-Nr.1100 1948
Winterthur, den 28. September 48

Verfügung

in der U.S. gegen:
in Sachen:

+ **H e n s k e s , Arnold**, von Zaandam/Holland, Artist, geb. 6.8.1912, wohnhaft gewesen bei Fam. Bührer, Bahnhofplatz 10, Winterthur,

bekannt gewesen
unter dem Artistennamen: " M i r i n D a j o " Angeschuldigte,

betreffend aussergewöhnlicher Todesfall,

wird
aus folgenden Gründen:

Der Obgenannte verstarb zwischen dem 26. und 28. Mai 1948 in der Wohnung von Walter Bührer, Bahnhofplatz 10, Winterthur. Der beigezogene Privatarzt, Dr.med. K. Hauser, Winterthur, orientierte am Abend des 28. Mai 1948 Bezirksarzt Dr.med. E. Jung, der seinerseits die Untersuchungsbehörde vom Vorfall in Kenntnis setzte.

Die Bekannten des Verstorbenen erklärten, er sei um die Mittagszeit des 26. Mai 1948 "mit dem Geist aus dem Körper getreten", nachdem er sich auf seinem Lager niedergelegt habe. Beim Verblichenen hätten sie oft solche Erscheinungen beobachtet. Er sei jeweils wie leblos gewesen und dieser Zustand habe mehrmals bis zu 24 Stunden gedauert. Aus diesem Grunde hätten sie sich vorläufig nicht veranlasst gefühlt, einen Arzt beizuziehen. Erst am Morgen des 28. Mai 1948 seien ihnen am Körper des Verstorbenen ungewöhnliche Veränderungen aufgefallen. Sie hätten festgestellt, dass sich die Um-

Form. St. A. Nr. 21
St. A. L 48 2000 A 4

Nachdruck verboten, Staatsverlag.
Kant. Zentralstelle: Abteilung Formularverlag, Zürich 1

Amtliche Verfügung der Bezirksanwaltschaft Winterthur vom 28. September 1948.

- 2 -

gebung einer alten Operationsnarbe schwarz verfärbt habe. Trotzdem hätten sie noch an die "Rückkehr des Geistes in den Körper" geglaubt und einstweilen zugewartet, um erst am Abend des 28. Mai 1948 Privatarzt Dr.med. Hauser beizuziehen. Dieser habe den Eintritt des Todes festgestellt.

Dem Gutachten des gerichtlich-medizinischen Institutes der Universität Zürich vom 13. September 1948 ist folgendes zu entnehmen:

Der Tod trat vermutlich schon um die Mittagszeit des 26. Mai 1948 ein. Todesursache ist eine innere Verblutung in die linke Brustfellhöhle, ausgehend von einer Arrosion der grossen absteigenden Körperschlagader durch einen Abszess, der im Anschluss an mehrfache Durchstechungen der Speiseröhre eingetreten war. Die Todesursache steht nicht im Zusammenhang mit den früheren Experimenten +Mirin Dajo's (Körperdurchstechungen), bei welchen Dritte mitwirkten. Sie ist einwandfrei zurückführbar auf das letzte Experiment des Verstorbenen, das er offenbar allein ausführte. Er verschluckte am 11. Mai 1948 ein Stilet mit der Absicht, es in sich zu "entmaterialisieren". Das Stilet verletzte die Speiseröhre und musste am 13. Mai 1948 in der chirurgischen Abteilung des Kantonsspitals Zürich operativ entfernt werden. Irgendein Zusammenhang zwischen der vorgenommenen Operation und der Todesursache besteht nicht.

Da keine Anhaltspunkte dafür bestehen, dass Drittpersonen beim letzten, zum Tode führenden Ex-

- 3 -

periment mitwirkten (auch nicht im Sinne einer Suggestion) und somit ein Delikt nicht angenommen werden kann, ist das Verfahren unter Uebernahme der Kosten auf die Staatskasse einzustellen.

verfügt:

1. Die Untersuchung wird eingestellt.

2. Die Kosten, bestehend in:

Fr. .... Rp.	Staatsgebühr	)	
" .... "	Schreibgebühren	)	fallen ausser Ansatz.
" .... "	Vorladungsgebühren	)	
" .... "	Zustellungsgebühren	)	
" 349. 15 "	Untersuchungskosten (allfällig weitere vorbehalten)		
" --. -- "	Verhaftskosten (allfällig vorbehalten)		
" --. -- "	Kosten gemäß einstweiliger Sistierungsverfügung		
Fr. 349. 15 Rp.	vom	(Unters.-Nr. ....).	

werden auf die Staatskasse genommen.

3. D nAngeschuldigten wird eine Entschädigung

(Eine in Disp. 3 zugesprochene Entschädigung kann nach eingetretener Rechtskraft auf der Kasse der Bezirksanwaltschaft gegen Vorweisung dieser Verfügung bezogen werden.)

4. Mitteilung an:

a) die Staatsanwaltschaft zur Genehmigung;

b) die Bezirksgerichtskasse Winterthur zur Kostenverrechnung;

c) d nGeschädigte die Eltern des Verstorbenen:
Familie A.W.D. Henskes - Vrijel, Janeweg 43, Haarlem /Holland.

d) d nAngeschuldigten
Walter Bührer, Bahnhofplatz 10, Winterthur, für sich und z.Hd. des "Mirin-Dajo-Fonds".

5. Gegen die Einstellung des Verfahrens ist binnen 10 Tagen, von dieser Mitteilung an gerechnet, ein Rekurs an die Staatsanwaltschaft des Kantons Zürich zulässig. Der Rekurs ist in gleichlautendem Doppel unter Beilegung dieser Verfügung einzureichen.
Will ein Geschädigter oder ein Angeschuldigter nur die Kosten- und Entschädigungsregelung dieses Entscheides nicht anerkennen, so kann er binnen 10 Tagen, von der schriftlichen Mitteilung an gerechnet, durch schriftliche Erklärung an den Einzelrichter des Bezirksgerichtes Winterthur gerichtliche Beurteilung der Kosten- und Entschädigungsfrage verlangen.

Genehmigt:

Zürich, den 1. Okt. 1948,

Der I. Staatsanwalt:

sig. Dr. W. Frey.

Bezirksanwaltschaft Winterthur:

Büro IV: [Unterschrift]

Direktion der Justiz
des Kantons Zürich

Tel. 32 73 80/34 26 00 Postcheck VIII 15010

Nr. 596 D.t.
(in der Antwort wiederholen)

Zürich, den 9. März 1949.
Kaspar Escherhaus

An die
Polizeiabteilung des Eidg. Justiz-
und Polizeidepartementes in
B e r n .

POLIZEIABTEILUNG
Ref.No.
Eing.: 11. MRZ. 1949
B.2360

Jan Dirk D e G r o o t , geb. 17. März 1914, niederländischer Staatsangehöriger, alt Metzger, zurzeit wohnhaft Bildenveldlaan 70, in Ovverven/Haarlem, und Rylke O t t e r , geb. 9. April 1908, niederländischer Staatsangehöriger, genaue Adresse im Heimatstaat nicht bekannt, werden von der Bezirksanwaltschaft Winterthur wegen wiederholter eventuell fortgesetzter Veruntreuung im Gesamtbetrage von Fr. 23'533.-- und Jan De Groot überdies noch wegen Betruges im Betrage von Fr. 250.-- zum Nachteil des Arnold Henskes in Haarlem, Vater des am 28. Mai 1948 in Winterthur verstorbenen und unter dem Künstlernamen Mirin Dajo bekannt gewesenen Arnold Henskes, und des Mirin Dajo Fonds Schweiz strafrechtlich verfolgt. Da die beiden Angeschuldigten als niederländische Staatsangehörige nicht ausgeliefert werden, ersuchen wir Sie bei der Regierung der Niederlande gestützt auf die in Betracht kommenden Bestimmungen des Auslieferungsvertrages zwischen der Schweiz und den Niederlanden vom 21. März 1898 die Uebernahme der Strafverfolgung zu erwirken. Zu diesem Zwecke übersenden wir Ihnen einen Verhaftsbefehl der Bezirksanwaltschaft Winterthur vom 1. März 1949 in dreifacher Ausfertigung sowie die bei dieser Amtsstelle ergangenen Akten und sehen Ihren seinerzeitigen Nachrichten über die Anhandnahme und den Ausgang des Verfahrens im Heimatstaat der beiden Angeschuldigten gerne entgegen.

DIREKTION DER JUSTIZ:

Beilagen:
1) Verhaftsbefehle in
3-facher Ausfertigung;
2) Untersuchungsakten.

Jahrzehntelang unter Verschluss gehaltene Dokumente über die Ermittlungen gegen Jan de Groot und Hylke Otter (1949/1950).

Eidgenössisches Justiz- und Polizeidepartement
Polizeiabteilung

Département fédéral de justice et police
Division de police

Dipartimento federale di giustizia e polizia
Divisione della polizia

No. B 2360 rl
Bitte in der Antwort angeben
A indiquer dans la réponse
Pregasi ripeterlo nella risposta

Bern, den 14. März 1949.

An die Schweiz. Gesandtschaft,

den H A A G .

C.15.6.

18. MRZ. 1949

per Kurier

Herr Minister,

Die Bezirksanwaltschaft Winterthur führt eine Strafuntersuchung gegen Jan Dirk DE GROOT, geb. 17. März 1914, niederländischer Staatsangehöriger, zurzeit wohnhaft Bluenveldlan 70, in Ovverven/Haarlem, und Rylke OTTER, geb. 9. April 1908, niederländischer Staatsangehöriger, wegen wiederholten , ev. fortgesetzten Betruges im Betrage von Fr.23.533.- und gegen Jan De Groot überdies wegen Betruges im Betrage von Fr.250.-, begangen in den Jahren 1947/48.

Da J. De Groot und Rylke Otter als niederländische Staatsangehörige nicht ausgeliefert werden, übermitteln wir Ihnen anbei die gegen die Beschuldigten erwachsenen Untersuchungsakten und ersuchen Sie, bei der niederländischen Regierung zu beantragen , es möchte gefl. veranlasst werden, dass De Groot und Otter wegen der ihnen im Kanton Zürich zur Last gelegten strafbaren Handlungen durch die zuständigen Gerichtsbehörden strafrechtlich verfolgt und beurteilt werden.

Ihren Mitteilungen über Einleitung, Fortgang und Erledigung des Strafverfahrens sehen wir mit Interesse entgegen; wir gewärtigen auch zu gegebener Zeit die Uebersendung einer Ausfertigung des allenfalls ergangenen gerichtlichen Erkenntnisses, sowie die Rückgabe der schweizerischen Akten.

Genehmigen Sie, Herr Minister, die Versicherung unserer ausgezeichneten Hochachtung.

DER CHEF DER POLIZEIABTEILUNG
i.A. [Unterschrift]

Beilagen:
Haftbefehl 1.3.49
in Doppel
Aktenbündel.

Telephon 61 – Telegrammadr. / Adresse télégr. / Indirizzo telegr.: Federalpolice

3 – 64637

Eidgenössisches Justiz- und Polizeidepartement
Polizeiabteilung

Département fédéral de justice et police
Division de police

Dipartimento federale di giustizia e polizia
Divisione della polizia

No. B 2360 Ms/rl
Bitte in der Antwort angeben
A indiquer dans la réponse
Pregasi ripeterlo nella risposta
ad C.15.6.Ad/es

Bern, den 8. Juni 1950.

Schweizerische Gesandtschaft,
42, Lange Voorhout,
LA HAYE .

Ref.: C.15.6
R 10. JUN. 1950

Herr Minister,

Wir beziehen uns auf Ihr Schreiben vom 2. März 1950 in der Strafuntersuchungsangelegenheit Jan Dirk DE GROOT und Rylke OTTER und beehren uns Ihnen mitzuteilen, dass wir die uns geschilderte Sachlage den zürcher.Behörden zur Kenntnis gebracht haben. Die Bezirksanwaltschaft Winterthur hat nun dazu wie folgt Stellung genommen:

"Unter den herrschenden Umständen sind wir der Meinung es solle von weitern Erhebungen abgesehen werden. Vor der Ueberweisung der Akten an die holl.Behörden haben wir in der Schweiz diejenigen Erhebungen gemacht, die notwendig und möglich waren. Wir sind überzeugt, dass weitere Erhebungen in der Schweiz keine neuen Tatsachen vorbringen könnten, die die Staatsanwaltschaft Amsterdam, die offenbar das Verfahren einzustellen beabsichtigt, in ihrer grundsätzlichen Stellungnahme beeinflussen könnten. Im Hinblick auf die Tatsache, dass der Hauptgeschädigte Holländer ist, sind wir mit dem EJPD der Auffassung, dass hier kein grosses Interesse an der weitern Verfolgung der Sache besteht."

Diesen Ausführungen haben wir weiter nichts beizufügen und bitten Sie, der holländischen Regierung mitzuteilen, dass auch schweizerischerseits weitere Erhebungen in der Sache nicht für unerlässlich gehalten werden, dass aber der Entscheid über die weitere Behandlung des Falles den zuständigen holländischen Behörden zusteht.

Genehmigen Sie, Herr Minister, die Versicherung unserer ausgezeichneten Hochachtung.

DER CHEF DER POLIZEIABTEILUNG
i.A. Marner

Holl.Akten zurück.

Telephon 61 – Telegrammadr. / Adresse télégr. / Indirizzo telegr.: Federalpolice

3 – 64637

Hiermede betuigen wij U onze hartelijke dank voor Uw blijk van medeleven bij het heengaan van onze innig geliefde zoon

ARNOLD GERRIT JOHANNES HENSKES

Het is ons niet mogelijk reeds thans mondeling of schriftelijk in verbinding te treden met allen, die dit verzochten.

Het is ons een troost, dat de meeste belangstellenden blijk gaven onze overtuiging te delen, dat dit stoffelijk verlies niet in zich sluit, dat aan de zegenrijke invloed van Mirin Dajo een eind is gekomen.

Uit aller naam,
D. A. W. HENSKES
C. M. HENSKES-VRIJER

Haarlem, 22 Juni 1948.
Jansweg 43 rd.

Danksagungskarte von Dajos Eltern (22. Juni 1948).

Kontakt

Liegen Ihnen weitere Informationen über Mirin Dajo vor?
Dann schreiben oder mailen Sie mir!

Luc Bürgin, Postfach 2427, CH 4002 Basel, Schweiz
E-Mail: *mysteries@bluewin.ch*
Facebook: Luc Bürgin

Videos von Mirin Dajos Durchstechungen
finden Sie im Internet unter:
www.mirin-dajo.com

Weitere Informationen über meine Publikationen:
www.lucbuergin.com

Quellennachweis

Alle Informationen in diesem Buch wurden bis ins Detail nach bestem Wissen und Gewissen überprüft. Neben etlichen mündlichen Interviews und umfangreichem – teilweise vertraulichem – Aktenmaterial aus niederländischen und Schweizer Staatsarchiven wurden unter anderem folgende Quellen verwendet.

Zeitungen und Zeitschriften (Auswahl)

»Atomzertrümmerung, Mirin Dajo und wir«, in: *Brückenbauer* vom 5. Dezember 1947.

Bauer, R. A.: »Sensation im ›Corso‹«, Artikelserie in: *Salzburger Volkszeitung* vom 24. Juni bis 24. Juli 1947.

Bessemans, A.: »A propos de la prétendue invulnérabilité de Mirin Dajo«, in: *Bruxelles Médical*, Nr. 10/1948.

Bessemans, A.: »Notes additionnelles sur les exhibitions de Mirin Dajo«, in: *Bruxelles Médical*, Nr. 11/1948.

Bessemans, A.: »La fin tragique de Mirin Dajo«, in: *Bruxelles Médical*, Nr. 38/1948.

Brunner, A. und Hardmeier, E.: »Mirin Dajo – Bericht über den letzten vor dem Tode erhobenen klinischen Befund ...«, in: *Schweizerische Medizinische Wochenschrift*, Nr. 49/1948.

»Changement de décor«, in: *Die Weltwoche* vom 5. Oktober 1945.

»Das Bekenntnis Mirin Dajos«, in: *Die Tat* vom 16. Juni 1947.

»Das Phänomen Mirin Dajo«, in: *Neue Zürcher Zeitung* vom 12. Juni 1948.

»Das übernatürliche Phänomen Mirin Dajo und seine wissenschaftliche Erklärung«, in: *Neue Zürcher Zeitung* vom 5. März 1950.

»Das verbotene Wunder«, in: *Die Tat* vom 11. Juni 1947.

»De Nederlandse Fakir« in: *Amigoe di Curaçao* vom 25. Februar 1948.

»Den Dolch im Leib«, in: *Der Spiegel* vom 4. Oktober 1947.

»Den Magen zu voll genommen«, in: *Der Spiegel* vom 12. Juni 1948.

»Der entlarvte Messias«, in: *Die Nation* vom 21. Januar 1948.

»Der ›unverletzliche‹ Mirin Dajo«, in: *Brückenbauer* vom 28. November 1947.

»Ein schwarzer Tag für Mirin Dajo«, in: *National-Zeitung* vom 17. September 1947.

»Ein Wunder im Corso-Palais«, in: *Neue Zürcher Zeitung* vom 4. Juni 1947.

»Ein Wundermensch in der Universitätsklinik«, in: *Tagesanzeiger* vom 2. Juni 1947.

»Es hat einen gegeben, der es gewollt hat ...«, in: *Brückenbauer* vom 4. Juni 1948.

»Fakir Mirin Dajo over zichzelf«, in: *Tilburgse Courant* vom 14. Juni 1946.

»Gerüchte um Mirin Dajo: Ein Doppelgänger!«, in: *Neue Zürcher Nachrichten* vom 13. Juni 1947.

»Hat Mirin Dajo versagt?«, in: *Die Tat* vom 20. Mai 1948.

»Henskes de wondermens«, in: *Muziek* vom 24. Juni 1946.

»Ik ben onkwetsbar zegt Mirin Dajo«, in: *De Waarheid* vom 7. Juni 1946.

»Keine Angst vor Ziegelsteinen«, in: *Der Spiegel* vom 3. Januar 1948.

»Lust u nog een glas?«, in: *Het Parool* vom 8. Juni 1946.

Massini, Rudolf: »Bericht über die Demonstration von Mirin Dajo«, in: *Schweizerische Medizinische Wochenschrift*, Nr. 52/1947.

»Mirin Dajo«, in: *National-Zeitung* vom 31. Mai 1948.

»Mirin Dajo«, in: *Neue Zürcher Zeitung* vom 31. Mai 1948.

»Mirin Dajo an einer sich selbst beigebrachten Verletzung gestorben«, in: *Basler Nachrichten* vom 31. Mai 1948.

»Mirin Dajo de onkwetsbare«, in: *Telegraaf* vom 1. April 1950.

»Mirin Dajo, der Unverwundbare«, in: *Die Tat* vom 3. Juni 1947.

»Mirin Dajo gestorben«, in: *Die Tat* vom 30. Mai 1948.

»Mirin Dajo im Lichte der Wissenschaft«, in: *Sie und Er* vom 27. Februar 1948.

»Mirin Dajo in Zwitserland: Ik zal sterven, doch ...«, in: *De Noord-Ooster* vom 21. Oktober 1947.

»Mirin Dajo keine große Sensation«, in: *National-Zeitung* vom 19. September 1947.

»Mirin Dajo Opfer seines Experimentierens«, in: *Winterthurer Landbote* vom 31. Mai 1948.

»Mirin Dajo über sich selbst«, in: *Neue Zürcher Zeitung* vom 16. Juni 1947.

»Mirin Dajo wird durchspießt«, in: *National-Zeitung* vom 22. September 1947.

Mulacz, Peter: »Deliberately caused bodily damage phenomena (DCBD): A different perspective«, in: *Journal of the Society for Psychical Research*, Nr. 852/1998.

»Neues Programm im Corso-Palais«, in: *Tagesanzeiger* vom 4. Juni 1947.

»Nochmals ...«, in: *Die Nation* vom 11. Februar 1948.

»Nochmals: ›Es hat einen gegeben, der es gewollt hat ...‹«, in: *Brückenbauer* vom 13. August 1948.

»Nochmals Mirin Dajo«, in: *Basler Nachrichten* vom 22. September 1947.

Ortt, Felix: »Mirin Dajo«, in: *Spiritische Bladen*, Nr. 16(10)/1946.

»Premiere im Corso-Palais«, in: *Neue Zürcher Zeitung* vom 3. Juni 1947.

»Probleme um den ›Unverletzbaren‹«, in: *Die Tat* vom 19. September 1947.

»Schandaal in Savoy«, in: *Wiering's Weekrevue* vom 21. Juni 1946.

Schläpfer, E.: »Über angebliche körperliche Unverletzlichkeit«, in: *Schweizerische Medizinische Wochenschrift*, Nr. 15/1948.

»The Invulnerable Man«, in: *Life*, Vol. 3, Nr. 12/1947.

»Trauerfeier für Hans Huber«, in: *Neue Zürcher Zeitung* vom 22. März 1966.

Undritz, E.: »Demonstration vor Ärzten aus Basel und anderen Orten der Schweiz auf Aufforderung der ›Freunde Mirin Dajos‹«, in: *Schweizerische Medizinische Wochenschrift*, Nr. 52/1947.

»Unverletzbarkeit«, in: *Basler Nachrichten* vom 19. September 1947.

»Von Wundern, biblischem Zorn und Männern des Geistes«, in: *Der Freidenker*, Nr. 2/1949.

»Wondermens die zich laat doorsteken«, in: *De Tijd* vom 7. Juni 1946.

»Wunder im Corso-Palais«, in: *Die Tat* vom 5. Juni 1947.

»Wunder und Zeichen?«, in: *Neue Zürcher Nachrichten* vom 4. Juni 1947.

»Zum Artikel: Es hat einen gegeben, der es gewollt hat ...«, in: *Brückenbauer* vom 18. Juni 1948.

»Zum Auftrittsverbot von Mirin Dajo«, in: *Neue Zürcher Zeitung* vom 11. Juni 1947.

Briefe und Typoskripte (Auswahl)

Brunner, Alfred: Brief an A. Bessemans vom 8. Dezember 1947.

Bührer, Ruth: Briefwechsel mit Luc Bürgin von 2004 bis 2009.

Coster, Harmen: Briefwechsel mit Luc Bürgin, Mai/Juni 2004.

Dajo, Mirin: Brief an Albert Einstein vom 27. Dezember 1947.

Dajo, Mirin: Briefe an seine Eltern und Brüder, 1947/1948.

Dajo, Mirin: Undatiertes, zweiseitiges Typoskript, um 1947.

De Boni, Claudio: Brief an Luc Bürgin vom 28. August 2003.

De Groot, Jan: Briefe an Verwandte und Bekannte, 1947.

De Groot, Jan: Briefwechsel mit Luc Bürgin, 2003/2004.

Einstein, Albert: Brief an Mirin Dajo vom 8. Januar 1948.

Grimm, Albert: Briefwechsel mit Luc Bürgin von 2005 bis 2022.

Habicht, Paul: Brief an Albert Einstein vom 3. Dezember 1947.

Henskes, Dirk Arnold Willem: Briefe an seine Familie, 1948.

Henskes, Ineke: Briefwechsel mit Luc Bürgin von 2008 bis 2022.

Holzhaus, Ewald: Briefe an Peter Mulacz, undatiert.

Holzhaus, Ewald: Briefwechsel mit Luc Bürgin, 2003/2004.

Holzhaus, Ewald: Unveröffentlichte Aktennotizen.

Huber, Anja: Briefwechsel mit Luc Bürgin, 2022.

Meier-Kuster, Ernst: »Weder ›Mirin‹ noch ›Dajo‹ – oder ein neuer Messias?«, unveröffentlichtes Typoskript, um 1948.

Metzger, Hermann: Briefwechsel mit der *Nation*, Januar 1948.

Mulacz, Peter: Briefwechsel mit Luc Bürgin von 2003 bis 2006.

Neukom, Thomas: Brief an Luc Bürgin vom 26. August 2003.

Riesterer, Peter: Brief an Luc Bürgin vom 11. September 2003.

Sorge, Johannes: Brief an J. A. Rogenmoser vom 8. Dezember 1947.

Spindler, Albert: Briefwechsel mit Alfred Brunner, 1948.

Studer, Paul: *Mirin Dajo und seine Wunder*, Typoskript, um 1947.

Werthmüller, Lucius: Briefwechsel mit Luc Bürgin von 2002 bis 2019.

Bücher und Broschüren (Auswahl)

Blum, Iris: *Mächtig geheim*, Zürich 2016.

Buttinghausen, Joep: *Mens en Mysterie 2*, Amsterdam 1971.

De Groot, Jan: *De onkweetsbare Profeet*, Enkhuizen 2003.

Duttis Steinwurf: Mythos und Wahrheit, Migros-Genossenschaftsbund, Sonderpublikation, 2016.

Frei, Gebhard: *Probleme der Parapsychologie*, München, Paderborn, Wien 1969.

Grimm, Albert: *Wenn die Psyche den Körper besiegt*, Privatpublikation, Wallisellen 2005.

Ortt, Felix: *De Superkosmos*, Den Haag 1949.

Risi, Armin: *Ihr seid Lichtwesen*, Zürich 2013.

Schütz, Silvio: *Der Zürcher Chirurgieprofessor Alfred Brunner und das Phänomen Mirin Dajo*, Dissertation, Zürich 2008.

Schumacher, Jack: *Das Wunder Mirin Dajo*, Zürich 1947.

Stelter, Alfred: *PSI-Heilung*, München 1973.

Tenhaeff, W. H. C: *Parapsychologische Verschijnselen en Beschouwingen*, Utrecht 1948.

Wagner, Willy (Hrsg.): *Mirin Dajo – Leben, Glaube, Tod, Klärungsversuch*, Zürich 1949.

Fotonachweis